■국내 최신판 · 완벽한 사진해설 · 초보에서 마스터까지!

정통 골프

기초 이론에서부터 실기완성까지

太乙出版社

민틋하게 내려온 어깨를
가진 골퍼는

하반신을 고정시키고, 스윙축을 움직이지 않도록 하기위해 상반신을 비튼다

볼을 날리는 파워는 몸의 비틀림에 의해 생겨난다. 비튼 다고 하는 것은 하반신을 고정시키고 상반신을 돌리는 것. 하반신도 함께 돌리는 것은 비틀어 돌리는 것이 아니라, 단순히 몸의 회전이 되도록 한다. 이 비틀림의 동작을 담당하는 것이 백 스윙이다. 프로골퍼들 중에는 이 비틀림의 체형을 활용하는 경우가 많다. 정확한 자세와 체형의 유지야말로 마스터 골퍼의 지름길의 하나이다.

딱 바라지고 올라간 어깨를 가진 골퍼는
무릎을 부드럽게 구부려 백 스윙한다

딱 바라지고 올라간 어깨를
가진 사람은 민틋하게 내려온
어깨를 가진 사람과는 반대로
어깨에 근육이 많다. 그럼에도
불구하고 근육이 굳어있다.
오히려 이러한 어깨의 소유자
들에게 몸놀림이 유연하지
못한 경우가 많다. 이러한
사람은 상반신의 비틈이 자연
스럽지 못하므로 대신 무릎의
유연성을 이용하여 백스윙하
면 좋다. 사람마다 다른 체형
을 나름대로 분석하여 자기
자신에게 알맞는 동작을 찾아
내는 것, 이것이야말로 마스터
골퍼가 되는 지름길이다.

키가 작은 사람, 또는 키가 작고 몸이 뚱뚱한
몸을 최대한으로 놀려 스윙하기 위해 동작을

골퍼는
크게 잡는다

주로 키가 작은 사람은 야구의 배트 스윙과 같이 비거리(飛距離)가 옆쪽으로 나타나는 경우가 많다. 이러한 현상을 방지하기 위해서는 우선 몸놀림을 최대한으로 크게 잡고 이에 의해 동작의 범위가 커지도록 하여 스윙하는 것이 바람직하다. 키가 작은 만큼 키가 큰 사람과 같은 체형의 높이(팔과 손의 높이)를 자연스럽게 유지하려면 동작을 크게 잡는 것이 가장 효과적이다. 자신의 신체적인 부적합을 적재적소에서 최적으로 바꾸는 지혜야말로 마스터 골퍼의 또 하나의 지름길이다.

몸이 여윈 골퍼는
양 무릎의 높이를 바꾸어 준다

정통 골프

현대레저연구회 편

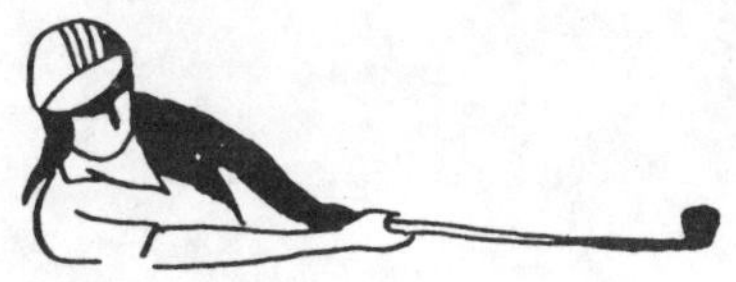

머 리 말

골프의 습관은 그것이 좋은 것이든 나쁜 것이든 처음 일주일 사이에 몸에 익는다고 할 수 있다. 지금까지 전혀 골프채를 들어 본 일이 없는 사람이 처음으로 공을 칠 때 남이 하는 것을 보고 흉내를 내거나 또는 배워서 골프채를 휘두른다. 맨처음 스윙에는 본래 그 사람이 지닌 개성이 나타나게 되는데, 힘이 강한 사람이 힘껏, 신중한 성격인 사람은 신중하게 골프채 페이스를 공에 부딪치려고 한다. 이러한 경향은 그 사람이 상당히 숙달되어서도 그대로 남기 때문에 정도의 차이는 있지만, 스윙이 너무 빠른 사람은 언제까지나 빠른 상태이며, 결국은 그것이 장점도 되고, 결점도 되는 그 사람 고유의 스윙으로서 정착된다.

골프의 스윙은 각양 각색으로, 공통점은 있지만 프로 골퍼도 각자 개성적인 스윙을 하고 있다.

그들은 미숙할 때 몸에 밴 자신의 스윙을 끊임없는 연습으로 익혀 온 것이다. 스윙을 몸에 익히는데는 달리 이론이 없다. 아니, 이론을 필요로 하지 않는다고 하는 편이 좋다. 그러므로 골프는 반복 연습에 의해 몸에 익히는 것이라고 말할 수 있다.

이러한 골프를 사회인이 되면서부터 시작하면 어떤가. 몸에 익히기에는 몸이 제대로 말을 잘 안들어 주고, 또 반복 연습을 하더라도 시간과 돈이 문제가 된다. 때문에 그들은 보통 일하는 짬짬이 골프를 한다. 다시 말하면 '여가(餘暇)' 골프족이다. 반복 연습을 하고 싶은데 시간이 없다고 한다면 가능한 한 낭비가 적은 효율적인 연습을 해야 한다.

우선 머리에서 이해하고, 실제 동작으로 들어 간다. 다른 어떤 스포츠보다도 골프에 관한 이론이 많이 연구되고 세분화되어가고 있는 것은 이러한 경우가 원인이 된다. 그런데 일단 이론으로 들어가면 그 설명에 오해가 생기기도 하고, 방법에 있어서도 어떤 사람은 쉽게, 또 어떤 사람은 어려운 경우가 나오기 때문에 귀찮다.

스윙은 복잡하게 생각하면 생각할수록 정석(定石)에서 멀어진다고 말할 수 있다. 하지만 아무리 쉽게 생각하더라도 이것만은 기본 중의 기본을 이해하고 거기에서부터 자신의 스윙을 완성시켜 생력적(省力的)인 골프에 접근해야 하는 것이 아닐까?

나는 25세가 넘어서부터 골프채를 쥐기 시작했다. 그로부터 20년. 내가 취재한 골프 시합은 셀 수 없을 정도이고, 이야기로 들은 프로의 수도 수백 명에 달한다. 일상에서도 골프 지도에 관한 책이나 이론 책을 충분히 읽었다. 또한 여가족(餘暇族)으로서 연습에도 상당한 시간을 들였다. 하지만 그에 비해 스코어는 80에서 90을 우왕 좌왕하고 있다. 소질이 없다라고 생각할 지도 모르지만, 골프의 즐거움은 '골프는 서툴수록 즐거움이 크다'(로이드 쇼지)는 식의 플레이를 만끽하고 있다.

그래서, 이책에서는 지금까지 이야기해 왔던 일반론이나 정석에 구애되지 않고, 골프의 사고라든가 기법을 여러 측면에서 보고, 골프의 참된 맛에 직접 접해보려고 노력했다.

언뜻 보기에 이렇게 해야 한다고 생각한 지극히 당연한 일도 약간 각도를 바꿔서 생각해 보면, 다시 새로운 방법이라든지 시점이 생겨 나게 된다.

골프는 어려운 것이다 라고 생각하는 사람이 의외로 많지만, 나는 결코 어렵다고 생각하지 않는다. 골프는 야구에서처럼 상하 좌우에서 돌아오는 공을 치는 것이 아니고, 움직이지 않는 공을 치는 것이다. 이렇게 한다면 국민학생이라도 쉽게 할 수 있다.

이와 같이 골프에 대한 기본적인 자세는 실제로 단순한 것이다. 플레이어가 실제로 경기에 임한 다음에 어렵다고 생각하고 있다. 뜻밖에 이론이나 선입견에 사로 잡혀 있는 경우가 많다고 생각한다.

예를들면, 스탠스를 취해 봐도 기본 스퀘어 스탠스에 끝까지 충실 하다고 말하고 있다. 그러나 골프에서도 마찬가지로 그 사람의 습관 이나 여러가지 상황이나 국면이 있기 때문에 오픈 스탠스라든가 클로 우즈 스탠스를 그 곳에 맞게 이용하면 좋다. 그립이나 스윙에서도 그와 같다. 키가 작은 사람은 플랫한 스윙이라고 하지만 거꾸로 업 라이트에서 능숙한 사람도 많고, 축 그립으로 슬라이스를 치는 사람 도 있다. 이와 같이 조금 궁리해서 생각한다면 자신의 힘을 발견할 지도 모른다.

여기서 한 번 더 마음을 백지의 상태로 되돌린 후 이 책을 읽어 나가기 바란다. 그리고 실천해준다면 지금까지 어색한 경기를 했던 사람이라도 자연스러운 포즈로 경기를 할 수 있게 될 것이고, 틀림없 이 기술이 숙달될 것이다.

이미 알려진 단편적인 개념으로 받아들이지 말고 자기 나름대로 골프의 달인으로서 비약될 것을 기대하고 읽어주기 바란다.

차 례

차 례

차 례

차 례

＊차 례＊

차 례

차 례

차 례

차 례

차 례

차 례

차 례

차 례

제 2 부
누구나 쉽게 할 마스터할 수 있는
정통 골프 지식

1. 골프를 마스터 하기 위해 알아야 할 것들 ············ 267

차 례

2. 골프 도구의 선택 방법 283

차 례

차 례

차 례

5. 스윙(우두, 아이언, 퍼터) ···························· 347

차 례

차 례

차 례

차 례

차 례

제1부
누구나 쉽게 배울 수 있는
정통 골프 입문

1. 올바른 지식을 갖자

기본의 의미를 알라

● 훌륭하게 되고 싶다라는 의미는

골프를 해 볼까 라고 생각하는 것은 누구라도 훌륭하게 되고 싶다 라는 생각과 비슷한 것이다. 또한 시작한 이상 어떻게 해서든지 훌륭하게 되고 싶다고 생각하는 사람도 있을 것이다. 그런데 훌륭하게 되고 싶다는 의미는 사람에 따라 약간의 차이가 있다.

즉, 연령에 따라서, 혹은 각자 생활 환경에 따라서, 그 정도 차이를 보이는 것이다. 다시 말하면 훌륭하게 되고 싶다 라는 것은 대체로 어느 정도로 훌륭하게 되는 것일까 라는 것까지 확실하게 해 둘 필요가 있다.

그것에 따라 자신의 연습 방법이나 순서가 달라지기 때문에 만약 프로와 같이 훌륭해지고 싶다면 책을 읽는 것은 그만 두고 골프를 익히는 방법으로 전환할 필요가 있다.

그러나 우리나라의 골프붐을 지탱하고 있는 대다수의 골퍼는 주말 골퍼, 월1회 골퍼를 들 수 있으며, 그 중에는 연습장만 다니는 골퍼도 있을 것이다. 그 사람들은 모두 한결같이 훌륭해지고 싶다라고 생각하고 있지만, 이것은 반드시 프로처럼은 아닐 것으로 안다.

그렇게 된다면 그 보다 더 좋은 일이 없겠지만, 스포츠 중에서도 기계에 도전하는 것 같은 정확함이 필요한 골프 아마츄어가 조금씩 연습하여 즉시 프로처럼 될 만큼 그 깊이가 얕은 지식이 아니다. 그러므로 처음 얼마 동안은 훌륭하게 되고 싶은 정도를 자신 나름대로 분명히 잡아 둘 필요가 있다고 생각한다.

• 여가족에게 싱글은 없다

훌륭하게 된다 라는 차원을 프로보다 한 단계 내려 싱글 플레이어(핸디 9까지)로 해보아도 상당하다. 현재 우리나라에 몇 만 명의 싱글이 있는지는 알 수 없지만, 그 사람들은 적어도 어느 기간 동안은 골프에 몰두할 것으로 안다.

이제부터 본래의 문제로 되돌아가 보자. 우선 첫째로 지금부터 골프채나 스파이크 슈즈를 살 단계에서, 더욱이 완전히 초보자일 경우는 내일부터 골프에 몰두하는 생활을 할 것이다. 그들은 반드시 회사를 휴직하지 않으면 무리가 될 것이다. 결국 샐러리맨으로서 다른 직업을 가지고 있으면서 그 여가 시간에 골프를 하려고 하는 '여가족'에게는 골프가 아무리 잘 된다 해도 스스로 한계가 있다는 것을 알고 있는 것이 좋다.

그래서 샐러리맨 골프의 정점(頂点)은 어딘지 모르게 문제가 된다. 샐러리맨이라는 시간의 한도가 있기 때문에 훌륭하게 되고 싶다는 그 정도에도 한계가 있다. 따라서 그들은 아니, 우리는 항상 연습 부족을 인식하지 않으면 안된다. 나의 친구인 어떤 유명 프로는 이런

이러한 포옴은 익숙하다

말을 하고 있다.

"손님에게는 가르쳐도 잘 되지 않는다. 그것도 무리는 아니다. 거의 연습하지 않기 때문이다. 그래서 최근에는 직업이니까 열심히 코치하려 하지만 상대가 훌륭하게 된다 라고는 아예 기대하지도 않고 있다."

우리는 그 만큼 연습 부족인 것이다. 여기에서는 연습 시간이 없는 이러한 여가족이 어떻게 하면 적절히 할 수 있을까 라는 것을 생각해 보고 싶다.

● 연습 중엔 낭비를 없애라

어떤 스포츠에서든 최고의 수준에 도달하는 데는 끊임없는 연습이 필요하다는 사실을 누구든지 알고 있다. 프로 야구의 왕이 오로지 한 다리로 타법(打法)을 몸에 익히는 데는 얼마나 많은 노력과 반복 연습이 필요 했을까? 프로 골프인 靑木功이 톱의 위치에 서기까진 몇 년을 고생했을까? 여자프로인 樋口가 변칙스윙을 마스터 하는데는 그야말로 피나는 노력이 있어야만 했다라는 등의 이야기는 누구든지 믿고, 또 사실 그렇지 않으면 지금의 위치에까지 이르지 못했을 것임에 틀림없다. 모두 골프를 하는 사람들 모두가 그 경지까지 도달하려고 하는 것은 아니다. 그들은 모두 연습이라는 육체의 반복 운동을 통해 자신의 한 다리로 변칙 백 스윙을, 스웨이 백을 익혀 왔던 것이다. 연습이라고 해도 결국 몸에 익히는 것으로 몇 년이나 또는 몇 십년 이상의 반복 연습을 쌓아 올린 것이 대성(大成)한 그들의 기술을 지탱한다.

스포츠를 습득하기 위해서는 이처럼 연습이 불가피하지만, 연습에 충분한 시간을 쪼갤 수 없는 샐러리맨들이 골프를 할 경우엔 어떻게 하면 좋을까?

연습의 의미와 효과는 충분히 알고 있다. 알고는 있지만 어떻게 할 수는 없을까? 학생처럼 시간에 어느 정도의 여유가 있다면 골프부라든가, 골프 동호회 등 클럽 활동에서 매일 많은 시간을 연습에 집중시킬 수 있고, 싱글 플레이어의 길도 열어 갈 수 있을 것이다.

그런 여유가 좀처럼 나지 않을 때는 어찌 하면 좋을까? 주휴 2일제로 매주 이틀 동안 골프에 집중시킬 수 있는 샐러리맨이 어느 정도나 있을까? 특별한 방법은 없고 단지 연습 중에 낭비를 없애는 일일 것이다.

몸으로 익히기에는 좀……

● 골프를 머리에 주입시킨다

가장 손쉬운 방법은 머리 속을 골프로 가득 채우는 일이다. 통근 지하철 속에서나 낚시대를 붙잡고 있으면서 좋다. 프로의 스윙을 머리에 떠올리고 스스로 그것을 생각한다. 제1타 테이 쇼트의 경우, 페어웨이의 아이언 쇼트 경우, 그리고 그린 주위, 벙커, 퍼덩으로 머리 속으로 골프할 것을 권하고 싶다.

그러나 이것은 갑자기 가능한 일은 아니기 때문에 우선 무슨 일이 있어도 골프의 기본을 머리에서부터 이해하고, 대체 골프란 어떠한 것일까를 전체적으로 파악할 필요가 있다. 갑자기 골프채를 쥐게 되어 자, 쳐 볼까 라고 말해도, 우선 공은 필요가 없을 것이다. 역시 골프 쥐는 방법을 이해하지 않으면 할 수가 없는 일이다. 기본적으로 폭 넓게 해석한다면 상당히 복잡하게 되지만, 어쨌든 동료와 코스를 돌아오는 것도 모두가 귀찮아하지 않을 정도이기 때문에 골프에서 최소한 필요한 약속마다 그것을 위해 기본으로 한다면 기본수도 적어지고, 골프를 쥐는 방법을 습득하는 것도 그렇게 어려운 일은 아니다.

● 드라이버는 필요 없다

이것을 스코어로 바꿔 놓는다면 처음에는 목표를 18홀에서 100대, 그것이 가능할 것 같으면 90대라고 생각하는 식이다. 그런 것은 완전히 이해하고 있다고 할 수 있을 것 같지만, 실제로는 그렇지 않다. 구체적으로 설명해 보자.

90대를 내는 데는 드라이버가 필요없다. 드라이버를 정확히 친다면 날으는 거리는 상당할 것이다. 그러나 실패한다면 구부러짐도 날으는 것 만큼 커진다.

처음 골프를 하는 사람이 드라이버를 사 가지고 와서 연습을 시작해 자신이 생각한 정도의 30% 확률로 칠 수 있기까진 어느 정도의 시간이 걸릴까요? 그것은 매일 연습을 한다 하더라도 그렇게 간단하게는 되지 않는다.

골프는 확률 스포츠이기 때문에 확률이 나쁜 골프채의 습득은 뒤로 미루는 것이 스코어를 빠르게 줄어 들게 하는 방법이다. 그렇지만, 그것을 알면서도 90대도 돌 수 없는 사람이 열심히 드라이버를 사용해서 실패를 반복하고 있다. 드라이버를 치는 일만이 즐거움이라면 모르겠지만 골프 플레이를 비교해 본다면 제1타가 드라이버에 구애

되면 거기에서 즐거움은 중단되고 만다.

커다란 골프채는 자신의 스윙을 어느 정도 구사하지 못하게 하고 익숙하게 치기 어렵게 한다. 그러나 그 드라이버를 놓지 않는 이유는 무엇일까? 그런 사람은 언젠가는 찾아 줄지도 모르는 장래의 싱글 플레이어를 머리에 그리고 있기 때문이 아닐까?

드라이버는 토너먼트 골프에서 불가결하고, 프로는 14개의 골프채 중에서 드라이버와 퍼트가 제일 깊이 있고 재미있다고 말한다. 그러나 그러한 말을 차원이 다른 초보자가 액면 그대로 판단하면 오히려 숙달이 늦어질 뿐이다.

70대의 골프와 80대, 90대의 골프는 본질적으로 다르다.

앞으로 자신도 싱글 플레이어의 한 무리에 들어갈 수 있을지도 모른다는 희망적인 관측에 찬물을 끼얹고자 하는 것은 아니지만, 애버리지 골프의 단계를 초월해서 갑자기 싱글 플레이어가 될 수 있는 것은 아니기 때문에 우선은 애버리지 무리에 들어가는 것을 목표로 하고 그것도 가능한 헛수고를 더는 지름길을 통해 그 다음 목표를 세우는 방법이 훨씬 효과적이라고 생각하는 것이 어떨까?

● 기본도 레벨 업에 준해서

점차로 골프에 익숙해지면 지금까지 의문으로 생각해 왔던 것도 조금씩 알게 되고, 또한 반대로 새로운 의문이 생겨나기도 한다. 그것은 골프에 대한 자기 나름대로의 해석이 이 상당한 수준이 된 것을 의미하는 것이라고 생각한다.

다만 기본이라 할 수 있고 잘 익혀 왔던 일이 점차로 이해가 되므

프로의 드라이브

로써 그 기본 에 대한 사고 방식도 자연히 변한다. 자기 자신의 특징
이 스윙으로 나타나 동료의 잘못된 교육을 고치고 싶게도 된다.

그 충고가 힌트가 되어 눈을 뜨는 일이 있는 반면 오히려 깊이
빠져 들어 고민하는 경우도 많지만 그때가 되면 연습하는 골프채의
개수도 상당히 늘어나서 좋고, 그야말로 드라이버 습득에 흠뻑 빠져
들게 된다. 그러나 그것이 진보를 방해하지는 않을 것이다.

골프의 연습이나 플레이의 방법은 각자의 진보 정도에 맞추는 것이
효율이 좋은데, 그 이유는 생각하는 시간이 충분한 우리들 샐러리맨
골프에 있어서의 생활 방식의 하나가 아닐까.

학생 시절 시험 때 우선 대충 문제를 읽고 가장 쉬운 문제부터
손을 대는 것과 같은 방법이다. 문제 1부터 풀어 그것이 풀리지 않는
다면 0점이 될 실패는 막고 싶다.

프로의 드라이브

낭비는 철저하게 없애서 어떻게 해서든지 익히지 않으면 안되는 것이다. 그런 레저 골프의 정점(頂点)을 목표로 한 생력적(省力的) 숙달법을 생각하려는 것이 아닐까? 스푼에서 드라이버로, 미들 아이언에서 롱 아이언으로 습득하는 순서를 고안하려는 방식이다.

골프채의 특징을 효과적으로

● 최초로 골프채의 종류를

골프채는 결국 전부 사용할 수 있는 것이므로 처음에 14개를 사려는 생각도 있겠지만 14개의 골프채를 전부 사용할 수 있게 되는 것은 먼 장래의 일이다. 그것도 싱글에 가까운 기량이 안되면 무리한 얘기이다. 도구를 갖추고 나면 사용하지 않고서는 아깝기 때문에 자신에 대해 '강제력(強制力)'이 생겨나기 때문에 부지런히 연습을 할 수 있게 되어 결국은 보다 빨리 훌륭하게 된다고 한다. 그러나 느닷없이 14개가 있으면 연습량도 많이 필요하게 되고, 이것 저것 바꿔치게 되어 도리어 숙달이 늦어지는 마이너스 면이 생길 것이다.

우선 단시일 내에 레벨을 높이기 위해서는 무슨 일이 있더라도 필요한 것 몇 개를 선택하여 그것에만 집중하는 방법이 훨씬 효율적이다.

일반적으로 14개의 절반인 7개(하프 세트)를 권하고 있다. 드라이버(1번 나무), 스푼(3번 나무), 3번, 5번, 7번, 9번의 아이언과 페트. 드라이버는 타면(打面) 각도가 12도 전후로 가장 작고, 긴 샤프트여서 티 그라운드(공을 치기 시작할 때 공을 올려 놓기 위해서 흙으로 약간 두두룩이 쌓아올린 곳·또는 고무·플라스틱·나무 등으로 만든 대)에서 쳐서 제1타로 사용하는 골프채이다. 거리는 가장 길게 뻗을 수 있다.

스푼은 같은 나무의 헤드(머리 부분)의 골프채로 타면의 각도가 14도에서 16도 정도이고, 주로 페어웨이(코스에서 나와 잔디가 깨끗하게 깎여 있는 곳)에서 치는 골프채이다. 티 그라운드에서 치는 드라이버는 티에 얹고(티 업) 칠 수 있지만, 코스에서 나오면 공은 대개의 경우 전혀 손에 들어오지 않기 때문에 풀 위에서 직접 친다. 그때 사용하는 것이 스푼이다.

다만, 이것은 풀 위로 나와서 다시 거리가 필요한 경우 사용하는 골프채로 거리가 짧을 경우는 아이언 골프채(머리 부분이 철제)를 사용한다. 골프채의 번호가 크면 그 만큼 타면의 각도가 크게 되고, 일정한 힘으로 각각의 골프채를 치면 번호 순서대로 10미터 혹은 15미터 짧은 정도로 정확히 정한 거리에서 완전히 구분할 수 있도록 만들어지고 있다.

페트는 그린(잔디의 길이를 2, 3밀리로 깎은 마운드) 위에서 공을 구멍에 넣기 위해 굴려서 치는 골프채로, 하나의 구멍에 마무리가 된다. 티 그라운드에서 드라이버로 치고, 그리고 다음에 스푼이나, 혹은 아이언으로 쳐서 그린에 얹고, 페트로 굴려서 구멍에 공을 넣는다는 것이다.

●구멍과 파아의 상식

골프장에서 하나의 구멍(18개의 티 그라운드에서 그린까지의 총칭으로도 사용한다)은 4타로 끝내는 것이 표준으로 되어 있는 경우 파아(표준 타수)는 4개이다. 5타의 경우는 파아 5, 3타의 경우는 파아 3의 구멍이라는 이유로 어느 것이든 그린 위의 페트(페터로 치는 일)는 2회로 계산하고 있다. 이러한 구멍이 18개이고, 하나의 코스로 될 때 파아의 합계는 72가 보통이다.

쇼트 구멍(파아 3)과 롱 구멍(파아 5)이 전반의 9구멍(아웃) 각각 2, 후반의 9구멍(인)에 각각 2로 남는 것이 파아 4(미들 구멍이라고 도 말한다)의 구멍. 다시 말하면 아웃(나가다)에 쇼트 구멍 2(파아의 합계 6), 롱 구멍 2(파아의 합계 10), 미들 구멍 5(파아의 합계 2 0)으로, 파아의 합계는 36. 그것과 같이 인(들어오다)도 36이 되어 72로 된다.

아웃과 인은 나가고 들어온 것으로 하지만, 이것은 골프의 발상지 라고 할 수 있는 스코틀랜드의 센트 앤드류의 골프장이 골프채 하우 스에서 거의 직선적으로 9구멍이 늘어나 GO OUT과 COME IN이 분명하게 된 것에서부터 유래된 것을 부르는 방법으로, 그것을 9구멍 씩 골프장 단위로 호명해서 보급했던 것이다.

● 생력(省力) 골프라면 골프채는 5개

될 수 있는 대로 골프를 간단하게 하려면 어떻게 하는 것이 좋을 까. 이것을 도구의 면에서만 생각한다면 극단적으로 말해서 페터 1개만으로 다니는 것이 가장 좋다. 드라이버라든지 3번 아이언 등 어려운 골프채를 사용하지 않고, 어린이도 흉내낼 수 있는 쉬운 골프 채의 페터를 사용하는 것이 좋다.

골프를 한 번도 해보지 않은 사람, 더구나 단 한 번도 골프채를

프로의 퍼팅

휘두른 적이 없는 사람이라도 페터로 치는 것은 가능하다. 언젠가 유행했던 빌의 옥상에서의 페팅 코스 등 점심 시간이나 휴식 시간에 하이힐을 신고 칠 수 있다. 한번 정도 휘두를지도 모르지만, 좁은 곳에서도 구멍을 따라 즐길 수 있을 것이다.

골프에서 가장 소중하게 생각되고 있는 그립은 그것이 어떤 방법으로든 치기는 할 수 있다. 이 페터 1개라는 생각을 기본으로 하면 골프채는 적으면 적을수록 안전하고 쉽다는 것을 알 수 있다. 말하자면 실제로 1개만으로는 무리가 있을 수 있지만 골프를 보다 쉽게 하려면 하프 7개도 많다.

골프채 개수가 많으면 그만큼 연습 시간이 많이 필요하므로 하프 7개 중에서 줄일 수 있는 것을 줄인다면 드라이버, 3번 아이언은 필요 없게 된다. 반복하지만, 이것은 어디까지나 레저 골프를 목적으로 했을 경우의 이야기이다. 결국 드라이버와 아이언은 100전후의 골프를 하는 데는 없는 편이 좋다.

차츰 알겠지만, 이 골프채를 마음대로 사용하는데는 약간 시간이 걸린다. 여가족(餘假族)에게는 미안한 이야기이지만, 여가가 있다면 스윙의 열쇠가 되는 6, 7번의 아이언을 보다 많이 잘 치는 편이 좋으며, 또한 페트 연습을 하는 편이 훨씬 스코어가 좋아진다.

결국 보통 하프에서 드라이버와 3번 아이언을 제외한 스푼,5번, 7번, 9번 아이언과 페터, 이렇게 5개가 된다. 그러나 이와 같은 편성도 실제 플레이가 되면 쓸모 없게 된다. 편성은 각각의 골프 레벨에 크게 관계하는 것이기 때문에 극히 초기인 단계에서는 5번 아이언이 아직 어려운 상태이기 때문이 아닐까.

역시 350미터 이상의 구멍에서는 아무리 초보라고 해도 나무 골프채 1개는 있어야 한다. 능력 있는 사람은 스푼 대신 5번 아이언도 있는데, 아무리 생력 골프라고 해도 나무 골프채의 즐거움은 말해두고 싶다. 자신의 장래 골프를 생각해서라도 스푼은 남겨둬야 하므로 그렇게 되면 스푼, 7번, 9번, 페터, 이렇게 4개가 된다. 이것에 샌드 웨지(벙커용)를 첨가해서 스푼, 6번, 8번, 페터로 편성한 방법이 훨씬 실용적이다. 초기의 골프에서 스코어를 무너뜨리는 것은 벙커(모래가 있는 장소) 이기 때문이다.

● 골프채의 짝수와 홀수 관계는

시중에서 파는 하프 세트는 나무 골프채가 1번, 3번, 아이언이 3, 5, 7, 9번 그래서 페터는 7개가 보통이다. 이 근거는 어디에 있는 것일까? 좀더 과학적인 근거를 발견하기란 어렵다. 이것이 나무는

프로의 캐디 백

2, 4번, 아이언은 4, 6, 8번으로는 불가능할 것이다.

분명히 골프를 하는 기본으로서 드라이버부터 열거했기 때문에 이뤄졌다. 하프의 편성일 것이다. 그런데 실은 이 일반화된 하아프 편성이 아마추어 골프의 조기 숙달에 큰 장해가 되고 있는 것으로 생각될 수밖에 없다.

프로에게 물어보더라도 아마추어에게는 드라이버 보다는 2번(브러 쉬), 2번 보다는 3번(스푼), 3번 보다 4번(배피)가 치기 쉽다. 그것은 샤프트의 길이(드라이버가 가장 길다)와 타면의 각도(로프트)의 관계이다. 드라이버 보다는 스푼 쪽이 공을 올리기 쉽기 때문에 치기 쉽고, 실제로는 기분 뿐이지만 샤프트가 짧으면 그 만큼 공이 눈에 가깝다는 말이 된다.

아이언에서도 같다고 할 수 있다. 1번 아이언 보다 3번 아이언,

3번 아이언 보다는 5번, 혹은 7번 아이언 쪽이 샤프트와 로프트의 관계에서 치기 쉽다.

이렇게 생각한다면 가장 먼저 어려운 드라이버를 연습하고 그것을 마스터하려고 하는 일은 초보자의 연습 순서로서는 잘못된 일이 된다.

특히 여기에서는 레저 골프를 목적으로 하고, 어떤 방법으로라면 연습을 줄일 수있을까를 생각하고 있기 때문에 드라이버는 무조건 뒷전으로 미루어 두지 않으면 안된다. 아니, 오히려 드라이버를 치는 일은 초보자로서는 스코어를 만드는데의 장해요인으로 생각하는 편이 좋을 정도이다.

● 낱개로 살까 아니면 세트로 살까

골프를 시작하려는 사람은 역시 골프채를 살 필요가 있다. 연습장이나 리조트의 골프장일 경우는 빌려주는 골프채가 있지만, 익숙해지려면 역시 골프채와 친숙해질 필요가 있으므로 자신의 것이 있는 편이 좋다.

골프채를 살 경우 세트(14개)로 살 것인지 하프 세트(7개)로 살 것인지 혹은 낱개로 한 개씩 맞추어 살 것인지를 망설이는 경우가 있는데, 금액 면에서 본다면 낱개로 사는 편이 매우 안전하므로 먼저 처음에는 낱개로 갖출 것을 권하고 싶다.

세트라고 해서 꼭 불필요한 것일까. 세트에는 골프채가 들어 있다. 그것을 드라이버는 스푼으로, 스푼은 배피로, 혹은 5번 아이언을 6번과 교환하는 것이 효과가 없는 경우가 있다. 또한 값이 싼 하프 7개라고도 원래부터 하프로서 홀수 번호밖에 제조돼 있지 않은

목재로 팔고 있는 골프채

골프채도 있기 때문에 주의할 필요가 있다.

골프에 어느 정도 능숙해지면 대개 좋은 골프채를 세트로 갖고 싶어지므로 처음부터 두 번에 구입할 작정을 하고 제1단계는 철저하게 값이 싼 낱개로 구입하는 것도 하나의 방법이다.

특히 처음의 연습에는 연습장의 흙이나 고무 매트만 치기 때문에 고급스러운 골프채는 과분하다. 게다가 세트로 구입해도 전부 사용할 수 없기 때문에 한정된 골프채만 상하게 된다. 샤프트의 피로도가 흩어지기 때문에 차츰 많은 골프채가 사용될 단계가 되었을 때는 결국 다시 사게 되는 일도 생각해야 된다.

한편 골프채를 살 때에는 밸런스나 스윙 웨이트의 단어가 생각나서 제대로갈피를 못잡는 일도 있다.그러나 초보자에게는 아니, 애버리지 골프 단계에서는 스윙 웨이트 등은 전혀 관계가 없다.

골프채가 좋은데도 스코어가 줄어드는 경우가 있는데, 70대의 스코어가 나왔다는 이야도 있다. 100전후의 스코어 골프에서 골프채가 좋고 나쁜 것은 문제가 되지 않는다고 해도 좋다. 그보다는 공을 골프채의 타면(打面)에 정확하게 대었는가 어떤가가 이 레벨에서 직접적인 스코어가 될 것이다. 처음에 골프채를 살 때는 백화점 등에서 그야말로 목재처럼 쌓아 놓은 낱개 골프채 중에서 나무 스푸운, 아이언 6, 8 그리고 벙커용 샌드 웨지, 페터 등을 낱개로 사는 것이 현명하다.

어디까지나 사용하고 버린다는 기분으로 사고, 무게라든가 스윙 웨이트는 이 다음에 살 때 생각해도 좋다.

다음으로 캐디 백(골프채를 넣는 것). 원래 5개밖에 사지 않았기 때문에 직경 10센티 정도의 작은 것이 적당하다. 5, 6개 넣고 비어 있을 때에는 채우는 것이 지하철 안으로 갖고 들어 가기도 즐겁고 좋다고 생각되지만, 이것은 코스로 나갔을 때 캐디가 카트(백을 운반하는 차)에 묶는데 불편하고, 또한 사용할 때도 골프채를 꺼내기 어렵기 때문에 원형의 것이 도움이 된다.

● 신발은 무리해서라도 좋은 것을

골프에서는 신발이 상당히 중요하다. 스윙을 할 때에는 반드시 스파이크가 필요하므로 연습장에서도 스파이크를 꼭 넣고 쳐야 한다. 게다가 코스에 나오면 평균 7킬로미터는 걸어야 하므로 발에 꼭 맞는 것이 아니면 곧 다리에 피로가 온다. 야구와는 달라 약간의 비가 와도 게임이 진행되므로 비 속에서 벌어지는 플레이도 기억해 두어야만 한다.

프로의 어드레스―
손의 위치에 주목

　그 때문에 발에도 맞고, 비에도 강한 것을 선택할 필요가 있다. 무게가 있긴 하지만 종래에는 골프의 스파이크는 어느 정도 무게가 나가지 않으면 스윙 토대가 단단하지 않다고 했다. 그러나 이것에 대한 과학적인 근거는 없다.

　최근에는 무게가 가벼운 스파이크가 개발되어 판매되고 있다. 골프장에서는 프로보다 더욱 많이 걸어야 하므로 당연히 프로 보다 더 좋은 신발이 필요한 것이 아닐까. 이것은 농담이지만, 신발을 살 때에는 골프채를 갖출 때보다 더 신경을 써서 좋은 것을 선택해 주기 바란다.

　골프에 필요한 소품으로 가죽 장갑을 잊어서는 안된다. 장갑없이 칠 수 있는 것이 진짜다, 라는 이야기를 들은 적도 있지만, 연습장에서는 처음 며칠 동안은 필요 이상으로 골프채를 휘두르기 때문에

가죽 장갑은
역시 있는 편이 좋다.

곧 물집이 생긴다. 물집이 생기면 연습이 되지 않으므로 결국 가죽 장갑은 왼손만 필요할 것이다.

골프채와 신발과 장갑이 갖춰지면 연습장으로 갈 수 있다. 초보자를 위한 연습장에서의 주의 사항을 말하면, 골프 연습장은 골프장 클럽 하우스의 프론트 형태를 취한 곳이 많기 때문에 처음에 사인을 하도록 되어 있다. 연습장의 타석 번호만 알면 그것으로 좋겠지만, 무슨 이유에서인지 사인하게 되어 있는 것이다.

● 공은 있는 그대로의 상태에서 친다

스포츠의 수는 셀 수 없을 정도이지만, 그 경기나, 혹은 게임의 규칙을 보면 골프의 규칙은 매우 간단한 편이라고 말할 수 있다.

예를 들면 야구 규칙 등이 복잡한 예로, 자세한 부분은 프로 선수도 알 수 없는 경우가 많다.

투수의 투구에 관한 것만도 세트 포지션의 규칙, 혹은 견제구를 던질 경우 발을 내딛는 방향 등이 자세하게 규정되어 있고 규칙에서도 100 항목을 넘는다.

그 점에 있어서 골프는 '공은 있는 그대로의 상태에서 친다'라는 것이 전부다 라고 해도 좋을 정도로 간단해서 기본적인 사고에는 규칙상 하나의 상황에서 자신에게 불리한 쪽으로 해석하면 좋다 라는 룰 정신이 있다.

코스 내의 꽃밭 안으로 공이 날아 들어와서 가끔 그곳이 '솔저 그린'이 되는 경우가 있는데, 이때 골퍼는 어떻게 할까. 당연히 그대로 꽃을 쳐서 흩으려뜨려도 룰 위반이 아니다. 그러나, 그곳에서 언플레이블(플레이불가능, 벌타(罰打)을 선언하고, 공을 다른 곳으로 옮겨 놓아 칠 수 없게 해서는 골프를 할 자격이 없다는 이야기도 있다.

그렇지만 사회의 형법이나 민법 등, 법률이 법을 어기는 일이 있기 때문에 만들어진 것에 비해 골프의 규칙은 고의로 룰을 깨는 것이 없다는 것을 전제로 만들어졌다는 것을 알려주고 싶다.

골프의 규칙은 '선의(善義)의 과실'에 따른 문제의 처리를 정하고 있기 때문에 룰의 기본은 '공은 있는 그대로의 상태에서 친다'는 것으로 되어 있다.

프로 골프의 경우는 룰을 가능한 한 유리하게 해석하려고 한다는 생각이므로 본래 대로라면 토너먼트 규칙과 일반 골프 규칙은 구별하는 편이 좋을지도 모른다.

골프에는 심판원이 없다. 이것은 룰 정신에 따라 플레이되어야 한다는 생각이있기 때문으로, 경기 임원에게는 경기자의 위반을 발견할 책임은 없다. 규칙상의 적절한 조치를 취하기 때문이다. 얼버무리려고 하면 그 기회는 얼마든지 있다. 신사적인 스포츠로는 이 이상 더한 것이 없다고 할 수 있겠다.

2. 그립을 꽉 붙잡도록

그립은 기본중의 기본

● 그립(grip)

골프채의 자루를 그립이라고 한다. 물론 야구의 배트도 그립이라고 하지만, 골프의 경우는 기본 중의 기본이므로 그립이란 말이 종종 사용된다.

그립은 골프채의 자루 부분을 가리키는 경우와 휘두른다는 것을 말할 경우가 있다. 도대체 어떤 그립을 말하는 것인지 또는 그대로 어떤 휘두름을 하고 있는 것인지, 골프에서는 지나치게 영어가 많지만 이 경우만은 좀 봐 주기 바란다.

골프채를 휘두를 경우는 반드시 그 자루를 꽉 붙잡지 않으면 안된다. 특히 골프에서는 골프채의 스윙을 일정하게 하는 것이 필요하기 때문에 휘두를 때마다 일일이 휘두르는 방법을 변형시켜서는 일정한 스윙이 가능하지 않고, 또 일정한 쇼트도 생길 수없다.

'어떻게 쥐든지 간에 정확히 맞는다면 그만인 것이다.'라고 말하고 싶겠지만 골프는 이따금 한 번만 잘 맞으면 좋다는 경기가 아니기 때문에 18회 또는 19회, 100회 동안 골프채를 휘두르므로 역시 그립은 꼭 붙잡지 않으면 잘 안된다.

생력 골프를 목표로 한다 하더라도 이 그립은 반드시 우선 기본으로 통과해야만 한다.

● 좌우의 힘과 그립의 관계

골프채의 그립은 대개 3가지의 방식이 있다. 처음 골프채를 쥐는 경우라면 야구와 같은 베이스 볼 그립이 가장 쥐기 쉽다. 처음에 뭔가 부자연스런 느낌에서 야구와 같이 골프채를 쥔다면 힘이 들지 않는다고 생각할 수도 있을 것이다. 그러나 베이스 볼 그립 즉, 배트를 쥐는 방법과 같이 한다면 점점 마이너스 만이 생기게 된다.

물론 이런 자세로도 잘 치는 사람이 있지만 그것은 참으로 한정된 사람들로, 대부분은 이 방법을 제외한 다른 2가지로 쥐는 것을 취하고 있다. 어째서 베이스 볼 그립이 마이너스 면을 초래하기 쉬울까 하는 문제를 생각하는 것은 우스운 문제로, 그것은 골프의 스윙에 밀접한 관계가 있기 때문에 꼭 알아 둘 필요가 있다.

● 그립의 10포인트

① 왼손 손바닥. 집게손가락에서 새끼 손가락에 걸쳐 손가락 부분에서 골프채를 비스듬하게 붙혀서 잡는다.

② 왼손의 손등은 공이 날으는 선을 가리킨다. 엄지는 샤프트의 바로 위가 좋지만, 힘이 약한 사람은 약간 오른쪽 안쪽으로 붙힌다.

③ 오른손은 오버랩. 오른손 새끼 손가락이 왼손의 집게 손가락에 덮힌다. 열쇠처럼 걸어 단단히 조인다.

④ 오른손 손가락. 오른손은 손가락으로 잡기 때문에 골프채는 중지와 약지로 꽉 쥔다.

⑤ 오른손 집게 손가락은 총의 방아쇠 형태. 오른손 엄지와 집게 손가락은 골프채를 사이에 쥐는 듯한 느낌.

⑥ 오른손 엄지는 골프채의 조금 안쪽. 왼손 엄지가 샤프트의 바로 위를 누르는 것에 비해 오른손 엄지는 바로 위 보다 약간 왼쪽에서 누른다.

⑦ 오른손 집게 손가락과 엄지로 만들어진 V자형은 오른쪽 어깨와 머리의 부분의 중간을 가리킨다.

⑧ 좌우의 쥐는 힘은 왼손이 약간 강하게 쥔다는 느낌이 들도록 한다.

⑨ 날으는 거리를 원할 때는, 왼쪽 손등이 공이 보다 약간 바깥쪽으로 향하게 훅 그립.

⑩ 손바닥이 비교적 좁은 사람은 왼손 집게 손가락과 오른손 새끼 손가락을 에워싸는 인터록 그립을 하는 것이 바람직하다.

〈힌트〉

스윙은 왼팔이 주체이기 때문에 왼쪽 그립을 강하게 하고, 오른쪽은 거든다는 느낌으로, 오른쪽이 덜하게 되는 것과는 다르다.

베이스 볼 그립은 오른손과 왼손 모두 샤프트를 각각 다섯 손가락으로 잡는다. 이것이 자연스럽고 좀더 휘두르기 쉬운 그립이지만 이렇게 휘두르면 대개의 경우, 좌우의 손 힘의 균형이 깨진다. 이것은 사람은 대개 좌우 어느 쪽이든 간에 한쪽 방향의 힘이 강하기 때문에 생기는 것으로, 오른손잡이는 왼쪽 보다는 오른쪽 방향이 훨씬 힘도 강하고 또한 미묘한 움직임을 하기도 쉽다.

이렇듯 서로 능력이 다른 두 손을 자유롭게 움직인다면 오른손잡이는 오른손이, 왼손잡이는 왼손이 낫다. 야구의 경우는 둥근 배트가 있기 때문에 타면은 둥근 막대의 어느 곳에 맞아도 좋고, 때려서 날아간 공도 다이아몬드의 90도 이내는 어느 곳이든 전부 가능하게 된다. 또한 파울이 되더라도 다시 때리는 것이 가능하다. 때문에 좌우

왼손 엄지손가락의 위치는 배트의 경우 매우 다르다.

손의 강세나 움직임의 균형은 그 만큼 문제가 안된다. 그러나 골프의 타면은 단지 한 방향밖에 없다. 그것도 공에 대해 비스듬히 맞추면 공이 구부러지고 만다. 공을 정확하게 타면에 충돌시키지 않는 한 공은 구부러지는 것이다.

 좌우의 손을 포개 휘두른다면 문제가 없겠지만, 오른손잡이인 사람은 왼쪽 그립의앞쪽에서 오른쪽 그립을 하기 때문에 실제로 휘둘렀을 때는 힘이 강한 헤드 쪽의 오른손이 매우 이롭고 타면의 각도에 맞지 않는 일이 생겨난다.

●주도권은 왼손으로

골프의 스윙은 자연스럽게 돌려 왼손이 주도권을 갖는다는 특징이

왼손 주도의 임팩트가 골프의 특징

있다. 물론 오른쪽 보다 왼쪽이 강한 것이 유리하다고 생각할 수 있는 정도이지만, 이것은 힘관계만이 아니라 함부로 미묘한 동작이 생기지 않는 쪽에 주도권이 있다는 것을 밝혀두고 싶다.

　결국 미묘한 동작이 가능하다는 것은 그 만큼 움직이기 쉽다는 것으로, 공에 골프채의 타면을 정확히 맞게 하고, 백 스윙(뒤쪽으로 치켜든다) 한 뒤 동일한 장소에서 다시 되돌아오는 데는 그립한 손가락 앞에서 미묘한 동작이 없는 편이 정확히 되돌리기 쉽다는 것이다.

　원래 좌우의 힘이 다르고 동작 능력에 차이가 있는 것을 골프에서는 그것을 역행하려고 할 경우 부자연스러운 면이 있으며, 그것이 정확한 쇼트의 기본이 될 경우에 어려움이 있다.

　좌우의 힘을 같게 하고, 아니, 반대로 한다면 어찌될까.

오른손 손가락을 하나 떼어
낸 그립이 생각나게 된다. 왼손
은 5개의 손가락으로 잡고
힘이 강한 오른손은 손가락
중에서도 쥐는 힘에서 대단한
힘이 있는 새끼 손가락을 뽑아
버리는 방법이다.

● 오버 랩과 인터록

힘에서 유리한 오른손 새끼
손가락 왼손의 집게 손가락에
얹은 것, 혹은 집게 손가락의
두 번째 관절에 걸치듯 한
것이 오버랩 그립이다. 오른손
새끼 손가락을 왼손의 집게
손가락과 가운데 손가락 사이
에 넣어 휘감은 것을 인터록
그립이라 한다.

이 두 가지 그립이 세계
골프의 주력으로, 그 중에서는
오버랩 쪽이 많다.

그러나 인터록 그립을 하는
프로도 많은데, 미국의 잭 니클

프로는 거의 오버 랩의 그립을 하고
있다. 오른손의 새끼손가락이 왼손의
집게손가락 위에 올라오는 것에 익숙
해지기까지는 좀 고생을 해야 한다.
왼손의 집게 손가락과 가운데 손가락
사이에 끼워 넣으면 된다. 처음은
작은 스윙부터 연습하자.

라우스가 그 중에서도 유영하
다.

이 두 가지 중 어느 쪽이
좋은 가는 여러 가지 설명이
있다. 손이 큰, 힘의 골프는
오버랩, 반대로 손이 작은,
콘트롤 골프는 인터록이라고
말할 수 있는데, 요컨대 두개의
손이 하나가 되어 골프채를
균형에 맞게 휘두르는 일이므
로 초보적인 단계에서는 이
두가지 중 하기 쉬운 방법을
채용하는 것이 좋다.

골프는 스윙도 그렇지만,
그립도 부자연스런 것에는
그 어떤 특징이 있다. 그렇게
하는 것이 골프채의 타면을
정확하게 되돌아 오는 열쇠라
고 생각하고 우선 이 부자연스
러움을 극복하는 일을 골프
숙달의 제 1단계로 생각하고
실행했으면 좋겠다. 이러한
부자연스러움이 열쇠가 되다는
것은 뒤에 상세하게 쓰기로 하겠다.

다수의 프로 중에서 잭 니클라스는
인터록의 그립을 하는 명수이다. 오른
손의 새끼 손가락과 왼쪽 손가락의
집게 손가락을 얽어 매는 것으로 손이
비교적 작은 사람은 이러한 방법이
좋다고 말할 수 있다. 니클라스가
특별히 손이 작다고는 생각하지 않지
만, 스윙에 일체감이 있는 것은 틀림
없다.

그립을 정확하게 휘두르는 방법

● 왼손의 그립을 만든다

처음 골프채를 쥐면 묵직한 무게를 느낄 것이다. 특히 아이언은 그 느낌이 더 강하다. 그러나 이것은 헤드(머리 부분) 쪽이 무겁게 되어 있기 때문에 그렇게 느낄 뿐이고, 이 정도의 무게가 없다면 공은 멀리 날아가지도 않는다.

그립은 처음에 왼손부터 만들어 간다. 오버랩이나 인터록으로 해도, 왼손 보다 앞쪽에 있는 오른손이 일부를 덮는 형태가 되기 때문이다. 왼손은 엄지손가락이 샤프트의 중앙을 위에서 누르는 듯이 하고 다른 4개의 손가락으로 샤프트를 휘감는다. 이때, 샤프트는 왼쪽 집게 손가락의 제2관절 중앙 부분에서 새끼 손가락 부분의 아래로 비스듬하게 쥔다.

근대 골프의 주류는 왼쪽 손바닥, 오른쪽 손가락으로 하는 것이 많고, 왼손은 손가락만으로 잡는 것이 아니라 손바닥으로 골프채의 그립을 꽉 쥐는 것이 강조되고 있다. 골프채의 스윙은 왼팔에 그 주도권이 있으므로, 특히 왼손 그립은 꽉 쥐는 것이 필요하다. 이 경우의

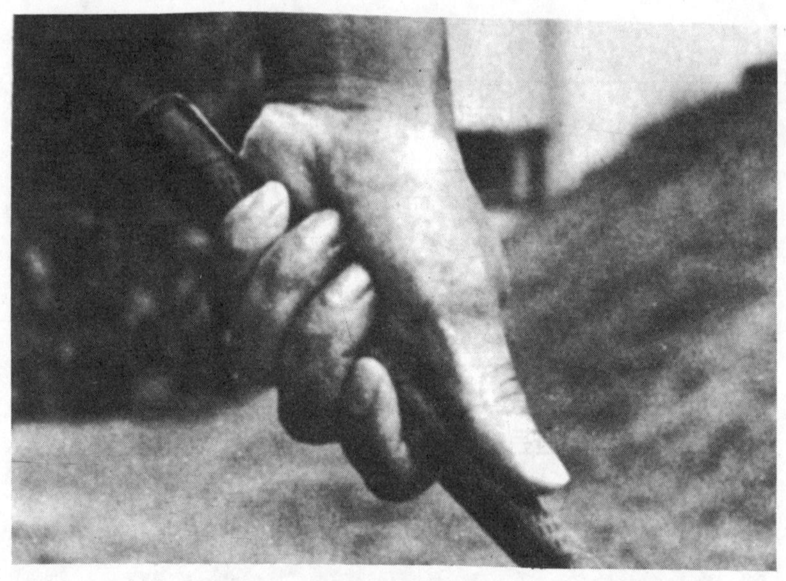

요령은 왼손 집게 손가락으로 피스톨의 방아쇠를 당기는 듯한 형태를 만든다. 실제로 골프채를 앞의 왼쪽 집게 손가락 끝과 끝에 가까운 관절 사이의 엄지 손가락 끝이 붙는 것처럼 하면 쉽다. 결국 집게 손가락이 약간 뜨게 쥔다.

인터록이나 오버랩에서도 집게 손가락에 오른손 새끼손가락이 오기 때문에 이점이 포인트이다. 오버랩도 오른쪽 새끼 손가락이 약간 뜬 집게 손가락의 위라든지 혹은 제2관절 중앙을 걸치는 형태가 되고, 인터록은 왼손 집게 손가락과 가운데 손가락 사이로 오른쪽 새끼 손가락이 들어오기 때문에 이 방아쇠 스타일이 필요하게 된다.

그리고 왼손 집게 손가락과 엄지 손가락으로 만든 V자형의 공간이 눈과 오른쪽 귀 주위를 향할 정도가 정확한 왼손 그립의 표준이라고 할 수 있다. 이 경우, 엄지를 약간 손 앞쪽으로 끌어 당기는 듯한 기분

으로 하면 왼손 그립은 충분히 조일 수 있다.

다섯 손가락의 힘 관계에서는 가운데, 약지, 새끼손가락, 이렇게 세 손가락이 샤프트를 꽉 붙잡고 집게와 엄지, 두 손가락은 거드는 느낌으로 하면 된다.

●오른손은 손가락으로

왼손이 손바닥으로 꽉 쥐는 느낌인 것에 비해서 오른손은 손가락만으로 쥐는 느낌이 되게 한다.

오른손 집게 손가락은 피스톨의 방아쇠를 당기는 느낌으로 구부리고, 그 안에 샤프트를 끼우고 중지, 약지 이렇게 세 손가락으로 잡는다. 엄지는 왼손의 경우와 비슷한 느낌으로 샤프트 위로 오지만, 이번엔 엄지 손가락의 오른쪽 바닥이 샤프트의 바로 위를 누르지 않고 샤프트의 약간 왼쪽을 누르는 것처럼 한다. 이 경우도 오른쪽 집게 손가락과 엄지로 만든 V자형의 공간은 오른쪽 귀를 향하듯이 하는 것이 표준이다.

처음은 골프채가 무거우므로 책상 위 같은 데서 한쪽씩 그립을 체크하면 좋다. 그리고 왼손 그립, 오른손 그립을 간격을 벌려 잡고, 다음에 오른 손 새끼 손가락을 벌린 그대로 미끄러지게 아래로 내리고 오른손 새끼 손가락과 왼손 집게 손가락을 연결한다. 이 경우, 오른손 바닥의 중앙 왼손의 엄지 손가락 위를 푹 덮듯이 한다.

왼손 그립은 샤프트를 3센티 정도 남겨둔 것 같은 방법이라면 전체를 꽉 잡을수 있을 것이다.

● 스퀘어(square), 훅(hook), 슬라이스(slice)

그립에는 베이스 볼 그립(내추럴 그립),오버랩핑 그립(해리 바든이 고안한 것으로 바든 그립이라고도 한다), 그리고 인터록킹 그립의 세 종류가 대표적인 것이지만, 이밖에 개인에 따라 세 종류의 변형도 있다.

베이스 볼 그립의 느낌으로 하면서 왼손 엄지 손가락만 샤프트의 센터에 두든지 인터록킹으로 해서 왼손 엄지 손가락을 샤프트의 센터에 두지 않고 샤프트에 휘감길 수 있도록 하는 것이다. 원래 힘이 약한 사람은 열 손가락으로 잡지 않으면 날릴 수 없는 것이 이유이지만, 어느 정도 힘이 없다고 해도 좌우 손의 힘에 차이는 있기 마련이므로 처음부터 변형하지 않는 편이 좋을 것이다.

힘이 약한 사람에게는 오버랩이나 인터록으로 쥐면서 헤드에 돌아가면 강하게 되는 훅 그립이 맞을 것이다. 왼손 엄지를 샤프트 중앙에

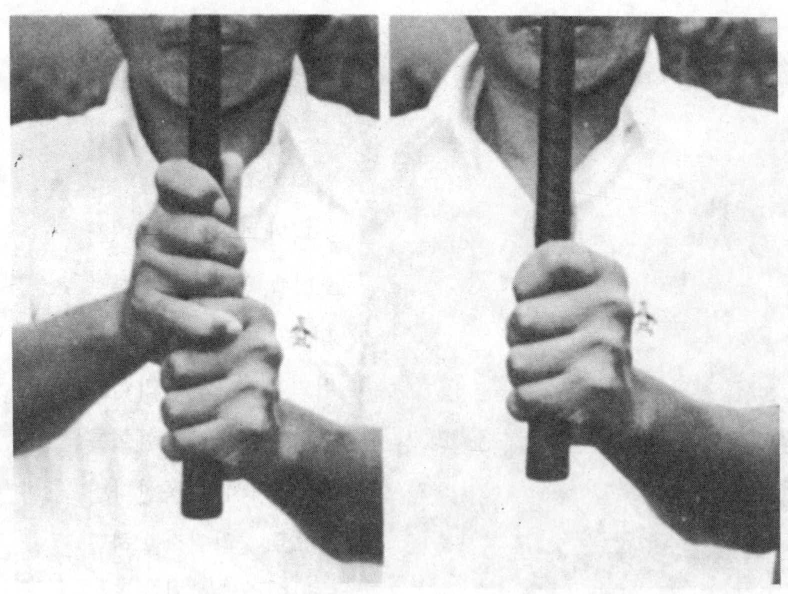

둔 그립 그대로 전체를 오른쪽으로 약간 돌려서 잡는다. 왼쪽 손등이 많이 보이게 되지만, 이 표준은 골프채를 밑으로 붙일 때 약지의 관절이 보일 정도면 된다.

결국, 양손은 전체적으로 조금 오른쪽으로 돌려 쥐고, 스윙할 때 오른쪽 손목이 젖혀지기 쉽도록 한다. 말하자면 오른손이 상당히 자유로운 그립으로 그 만큼 힘이 든다. 다시 말하면 왼쪽으로 조금 돌린 느낌의 그립을 슬라이스 그립이라고 한다.

물론, 그립을 회전시켜야 하므로 집게 손가락과 엄지로 만든 V자형의 행방은 변한다.

누구나 골프채로 공을 칠 때는 멀리 날아간 듯하다고 생각하므로 가능한 한 힘이 들어가기 쉬운 그립 쪽이 좋지만, 야구와 달라서 골프는 좌우 손의 균형이 맞고 처음 페이스(타면)가 정확한 골프채인

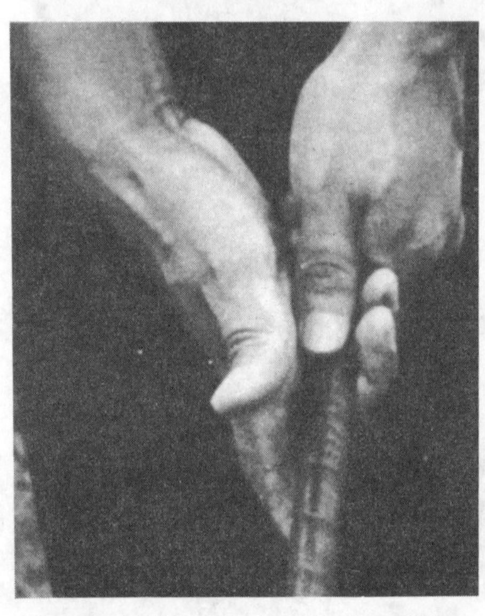

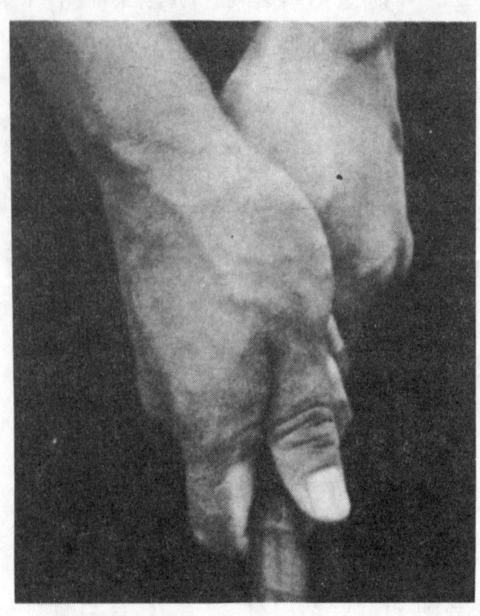

경우는 어디까지나 양손의 힘을 모아 치는 느낌을 중요시할 필요가 있다.

다만 개인차가 있어서 오버랩, 인터록은 이론보다는 제각기 자신이 쥐기 쉽다. 혹, 슬라이스 그립은 최초로 스퀘어를 주어 서서히 혹한다면 혹으로 슬라이스를 하면 슬라이스로 옮겨간 쪽이 좋다고 생각할 수 있다.

요컨대 친 공이 어떻게 날아갈 것인지, 그 공이 나는 방법은 스윙 궤도와 관계가 있으며, 그 스윙 궤도는 그립의 형편과 관련이 있다는 사실을 알려주고 싶다.

기본적으로 그립의 이론을 머리에 새겨 두고 여성의 경우는 혹, 남자는 스퀘어, 약간 혹 경향으로 생각해도 좋을 것이다. 얼마 안있어 알게 될 일이치만 커다란 쇼트로 혹(왼쪽으로 굽는다)이 걸린다면 실제로 성가시게 된다. 지금 단계에서는 혹, 슬라이스 그립은 그다지 중요하지 않고 어떻게 하면 골프래를 꽉 쥘 수 있을까 하는 방법이 중요하다.

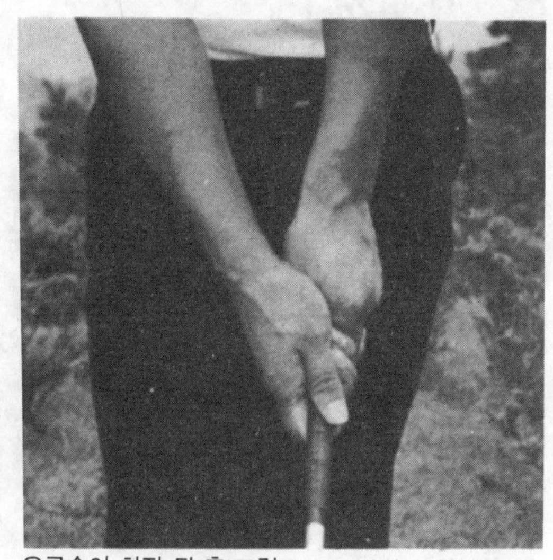

오른손이 회전 된 혹 그립

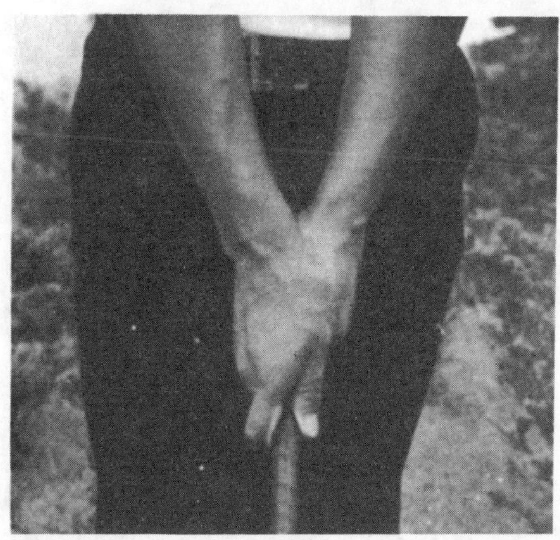

왼손이 회전 된 슬라이스 그립

프로의 그립—스윙 중에도 느슨하지 않다.

3. 스탠스와 어드레스

로져 몰트비

쇼트는 준비에서 결정된다

● 어떻게 서서 준비해야 할까

시합에 임하고 있는 프로 골퍼의 공에 대한 준비(어드레스)는 어떻게든 공이 맞는 듯이 보인다. 그렇지만 연습장에 있는 사람의 어드레스를 보면 프로일수록 잘 어울리지 않는 사람이 많다. 이것은 무슨 이유일까.

웨이트를 두는 방향, 다리를 벌리는 방향((스탠스), 그리고 골프채의 위치 등 여러 가지 관계가 있지만, 치기 전 자세에서 프로와 전혀 다르다는 것은 재미있는 현상일 것이다. 공을 치고, 그 공의 방향과 날으는, 그리고 타구음(打球音)이 프로와 차이가 있다면 수긍이 갈 수도 있겠지만, 아직 아무 것도 하지 않은 자세인데도 다르다는 것은 뭔가 뭔가 차이가 있는 것임에 틀림없다.

실제로 준비를 갖추는 것이 필요하며, 쇼트의 성공 여부는 준비가 좋고 나쁨으로 판명될 정도라고 생각하는 것이 좋다. 물론 이 준비는 그립에도 영향을 준다는 것을 알아야 한다.

약간 지루한 듯하지만, 복습의 의미로 확인해 두자. 골프의 공은 스윙의 궤도에 따라 정해지며, 그 스윙의 궤도는 그립과 어드레스에 의해 결정되는 것이다.

바꾸어 말하면 꽉 쥔 그립과 바른 어드레스에 따라 스윙이 정해지고, 그것이 쇼트의 성공 여부가 된다는 것을 충분히 염두해 둘 필요가 있다.

공을 마주 대하고 선 사람은 스스로 순서를 정하고, 습관이 되어 버린 방법이 편안하기 때문에 대충 헤아린다면 자신의 방법을 정하는 편이 좋다.

● 전후 좌우에 충분한 균형을

공을 앞쪽으로 해서 설 때에는 전후 좌우에 균형을 잘 맞추고 우선 안정을 취하고 서야만 한다. 이것은 당연한 일이라고 해도 느긋한 마음의 준비를 만드는 토대가 되기 때문이다. 처음에는 골프채를 쥐지 않은 상태에서 양쪽 어깨의 힘을 빼고, 양 다리를 자신의 어깨 넓이 정도로 벌리고 선다. 이때는 전후 좌우 어느 곳에도 중심이 실리지 않고, 체중이 양 다리에 조금도 실리지 않을 정도의 느낌을 주는 것이 좋다.

방향은 자신이 공을 치고자 하는 방향에 어깨, 허리가 평행이 되도록 한다.

● 어드레스의 10 포인트

① 역 K자 형을 만든다. 왼쪽 어깨에서 왼쪽 팔, 그리고 골프채의 선이 거의 일직선인 약간 역 자형, 오른쪽 팔, 오른쪽 다리로 역 K자 형을 만든다.

② 스탠스는 우드가 어깨 보다 약간 넓게, 아이언은 어깨 보다 약간 좁게 한다.

③ 왼쪽 발끝은 조금 벌리고(30도 정도), 오른쪽 발끝은 벌리지 말고 공이 날으는 선에 직각이 되게 한다.

④ 앞쪽으로 약간 기울인 형. 머리는 인사를 가볍게 하는 정도로 약간 아래로 숙인다. 억지로 등을 펴지 않을 것.

⑤ 체중은 약간 앞으로. 좌우 발의 엄지 발가락 부분에 체중을 싣는다.

⑥ 스탠스는 처음에 스퀘어를 만든다. 양쪽 어깨를 잇는 선, 그리고 양 허리를 잇는 선을 평행하게 한다.

⑦ 공의 위치는 왼쪽 다리의 발뒤꿈치 선상. 아이언인 경우나 우드에서 다운브로우로 칠 때는 약간 중앙으로.

⑧ 골프채의 그립 끝에서 떨어진 쪽. 표준은 손바닥을 펴서 새끼 손가락과 엄지 손가락의 넓이 정도, 결국 20센티미터 전후로 한다.

⑨ 양 무릎은 억지로 구부리지 않는다. 버티지 않을 정도의 유연성을 의식하면 좋다.

⑩ 오른쪽 어깨는 약간 내려 자연스럽고 편하게 한다.

〈힌트〉

어드레스에서 공이 날으는 방향을 볼 때는 상체를 위로 일으키지 말고 머리를 돌릴 것. 일어나면 몸이 펴지기 때문이다.

이때 오른발은 공이 날으는 선에 직각이 되게 하고, 왼발은 발가락 끝을 조금 벌린다. 벌리는 각도는 30도 정도로 하는 것이 좋지만, 각도에 구애받지 말고, 약간 벌린다는 느낌이 좋을 것이다. 거침없는 스윙을 하려면 왼쪽 발 끝을 벌리는 것이 필요하고 또한 오른쪽 다리를 공이 날으는 선에 직각이 되게 해서 발끝을 벌리지 않는 스윙을 할 때 상체를 비틀면 동시에 몸이 빗나가 방지하기 위해서이다.

서 있는 방향에서 자연스럽게 힘을 빼고 잠시 어깨와 허리를 회전(비틀다)해 보자. 이때 중요한 것은 중심의 이동이다.

프로의 어드레스

● 자연스런 웨이트 이동을

프로 야구의 선수왕의 한쪽 다리를 상기해 주기 바란다. 백 스윙에서 오른쪽 다리(왼쪽 타자)를 들고, 다운 스윙(휘둘러 되돌아 치고 간다)에서 오른쪽 다리를 내리는 것은 처음에 중심을 한쪽으로 모아칠 때에 체중을 공에 실을 수 있게 하고, 스윙이 끝났을 때 오른쪽 다리로 체중이 옮겨가게 하기 위해서이다.

야구 선수는 한쪽 다리를 든다 라고 하는 뛰어난 방법으로 체중의 이동(웨이트 이동)을 보여 주는데, 골프도 공을 치는 것이기 때문에 이와 비슷한 동작을 해야 한다.

어깨와 허리를 돌려 상체를 오른쪽으로 비틀면 체중은 오른쪽 다리로 간다. 이번엔 이 비틈을 휘둘러 되돌린 것이지만, 휘둘러 되돌릴 때는 체중을 왼쪽 다리로 옮기는 일을 생각해서 되돌리는 것이 중요

프로 스윙의 톱

하다.

　백 스윙을 할 때에는 발뒤꿈치를 조금 올려 왼쪽 다리의 엄지 발가락 쪽에 체중이 남고 다운 스윙에서 피니쉬까지는 왼쪽 다리로 체중을 옮겨 오른쪽 다리의 발뒤꿈치에 체중을 약간 남겨두고 비트는 운동이다.

　비틀고 휘둘러 되돌린다는 동작을 연결해 주면 양쪽 다리의 엄지 발가락은 붙인 채로 발뒤꿈치를 올리고 제자리 걸음을 할 수 있게 된다. 이때 눈은 정면의 목표물을 보고, 비튼 몸으로 제자리 걸음을 하면서 머리가 좌우로 움직이지 않도록 한다.

　그런데 머리를 움직이지 말라는 것이지 정지하라는 뜻은 아니다. 어디까지나, 등뼈부터에서 머리 꼭대기까지는 회전축이 곧장 세로로 통하고 있다는 의식을 갖고 있는 것이 좋다. 또한 백 스윙으로 비틀

때 오른쪽 다리의 무릎이 약간 안쪽의 정면을 향하게 하는 것이 중요하고, 이 무릎이 비트는 회전의 제어 작용을 해 주고 있다는 생각을 하는 것도 하나의 요령이다.

체중을 오른쪽 다리로 옮기면 자신도 모르는 사이에 오른쪽 무릎이 오른쪽 방향으로 벌어지려고 하는데 이것을 멈춰야 비로소 비트는 효과를 낼 수 있다. 용수철의 원리가 멈추면 아무 의미가 없는 것처럼 오른쪽 다리의 발가락 끝은 벌리지 않고 공이 날으는 선에 직각이 되게 한다.

● 중요한 상체의 전경자세

오른쪽으로 비틀고 휘둘러 되돌려 체중을 이동할 수 있게 되면 이번에 조금 앞으로 기울여 체중을 이동해 보는 것도 스윙의 몸동작을 익히는데 도움이 된다.

앞으로 기울어진다고 해도 이것은 여러 가지가 있을 수 있기 때문에 자신만의 표준을 찾기 바란다. 미국의 유명한 프로 레슨가인 보브 토스키는 우리나라 사람이 '안녕'이라는 인사를 할 정도가 좋다고 한다.

머리를 아래로 숙이는 상태도 각자 매우 다르기 때문에 여기에서는 가볍게 인사를 할 정도라고 하자. 흔히 앞으로 기울인 자세라고 하면 머리를 가볍게 숙이고 무릎을 조금 구부린 경우로 오해한다. 머리를 숙인다는 것은 머리만 끄덕이는 것이 아니라 상체 전체로 가볍게 인사하는 것으로, 꾸중을 듣고 머리를 숙인 것처럼 해야 한다.

이것을 달리 표현하면, 상체를 숙여 가볍게 인사를 하면 반드시

프로 스윙의 톱

엉덩이가 뒤쪽으로 움직인다. 그리고 머리를 약간 느낌으로 시선을 왼쪽 발에서 1미터 정도 앞에 두면, 소위 턱이 다물어지고 자연스럽게 앞으로 기울어진 자세가 된다. 이 상태에서 무릎을 가볍게 1센티미터나 2센티미터 가량 구부린 정도로 두면 골프에서 말하는 자연스러운 자세가 된다.

　프로중에 어떤 사람은 앞으로 상당히 많이 기울이는 사람도 있다. 그러나 앞으로 약간 기울인 사람이라도 상체는 가볍게 인사하는 상태로 고개를 든다. 그러나 연습장에서는 무릎을 가볍게 구부려야 한다는 생각이 앞서기 때문인지 상체 전체를 앞으로 기울이지 않고 머리만 숙인 것 같이 해서 무릎을 구부리고 있는 어드레스를 종종 볼 수 있다. 물론 무릎으로 절을 한다는 것을 염두에 두는 편이 좋을 것이다.

느긋하게 하는
프로의 어드레스

훌륭한 골프는 역 K자형

●앞으로 기울이는 것과 앞뒤의 중심은

앞으로 기울인 자세를 취했다면 체중 이동의 제자리 걸음을 더 해보자.

이 때 몸의 중심은 앞으로 기울임에 따라 두다리가 거의 닿지 않은 약간 앞쪽 엄지 발가락 부분으로 온다.

비트는 백 스윙으로 휘둘러 되돌아오면 제자리 걸음을 계속하면서 어깨, 허리를 원만하게 움직이고 있는지를 체크한다. 특히 어깨는 90도에 가까운 정도의 회전을 할 수 있도록 한다. 어깨 동작은 팔을 함께 움직이게 되고 또 풀 회전의 기초가 되므로 중요하다.

한편 허리는 어깨를 리드한다. 특히 휘둘러 되돌아온 다운 스윙인 경우는 왼쪽 허리로 상체 회전을 리드한 느낌이 강하다. 사람에 따라서는 여러가지 체크 방식이 있지만, 우선 백 스윙은 어깨에서 비롯되고, 다운 스윙은 허리에서 비롯된다는 체크 방식도 훌륭한 한 방법이 될 수 있다.

이것은 스윙의 궤적(軌跡)과 관계된 것으로, 매우 중요하다. 실제로 골프채를 쥐고 공을 칠 단계가 되면 자세하게 설명하기로 하자.

역 K자형

● 골프채를 들고 선다

앞으로 기울인 자세에서 상체를 좀더 휘두를 수 있다면 골프채를
쥐고 어드레스 해 보자. 이 경우, 문제가 되는 것은 공을 놓아둔 위치
와 그립한 양손의 위치와 몸의 간격이다.

공은 왼쪽 발꿈치 선의 앞쪽에 있다고 할 수 있다. 왼쪽 엄지 발가
락의 앞쪽이나, 거의 지면에 닿지 않는 선상(線上), 혹은 왼쪽 발뒤꿈
치 보다 2, 3센티미터 몸의 중앙으로 붙은 전방, 그렇지만 프로도
개인차가 있어 모두가 똑같지는 않다. 그러나 골프채의 종류에 따라
다르고, 체중 이동의 타이밍에 따른 개인차, 혹은 높은 공과 낮은
공, 특수한 공을 칠 경우에도 변하기때문에 처음엔 일반적으로 말할
수 있는 왼발 뒤꿈치 선상이 좋다.

아직 골프에 익숙하지 않을 경우에는 우선 처음에 그립을 하지

말고 골프채를 공의 뒤로 꽉 붙인 채로 소울(밑에, 바닥에 붙인다) 해 보기 바란다.

우드도 아이언도 그렇지만, 골프채에는 라이 각도가 있다. 결국 골프채의 밑을 지면에 붙여보면 샤프트가 어떤 각도로 붙어 있는지 알 수 있다.

한번 보면 쉬울 것 같지만 이것만은 알아야 한다. 정확한 어드레스를 만드는 방법도 되기 때문이다.

처음에 그립을 하고 공의 위치에서 어드레스하지 않고 골프채의 밑부분을 딱 붙힌채로 지면과 샤프트에 따라 가능한한 각도를 유지한 채로 그립해서 어드레스 하려고 하는 것이다.

결국, 골프채의 라이 각도에 맞는 어드레스를 하는 것이 제 1단계인데, 이것은 골프채의 아래를 지면에 붙이고 그 형태를 알아 두기 위해서이다.

● 역 K자형과 Y형

미국에서 평판 받고 있는 골프의 기본에 '미스터—X 골프'라는 것이 있다. 이 책 속에는 골프를 잘 하는 사람과 그렇지 못한 사람과는 어드레스형에서 알 수 있다고 쓰여 있다. 잘 하는 사람은 역 K자형, 좀 낮은 수준인 사람은 Y자형의 어드레스를 한다는 것이다.

그립한 골프채를 공에 맞추어 어드레스할 때 왼팔과 샤프트가 거의 일직선이 되고, 오른팔의 선과 오른쪽 다리 선이 거의 역 K자형이 되어 있다는 것이다.

이것은 어드레스의 요령을 예리하게 만든 것으로, 프로나 잘 하는 사람들이 선택하고 있다. 프로가 준비 태세를 갖추면 어떻게든 공을

역 K자형

맞출 것 같고, 또 공도 날아갈 것이라고 생각하는 것은 이 역 K자형
때문이고, 어떻게든 오른쪽 힘을 공에 집중시킬 수 있을 것 같은 느낌
이 든다.

한편 Y자형이란 공을 양 다리 중앙 앞쪽에 두고 왼팔과 오른팔의
선과 샤프트가 Y자형을 만들 수 있는 어드레스다.

얼핏 보면 이것은 힘을 낭비하는 준비 태세 같은 느낌이 든다.
어째서일까. 이것은 백 스윙으로 오른쪽에 모인 힘을 전부 공으로
집중시킬 수 있는 체중 이동이 불가능하기 때문이다.

비틀어 휘둘러 올린 골프채가 몸의 회전으로 휘두른 것이 되돌아
올 때에는 체중이 왼쪽 다리로 이동하기 때문에 효과적인 인터록을
하려면 공이 좀더 왼쪽다리 쪽에 있어야 할 필요가 있다.

결국 공의 위치는·왼발 앞쪽 부근이 최대의 힘으로 스윙 동작을

프로의 어드레스-앞쪽으로 기울이는 자세와 손의 위치에 주목.

할 수 있는 곳이며, 어드레스에서 역 K자형이 필요하게 된다는 것이다.

● 그립과 몸과의 간격

공에 대한 자세를 갖출 때 골프의 그립이 끝나면 몸의 간격도 상당히 중요하다. 공을 지나치게 멀리 두면 그만큼 손을 쭉 뻗지 않으면 골프채가 공에 닿지 않는다. 또한 너무 가까우면 다운 스윙에서 히팅 에리어(치는 범위)에 들어와 있을 때 팔이 거북해서 치기 어려워진다.

이것 또한 개인차가 있기 때문에 일반적으로는 자기의 왼쪽 다리에 손을 벌린 왼손 새끼 손가락이 닿고, 엄지 손가락이 샤프트에 접촉할 정도이다. 물론 골프채 소울을 꽉 붙히고 라이 각도에 맞게 샤프트를 세웠을 경우이다. 결국 20센티미터 전후가 되는 것이다.

이것을 좀더 간단하게 하는 사람이 있다. 공을 왼발 뒤꿈치 선상에 둔 다음 거기에 골프채를 각도에 맞춰 두고 그립 끝이 왼발에 닿을 정도가 좋다는 것이다. 이것을 다른 말로 하면, 우선 공을 놓은 후에 골프채의 밑이 지면에 꽉 닿을 수 있게 세우고, 그 샤프트가 왼발(안쪽)에 기댈 수 있게 될 정도로 둔다는 것이다. 공과 몸의 위치가 정확하게 되는 방법이다.

그리고 왼손 그립을 하고 오른손의 그립이 가능하면 앞으로 기울인다. 앞으로 기울이는 것은 양 다리의 넓적다리와 엉덩이를 뒤로 끌어당기면 자연히 그립의 끝부분(샤프트의 가장자리)과 몸이 적당히 벌어진다.

이 방법은 앞으로 기울인 상태도 일정하기 때문에 초보자가 공의 위치를 정하는데는 일석이조의 효과를 준다.

야구 투수의 콘트롤을 부여하는 하나의 열쇠는 공을 놓는 손의 위치가 일정한 것을 들 수 있는 데, 골프는 그 이상으로 일정한 자세에서 일정한 스윙이 요구되는 것이다.

오른쪽 무릎이 통과할 공간이 필요하다.

프로의 포즈를 흉내내자

• 기본 중의 기본 · 그립(grip)과 어드레스(address)

생력적(省力的) 골프 숙달법은 없을까 라고 이것 저것 생각하고, 어떻게 하면 연습을 게을리 할까 하는 것이 이 책의 목적은 아니다. 그립과 어드레스에 대해서는 상당히 되풀이해서 설명하고 있다. 이 부근은 간단하게 통과하고 빨리 공을 치러 코스로 나가 보자는 것이 생력적 골프의 숙달법이라는 소리가 들려 오는 듯했다.

그러나, 아마추어는 아마추어대로, 또 초보자는 초보자 대로 이 그립과 어드레스를 확고하게 할 수 있다고 이해해 주기 바란다. 물건을 쌓아 올리는데는 우선 토대를 확실하게 구축하는 일이 매우 중요하다. 골프도 이것과 마찬가지로 우선 그립과 어드레스라는 토대를 어떻게든 단단히 하는 일이 결국 나중에 편하게 되고, 돌이켜 보면 힘을 줄이면서 걸어온 지름길이었다고 깨달을 수 있을 것이라 생각한다.

쇼트는 아마추어이지만 준비 자세는 프로 못지 않다고 하는 모순된 것 같은 생각을 할 수는 있지만 실제로 한다, 할 수 없다는 것은 아닐 것이다.

프로의 모습을 흉내낸다.

스윙의 기본에는 백 스윙(테이크 백이라고도 한다)이 있고, 백 스윙을 잘못하는지 어떤지는 그립과 어드레스에 달려 있다는 것을 거듭 반복해서 머리속에 넣어 두기 바란다.

더구나 이 그립과 어드레스는 연습에 의해 쌓아 올려 완성시켜도 상관은 없겠지만, 머리 속으로 이론을 이해하고, 프로의 흉내를 내는 모습만은 즉석에서 완성시키는 일이 가능한 것으로, 생력법으로는 부족할 것이라고 생각한다. 결국 마음이 편한 충고, 그리고 잘 단단히 잡은 그립은 수년 동안 연습을 쌓아 올리지 않아도 가능하다는 것이다.

오해가 있으면 안되기 때문에 덧붙여 두지만, 이 일은 그립과 스탠스를 프로처럼 흉내낸다고 해서 갑자기 칠 수 있는 것은 아니다. 그립과 스탠스를 무너뜨리지 않으면서 공을 치는 연습을 해서 몸에 익히려는

小林富 士夫의 임팩트—62항과 공통점은 어느곳?

것이다. 이와 같은 식으로 공을 치는 것을익히려고 하기 때문에 먼저 그 자세를 프로처럼 취하는데, 그것은 그다지 어려운 일이 아니다 라는 의미로 해석하고 싶다.

● 골프는 체형이 중요하다

프로 골퍼를 보면 적은 부분이지만 각기 모두 뭔가 개성이 있다. 자신의 체형에 맞는, 하기 쉬운 방법을 취하고 있기 때문에 전체적으 로는 공통점이 있으면서도 준비 자세, 백 스윙, 인터록 모양, 폴로우 (친 다음 끝까지 휘두른다)가 조금씩 다르다.

그렇기 때문에 우리들도 치기 쉬운 방법을 찾는 것이 좋다라는 이치가 성립하지만 근본적인 마음이 비뚤어지면 잘 안된다. 프로들이

新井規短雄의 임팩트-61항과 공통점은 어느곳?

공통적으로 갖고 있는 점. 그것은 무엇에서 출발하고 있는가를 생각할 필요가 있다. 그들에게 공통적인 하나의 형태를 모두 흉내내고 거기에서 출발하려고 하는 것이 생력 골프의 생활 방식인 것이다.

프로의 경우는 먼저 몸으로 익히고 이론은 그 다음 문제로 취급하고 있다. 이것을 거꾸로 하여 이론에 넣어 그 형(形)을 만든다는 것도 하나의 방법이지만, 그 이론은 사실 골프의 경험에 따라 이해가 되는 경우가 많다.

그 때문에 완전한 초보자의 경우는 알기 쉬운 이론을 제외하고는 이론을 이해하기 보다는 흉내를 내는 방법이 지름길이다. 프로의 모든 것을 흉내낸다 하더라도 그것은 가능하지 않다. 때문에 프로의 공통적인 것으로서 최소한 이것 만큼은 흉내를 내는 편이 좋다라고

무리하지 않는 **安田春雄**의 어드레스(이 경우 약간 오픈)

생각할 수 있는 것이 어드레스와 그립인 셈이다. 중심을 두는 방식이 자연스럽고 무리한 힘이 들어 있지 않다. 특히 양 어깨의 힘이 빠지고 릴렉스한 느낌을 받는다.

그런데 연습장에서는 몸이 굳어져서 굳어진 준비 자세를 취하고 있는 사람이 많다. 이것은 무슨 이유에서일까. 반드시 거기에는 이렇게 하지 않으면 안된다, 여기는 이렇다는 등 체크할 곳이 많아서 자기 스스로가 돈에 묶여 있기 때문일 것이다.

체형적인 것은 전혀 무시한 채로 심리적인 것이나 어드레스 방법을 착각하고 익혔을지도 모른다.

골프는 일정한 스윙을 해야 한다. 일정한 스윙을 하려면 자신 나름대로의 폼이 갖춰져 있어야 한다. 또한 그 폼을 굳히려면 프로의 어드레스를 실제로 참고해야 한다.

　사진이나 TV 혹은 시합을 관전하고 남의 어드레스 모습을 흉내내기 바란다. 프로와 거의 같은 느낌으로 어드레스하는 것은 골프에서는 절대 필요한 일이며, 그것이 기본 중의 기본적인 일이 된다.

● 스탠스(stance)는 우선 스퀘어(square)

　어드레스할 때는 날으는 공의 선에 양 어깨와 허리가 평행을 유지하도록 한다. 양발도 왼발의 끝을 벌리고 있지만, 양발을 연결하는 날으는 공의 선과 평행하게 되어 있다. 이것이 스퀘어 스탠스로 어깨, 허리, 양 다리를 연결하는 선이 각각 날으는 공의 선과 엇갈리는 (앞쪽으로) 것처럼 것을 클로즈 스탠스, 반대로 날으는 공의 선에 대해 벌린(뒤쪽에서 엇갈린다) 것을 오픈 스탠스라고 한다.

　프로의 어드레스를 흉내낼 때엔 이점에 주의를 기울여야 한다고 생각할 수 있는데, 프로는 스퀘어, 클로즈, 오픈이 있기 때문에 상당한 차이가 있다. 스탠스와 스윙의 관계는 뒤에서 다시 설명하겠지만, 처음에는 우선 날으는 공의 선에 평행한 스윙이 좋을 것이다. 공을 치고 나서 스윙을 해 보고, 어떻게 할 수 없을 경우는 나중에 수정하는 것으로 하자.

● 모습은 흉내낼 수 있다

　그립과 어드레스에 대해서는 대충 파악을 했을 것이다. 이 두 가지가 가능하다면 다음은 스윙 방법으로 진행하게 된다. 실제로 골프채를 스윙하는 것에 의해 그립과 어드레스가 어떤 중요한 부분을 차지하고 있는가를 충분히 이해할 수 있게 된다고 생각한다.

　어쨌든 모습만으로도 좋은 그립, 좋은 어드레스를 할 수 있는 것에 의해, 장래에 좋은 스윙이 약속된다는 것은 틀림없다. 결국, 그립과 어드레스는 모습이기 때문이다. 그리고 모습은 흉내를 낼 수 있고, 그다지 시간도 걸리지 않는다.

● 262 홀 3페트

미국의 프로 골프 토너먼트에는 여러 가지의 기록이 있는데, 시합에 나가서 262 홀도 3페트를 하지 않는 것은 드문 일이다. 1977년 켄 스티일이 기록한 것에 2월의 인베럴리 클래식에서 4라운드의 헤리티지 클래식 제3일의 13번까지 원 페트인지 투 페트로 성과를 거두었던 것이다.

프로의 시합은 4일 동안 7홀. 3라운드에서도 216홀이 되기 때문에 스티일의 기록은 대단한 것이다. 그러나 스티일은 이 기간의 4라운드에서 한 번도 10위 이내로 들어올 수 없었다.

새삼스럽게 미국 프로 시합 레벨의 높은 수준을 말하는 이야기이다.

일본에서는 페트의 명수인 杉原輝雄가 용케 1라운드 72홀에서 3페트가 된 일이 있지만 연속 시합이 된다면……. 우리들도 적어도 1라운드 18홀 3페트는 되고 싶다. 아니, 하프의 9홀에서도…….

4. 스윙의 요령

아놀드 퍼머

왼쪽 어깨의 동작이 야구와는 다르다

● 골프(golf)와 야구의 스윙(swing)

한 마디로 야구의 스윙도 개인차가 있기 때문에 상당한 차이를 보이지만, 최근의 야구 스윙의 이론은 우리들이 예전에 익힌 것과는 많은 차이가 있다. 본래 스윙의 이론은 변하지 않겠지만, 그래도 그 '종류(?)'는 상당히 있을 것 같다.

최근의 대표적인 이론은 백 스윙으로, 크게 휘둘러 올린 배트가 최단거리를 지나서 공에 일직선으로 맞도록 한다는 것이다. 예전의 것이 잘못된 것이라고 할 수 있지만, 하여튼 야구는 선에서 치지 않고 점에서 치며, 결국 임팩트는 다만 한 점에 있기 때문에 투수가 던진 공의 선에 맞춘다는 것이 아니라 공을 한 점에서 포착하는 스윙을 강조하고 있다.

예전에는 배트를 어깨 위에서 공의 한 점에 최단거리가 되게 휘두르는 방법을 취하면 소위 무우 자르기라고 했기 때문에 주의한 것이다. 그러나 현재는 그러한 배트의 궤도가 배팅의 주류가 되고, 야구 선수라면 본인을 제외한 모든 사람이 그런 스윙을 하고 있다. 다시 말하면, 절대로 배트를 오른쪽 어깨 아래에서 흔들지 않고, 높게 오른쪽 어깨 위에서 준비하여 위로부터 공을 때린다는 것이다.

골프는 공을 친다라는 점에서는 야구와 공통되지만, 이런 것에서는 서로 매우 다르다. 우선 골프채는 절대로 어깨 위에서 공으로 향하는 궤도를 만들지 않는다. 공을 포착하는 위치가 야구의 경우는 허리 높이에서 지면에 접하고 있기 때문에 아래에 있다는 것만이 아니라 우선 오른팔을 아주 아래로 내리는 동작을 하는 것이 특징이다.

● 골프는 어깨 동작으로

여기에서 야구와 골프의 비교론을 서술하려는 것은 아니다. 다만 사람들은 대개 어느 누구든지 한번 정도는 야구의 배트를 휘두른 경험이 있을 것이고, 또 TV에서 야구를 볼 기회도 많기 때문에 배팅과 골프의 스윙의 차이부터 설명하는 것이 알기 쉬울 것 같은 생각 때문에 좀더 이 이야기를 진행하고 싶다.

골프에서는 백 스윙을 시작한 다음에 다운 스윙으로 들어가려고 하는 경우를 톱이라고 한다.

● 스윙의 10포인트

① 플로워드 프레스의 리드에서 리듬과 타이밍이 가장 중요.

② 백 스윙은 양팔로 만든 삼각형 모양을 무너뜨리지 않도록 시동(始動)한다.

③ 양 어깨와 허리의 회전, 그리고 팔은 한몸으로 움직인다. 어깨는 90도 회전시킨다는 생각으로 한다. 어깨와 허리는 주종관계.

④ 양팔이 오른쪽 허리 높이 정도까지 오면 콕을 시작하고 들어 올린다.

⑤ 스윙의 톱에서 왼팔은 구부러지지 않을 정도로 펴고, 오른팔은 팔꿈치가 접혀 지면을 향하고 있다.

⑥ 톱의 왼쪽 손등과 팔은 한쪽으로 접히지 않도록 편다.

⑦ 다운 스윙의 출발은 왼쪽 무릎, 혹은 왼발, 혹은 그립의 움직임, 가운데 어느 하나를 결정한다.

⑧ 다운 스윙에서 양팔의 동작은 그립 엔드를 밑으로 내린 동작에서 시작된다.

⑨ 타이밍은 '원·엔드·투' 혹은 '하나·둘·셋'의 박자가 필요하다.

⑩ 임팩트까지는 왼쪽 팔이 주체이고, 공을 친 다음에야 비로소 오른쪽 팔이 그 기능을 발휘한다.

〈힌트〉

그립되어 있는 양 팔의 진폭(振幅)은 의외로 좁고, 백 스윙이나 폴로우에서도 어깨에 대지 말고, 배꼽의 앞쪽 부근에 있다고 생각하면 좋다.

이 톱에서 스윙이 아주 작아도 정지한다. 이 톱의 경우가 골프 스윙의 커다란 특징으로, 야구의 스윙에서는 이런 경우가 거의 없다.

또한 골프와 야구와는 허리로 스윙하는 것은(허리가 리드한다) 마찬가지인 것 같지만 어깨의 회전에 따라 상당히 다르다.

야구는 골프에서 말하는 스윙의 톱 단계에서 어깨를 90도에 가깝게 회전하지는 않는다. 투수의 팔에서 떨어져 나온 공을 얼굴을 왼쪽으로 향해 보면 안되기 때문에 왼쪽 어깨를 숙달시키는 데도 한도가 있으며, 준비자세를 할 때 왼쪽 어깨가 거북하다.

극단적으로 말하면 양쪽 어깨 선을 홈 베이스 앞에 있는 타석의 백색 선에 평행하게 하더라도 팔만은 오른쪽 어깨 위로 손을 높이 들어 올릴 수가 있다. 야구 자세에서도 이것은 정확하지 않겠지만, 아마추어 야구는 물론 프로 야구 선수에게서도 이런 자세는 종종

어깨 호올 회전이 야구와는 다르다.

볼 수 있다.

그런데 골프는 톱의 위치에서 어깨가 90도 가까이 회전해야 한다. 왜냐하면 실제의 임팩트(공을 친다)의 시점에서 몸과 공과의 관계는 골프와 야구가 서로 큰 차이가 있어도 야구의 경우에는 투수에서 3루까지 45도까지는 왼쪽으로 쳐도 좋기 때문에, 어깨를 왼쪽으로 돌려 완료해도 좋다.

그렇지만 골프에서 3루 라이너라든가 레프트 플라이를 치는 것은 곤란하다. 골프를 친 방향은 어디까지나 투수와 센터를 연결하는 선의 방향이어야 한다. 이것을 어깨 회전에서 생각하면 스윙의 톱에서 어깨 방향은 골프의 경우 90도에 가까울 정도로 하면 안된다는 것을 알 수 있을 것이다.

결국 야구의 스윙은 배꼽을 중심으로 해서 대체로 왼쪽 스윙이고,

피니시의 어깨 회전은 야구와 비슷하다.

골프의 경우는 주로 오른쪽 스윙이라고 말할 수 있다. 물론 야구의 경우도 우익타와 좌익타는 다르기 때문에 일률적으로는 말할 수 없지만, 굳이 말한다면 야구의 스윙은 보편적으로 좌익타에서 몸의 왼쪽 절반, 골프는 우익타에 가까운 오른쪽 절반 스윙이라고 해도 좋을 것이다.

배꼽 앞으로 왼팔을 쭉 뻗고, 그곳에서 왼쪽으로 뿌리치는 것이 야구, 쭉 뻗은 손에서 오른쪽 어깨를 충분히 돌려 되돌아온 손이 원위치로 올 때가 골프에서 스윙 임팩트라고 생각해도 좋을 것이다. 골프의 경우는 그 위치에서 양팔을 손목 터언 업과 함께 구부리고 거의 최단거리를 통해서 왼쪽 귀의 방향으로 들어 올린다.

● 야구와 골프의 피니시

피니시는 높다.

　야구와 골프 스윙의 차이는 각각의 피니시에서도 분명히 나타
나고 있다. 야구의 경우는 오른쪽 손목으로 배트의 끝을 빨리
회전한다는 의식이 강하다. 결국 공을 배트로 받아칠 때, 공에
역회전을 가하는 것이 된다. 설명을 좀더 분명히 하기 위해서
하나의 예를 들어 보자. 배트는 공 전체를 받아들이는 것보다는
공의 하반신(남반구;南半球)을 받는 편이 백 스핀(후방 회전)
을 가하기 쉽다. 공은 백 스핀 계열에서 비로소 날아 오르기 때문
에 홈런은 공의 상반신(북반구)을 받아칠 경우에는 나가지 않는
다.

　어쨌든 야구의 경우 리스트 동작은 배트 끝을 빨리 회전시켜 공에
백 스핀의 회전을 해주어야 하기 때문에 피니시에서는 오른팔이 완전
히 로울(회전)하고 있다. 결국 오른쪽 손등이 안전하게 위를 향하도

그림은 배꼽 앞쪽에 있다.

록 회전하고, 그대로 피니시가 되기 때문에 뿌리칠 때의 양손목이 머무르는 위치는 왼쪽 어깨 부근이 된다.

골프의 경우 리스트는 되돌리는 방법을 취하지 않는다. 리스트에 대해서는 나중에 서술하겠지만, 골프의 경우 피니시에서의 양쪽 손목의 위치는 왼쪽 귀 가까운 곳에 있다. 이것은 비록 사소한 차이이지만 아마추어에게는 중요한 일이다. 골프의 경우, 피니시에서 양 손목의 위치는 몸의 회전과 끊을래야 끊을 수 없는 관계이고, 배꼽 바로 위의 가까운 방향에 있다. 배꼽과 손목은 주인공의 상대역처럼 하나의 종적인 관계에 있다고 생각할 있다. 손목과 몸의 하반신은 피니시에서도 직각에 가까운 각도를 유지하고 있다. 결국 손목의 위치는 배꼽의 앞쪽이다.

스윙에서의 팔 동작

● 스윙의 진폭은 의외로 좁다

골프의 공은 지상에 있고, 야구의 투구는 벨트 높이에 있다. 이것만으로도 골프와 야구는 공을 치는 스윙이 서로 다르다는 것을 알 수 있지만, 그 스윙의 차이는 골프채의 진폭면에서도 분명히 해 둘 필요가 있다.

야구와 골프는 몸을 회전시켜 그 옆구리가 어깨나 팔을 끌어당기는, 결국 허리에 그 주도권이 있다는 것에는 그다지 큰 차이가 없지만 일반적으로 몸을 회전시킬 때 야구에서는 배꼽보다 왼쪽에서의 스윙, 골프는 배꼽 보다 오른쪽에서의 스윙이라고 생각할 수 있다. 골프채를 휘두른 자국이 전혀 다른 모습이라는 것을 머리 속에 넣어 두기 바란다.

골프의 경우는 스윙의 톱에서 먼저 팔을 밑으로 향하게 내리는 것이다. 정통 스윙을 하는 프로의 모습을 보면 왼팔은 힘껏 펴고, 오른팔은 오른손 손바닥이 위를 향해(손등은 지면을 향한다) 다소 앞쪽을 쥐어 쟁반을 바닥에 편 모습이 되고, 심하게 구부러진 오른쪽 팔꿈치는 땅을 향하고 있다.

그대로 서서히 회전시키면서 우선 오른쪽 팔꿈치를 아래로 향하게 하고 오른쪽 옆구리는 비비는 듯이 해서 회전 운동에 의해 양손의 그립이 오른쪽 다리에 접근한 부근에서 단숨에 임팩트로 골프채가 떨어지게 한다.

●손목시계가 공이 날으는 선으로

임팩트까지의 왼팔의 움직임을 나눠보자. 손목 시계를 차고 있다면 이해하기 쉽다. 시계는 어드레스에서 공이 날으는 선을 향하고, 스윙 톱에서 비스듬히 상공을 향하며 임팩트에서 공이 날으는 선으로 되돌아온다. 골프의 스윙은 야구에서처럼 양팔이 로울하지 않는 것이 특징이다.

야구의 경우, 시계는 지면을 향할 정도로 회전하지만, 골프채의 타면은 1면밖에 없기 때문에 양 팔이 이런 동작을 하기가 어렵다.

또한 오른쪽 팔의 움직임만을 보더라도 톱에서 심하게 구부린 팔꿈치는 오른쪽 옆구리에서 배꼽 부분까지 작은 회전 운동밖에 하지 않기 때문에 야구가 소위 가로로 휘두르는 것에 비해 골프는 세로로 휘두르는 스윙이고, 골프채가 크게 회전 운동을 하는 것에 비해 몸을 중심으로 하는 진폭은 의외로 작다는 것을 알 수 있다.

●팔 동작은 몸의 1/4

몸의 전면이 180도. 골프의 스윙 동작은 대체로 오른쪽 90도 범위 이내라고 생각하는 것이 좋다. 몸이 정지된 그대로라면 골프채 헤드에는 힘이 없지만, 몸 그 자체가 양쪽 어깨를 90도 회전한다면 그 힘은 배로 증가되고, 게다가 어깨의 회전으로 끌어 휘둘러 올린 골프

어깨, 허리의 회전은 이 부근에서 끝난다.

채가 공으로 되돌아오면 그 힘은 더욱 증가된다. 더구나 손목의 콕 (나중에 설명한다)과 오른쪽 팔목이 굽은 채로 골프채의 헤드 보다 앞쪽으로 내려오므로 소위 '원인'이 작용하여 그것이 단순에 뿌리치 게 되므로 펀치는 증가한다.

　양쪽 어깨를 회전시키면서 양 팔을 스윙해 보기 바란다. 우선 양쪽 팔을 펴고 양 손의 바닥을 앞쪽으로 모은다. 그대로 허리를 틀어 완전 히 옆을 향하게 한다. 왼쪽 팔은 편 상태로 오른 손등은 그대로 아래 를 향하듯이 두고 오른쪽 팔꿈치를 구부린 양쪽 팔을 그대로 위로 향하게 한다. 왼쪽 팔은 완전히 쭉 펴는 것이 어려운 바로 앞의 높이 에 두고 다음에 머리를 정면으로 되돌린다. 왼쪽 어깨 너머로 볼 수 있게 될 것이다. 그리하여 조금 앞으로 기울인 것이 당신의 스윙 톱이 되는 것이다.

처음에 허리를 비틀어 양쪽 어깨가 90도로 회전하고 있기 때문에 양손이 모인 그립의 위치는 배꼽 바로 위이지만, 사람에 따라서는 약간 오른쪽의 위치에 있을 수도 있다. 결국 톱의 경우에서도 배꼽과 그립은 양쪽 어깨를 직각이든지 직각에 가깝게 된다. 결국 양쪽 어깨의 중앙, 몸의 정면에 근접한 곳에 있을 것이다. 직각이 아니라, 그립만 오른쪽 어깨 쪽으로 너무 지나갈 경우(처음엔 경향이 특히 강하다)에는 왼쪽 어깨는 회전하지 않고, 팔만으로 백 스윙하는 것이 되어 야구를 하는 것에 가깝게 된다.

초보자의 공통적인 결점은 여기에 있다. 어떻게 해서든지 팔을 멀리 뻗어 공을 쳐 거기에서 힘을 얻어야 한다는 생각 때문에 골프채를 쥔 그립을 갑자기 오른쪽 어깨 쪽 으로 가져와 버리게 된다. 거기에서 휘두른다면 어떻게 될까. 골프채가 임팩트 에리어로 들어올 때에 왼쪽 어깨는 원래부터 휘두르지 않았기 때문에 거기서 90

골프채 헤드보다 팔꿈치가
앞으로 내려온다.

도에 가깝게 회전하면 벌써 피니시 방향 즉, 공이 날으는 선에 대해 직각 방향이 되고 친 뒤쪽 방향으로 향하게 된다.

● 휘두름이 늦어지는 원인

임팩트 전에 팔과 어깨는 이미 피니시에 도달하게 된다. 몸의 움직임에 따라 골프채의 휘두름이 늦어지게 된다. 이러한 관계에서 공이 골프채의 페이스에 정면으로 닿지 않게 되기도 한다. 이렇게 하면 결국 공이 비비는 형태로 맞게 되어 결과는 슬라이스, 그것도 울트라 슬라이스가 된다.

골프에서 이러한 스윙을 하면 다음에 또 나이스 쇼트가 나오기 때문에 형편이 나빠진다. 이렇게 휘두르는 것이 늦어지는 자세에서라

그립은 배꼽 앞쪽, 팔은 그대로 머리 왼쪽 위에

도 손목을 돌려 합치면 똑바로 날아가게 된다. 그러나 종종 손목을 돌리는 타이밍은 맞지 않게 되기 때문에 이런 버릇이 생기면 쇼트가 똑같지 않아서 스코어가 매우 저조하게 된다.

또한 휘두름에 늦어지는 자세라도 그것을 고치려고 휘두르는 것만 서두르다 보면 스윙의 리듬이 깨져서 좋은 결과를 맛볼 수 없다.

초보자의 슬라이스를 바로 잡는려면 어깨를 충분히 움직여야 한다는 것은 사실 몸과 팔의 관계를 고쳐주기 위해서라 말할 수 있다.

그립이 배꼽 바로 앞에 있는 일은 스윙 톱이나 피니시에서도 마찬가지로, 팔의 진폭이 의외로 좁은 것을 이해한다면 해결할 수 있는 일이라고 생각한다.

하여튼 초보자의 미스 쇼트는 팔의 휘두름이 지나쳤기 때문에 일어나는 경우가 많다. 급하게 휘두르면 결과는 휘두름이 늦어지게 된다.

골프는 어깨의 회전으로 치는 것이라고 이해해야 하며, 가장 중요한 포인트는 우선 어깨를 충분히 돌려야 한다는 것이다. 또한 어깨를 회전해서 쳐도 백 스윙에서 어깨가 돌아가지 않으면 팔의 진폭이 야구 스윙과같이 되기 때문에 '어깨를 90도로 돌려서 친다'라는 것을 우선 머리에 넣어두기 바란다.

어깨를 돌려서 치기 어렵다

부자연스러운 움직임을 좀더 자연스럽게

● 앞쪽으로 기울인 자세를 임팩트 뒤까지

다시 야구와 비교가 되지만, 야구의 경우는 임팩트 직후에도 전력 질주를 하기 때문에 스윙의 피니시에 가까운 곳까지 앞쪽으로 기울인 자세를 유지할 필요는 없다. 그러나 골프에서는 곧바로 달려나가지 않기 때문에 임팩트를 완전한 형태로 하기 위해서 될 수 있는 한 앞쪽으로 기울인 자세를 완전히 피니시가 될 때까지 유지하는 것이 실수를 줄일 수 있는 방법이다.

결국 어드레스에서 인사를 하는 자세로 앞쪽으로 기울인 자세를 그대로 스윙의 톱에서도 유지해야 하며, 임팩트 후에도 지면과 머리의 거리는 같은 높이에 있다. 뿌리치는 형에서는 공을 옆에서 (머리를 내린 그대로) 쫓는 듯이 하여 거기에서 상체를 들어 올린다.

친 다음에는 실제로 어떻게 되든지 상관없지만 뿌리친 다음에 앞쪽으로 기울인다는 것을 의식하는 일은 상당히 중요하다. 친 결과는 어쨌든 빨리 보고 싶어 앞쪽으로 기울이기 때문에 임팩트 직전에 상체가 들릴려고 하는 동작이 나온다.

친 직후에 상체가 들릴려고 하는 것은 결과적으로 헤드 업이 된

친 다음 되돌려 휘두르는 느낌이 되는 위치에서 머리는 남는다.

다. 공과 머리와의 거리가 떨어지는 것에 의해 실수가 생기는 것 외을 제외하고는 일부러 서서 휘두르는 스윙 톱을 만들면서 다운 스윙에서는 상체를 세운다고 옆으로 휘두르는 골프 스윙으로 바꾼다. 이렇게 되면 슬라이스, 훅, 헛 치는 일, 다프리, 톱 그리고 골프 미스의 나쁜 원인을 만들게 되어 공을 치면 어떤 결과가 나올지 알 수 없게 된다.

●서둘러서 급히 보든 천천히 보든

공은 서둘러서 보든 또는 천천히 보든 마찬가지이므로 곧 전력 질주할 이유가 없기 때문에 가능한 골프의 경우에는 완벽한 스윙을 하려는 습관을 명심해야 할 것이다.

프로의 사진을 잘 보면 임팩트를 한 후 양팔이 펴져 있을 땐 상체

임팩트 후에도 어드레스, 앞쪽으로 기울인 흔적이 있다(역 C자형)

는 아직 앞쪽으로 기울어 있으며, 정면에서 보거나 뒤쪽에서 봤을 적에 팽팽한 활 모양이 되어 있고, 머리 높이는 어드레스 때보다 가라앉은(뒤에서 설명한다) 경우는 있어도 들어 올린 경우는 볼 수 없다.

골프를 잘하는 사람과 그렇지 못한 사람의 가장 큰 차이점은 바로 여기에 있다.

뿌리친 사진을 보면 알겠지만, 프로들의 임팩트 직후의 시선은 휘둘러 돌아온 공을 친 후에 그것을 보고 있는 듯하게 되어 있다. 그 후엔 옆에서 공의 행방을 쫓아 서서히 상체를 들어 올린다.

스윙에서 세로로 휘두르는 것이 옆으로 휘두르는 것으로 바뀐 것은 사실 여기에 원인이 있다. 때문에 팔의 좁은 진폭과 함께 임팩트 후에 휘두르고 돌아온 머리의 위치를 기억해 둘 필요가 있다.

● 라디오 체조에서 힌트가

스윙 중 처음에 앞쪽으로 기울인 자세를 유지한다는 것은 하나의
이미지로 라디오 체조에도 그 힌트가 있다. 양팔을 허리에서부터
앞으로 깊게 기울이고, 좌우로 휘둘러 올리는 체조이다. 이 앞쪽으로
기울이는 자세는 골프의 경우와는 전혀 다르지만, 아래에서부터 오른
쪽으로 상체를 비틀어 양쪽 팔을 번쩍 들어 올리고, 왼쪽으로 되돌린
다음 상체를 틀어 번쩍 들어 올리는 운동은 골프의 스윙과 상체의
움직임이 비슷하다. 결국 머리와 등뼈가 중심이 되는 운동이기 때문
이다.

● 리스트-야구와 골프

골프의 스윙에서 틀리기 쉬운 것은 팔의 진폭과 리스트 동작이다.

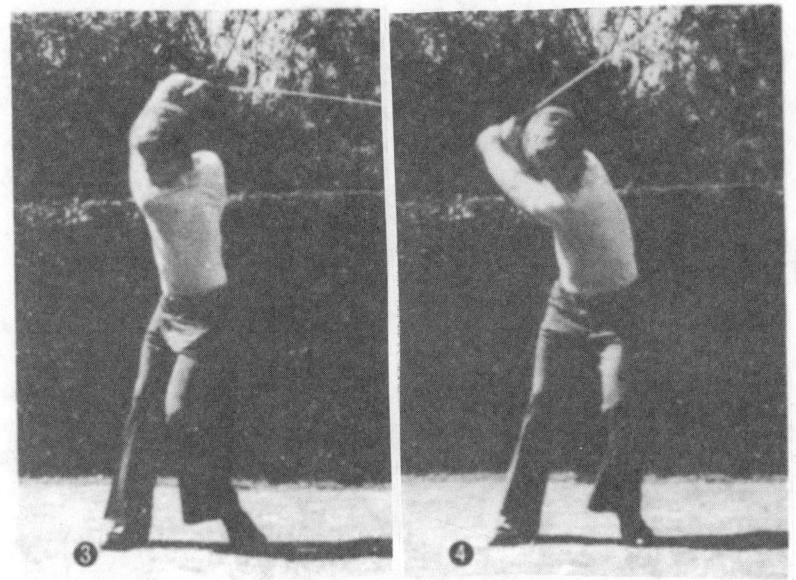

리스트 동작이 다르기 때문에 애써 팔을 휘둘러도 아무 것도 되지 않는 것이다. 리스트는 틀린 동작이 나오기 쉬우므로 그것을 권하지 않는 사람도 있을 정도이지만, 그러한 스윙에서도 역시 어느 정도 리스트가 작용되고 이것이 스윙 전체에 중요한 작용을 끼치고 있다.

좌우 손목을 한쪽씩 설명해 보자. 백 스윙에서 왼쪽 손목의 움직임과 임팩트로부터 피니시의 오른쪽 손목의 움직임으로 구분하면 알기 쉽다. 어드레스는 백 스윙에서의 양 팔의 높이가 오른쪽 허리 부근에 와 있을 때부터 손목의 콕이 시작된다.

콕은 권총의 격철(擊鐵)을 일으키는 일에서부터 비롯된 의미로 생각하지만, 양쪽 팔이 어드레스 자세를 유지한다면 허리와 어깨 회전에 의해 오른쪽 허리까지 왔을 때부터 손목이 위쪽으로 올라간 다. 이때 손목의 꺾인 쪽은, 특히 왼손 손목이 꺾인 쪽은 잘못하면

골프채의 타면 방향을 바꿔 버린다. 왼쪽 팔이 오른쪽 허리 높이에 와 있을 때, 손등(손목시계를 차고 있다고 가정해서)은 손목 시계와 함께 바로 정면을 향하고 있다. 위나 아래를 향하고 있지 않은 것이다.

거기에서 손목이 그대로 손등의 상태로 위쪽으로 조금 꺾여서 골프채를 끌어 올리리는 것이 골프 스윙의 콕이 된다. 손목은 좌우로 간단하게 용수철처럼 움직인다. 혹은 팔의 형태에 따라 아래·위라고도 말할 수 있지만, 이리 오라고 손짓하는 듯한 동작이라면 간단하게 움직일 수 있다. 그러나 골프의 콕은 이것과 달리 쇠망치를 쥔 손목으로 휘두르는 듯한 동작으로, 이것은 아래·위로 구부릴 수 있게 된다.

결국 구부리는 일에서 가장 움직이기 어려운 방법으로는 오른쪽

손목은 톱으로, 즉 요리 배달부 형태로 구부리게 되기 때문에 왼쪽
손등과 팔시계는 수평면상으로 유지하면서 자기 앞쪽으로 구부릴
수 있게 되는 것이다. 이것은 상당히 부자연스러운 동작이지만 중요
한 일로, 왼손 손등과 팔목시계의 '면(面)'이 되는 것처럼 왼쪽 손목
을 구부린다면 슬라이스, 그리고 '〈'으로 구부리게 되면 훅이 되는
것처럼 임팩트가 되어 버린다.

● 부자연스러운 동작이지만

자연스럽게 움직이는 인간의 관절에 비해 골프는 매우 부자연스러
운 동작이다. 처음 얼마 동안은 공을 강하게 두드리려는 생각에서
백 스윙을 하면 어쨌든 톱이 오버 스윙의 형태가 되지만, 사람은 대부
분의 경우, 왼쪽 엄지 손가락의 휘는 정도에 한계가 있기 때문에 손목

이 잘못 구부려져 있든지 그렇지 않으면 왼팔의 관절이 꺾여져 있지 않는 한 골프채의 헤드가 왼쪽 눈으로 볼 수 있는 커다란 톱은 만들지 않을 것이다. 오히려 처음엔 톱을 힘껏 크게 하지 않는 편이 좋고, 일단 크게 하려고 생각하면 톱을 깨뜨리는 것이라고 생각하는 편이 좋다.

다운 스윙은 오른쪽 팔꿈치가 몸의 옆을 비비는 형태가 되고, 허리 주위에서 임팩트로 향해서 언 콕(콕을 제자리로 되돌린다)과 동시에 헤드를 단숨에 공에 부딪치지만, 임팩트에서 팔목시계 면이 완전하게 공이 날으는 선으로 향해 팔목시계와 왼쪽 손등은 수평면까지 〈자형, 머리를 남기고 쭉 뻗은 오른팔과 오른쪽 손등을 보는 형태가 되고, 그 다음은 양팔을 로울(회전)하지 않고 그대로 겹쳐져 왼쪽 귀에 머무르게 한다.

● 리스트 터언 업(wrist turn up)

이것은 약간 오해하기 쉬운 말로, 문자 그대로 돌려 해석을 하면 양팔을 회전시킨 동작이라고 생각해 버린다. 골프에서는 야구와 같이 오른쪽 손목을 로울시킨 동작이 아니라고 생각하는 편이 좋다. 그러나 톱에서 배달부 형태의 오른손 손등은 피니시에서까지 같다고는 할 수 없다. 심하게 꺾인 배달부 형태의 손목은 다운 스윙으로 오른쪽 팔꿈치에 가깝게 유지하고(펀치를 만들어 낸다), 임팩트에서 단숨에 휘두르지만, 그때의 오른손 손등은 90도로 회전해서 들어 올린다. 결국 팔꿈치에 접근해서 오른쪽 손바닥은 정면(왼손의 손목시계 정면)을 향하고 거기서 부터 임팩트까지 짧은 시간에 단숨에 90도로 회전시켜 공이 날아가는 방향으로 돌아선다.

양팔이 90도 로울(회전한다)한다고 해도 좋지만, 회전의 한도는 야구처럼 90도에서 다시 180도를 향해 로울하지 않는 것이 특징이다. 이미 설명했던 오른 손바닥에 대해서 반복하면, 오른쪽 허리에서 오른쪽 팔꿈치 부근까지 정면을 향하고 있는 오른 손바닥은 거기에서 공을 친 임팩트까지 사이에 90도로 회전해서 바로 옆(공이 날으는 방향)을 향해 일어서는 동작을 취한다. 거기에서 팔의 로울은 끝나고, 양 팔목은 또한 위쪽 방향으로 콕해서 양팔 관절이 안으로 들어가 그립이 왼쪽 귀 근처에 온 것처럼 임팩트한다.

임팩트 직후 양팔의 움직임을 보면, 팔의 '로울'이 행해지고 있는 것을 알 수 있다. 다운 스윙에서 오른쪽 허리 부근까지 정면을 향하고 있는 오른손 손바닥은 임팩트에서 비구선으로 정면으로 대하고, 그 직후에 몸이 좌측으로 향하고 있다. 결국, 오른손의 손등이 정면을 향하게 된다. 이것은 양팔이 '로울'하고 있는 것이다.

우리는 프로의 사진 등을 보고 골프의 스윙을 흉내낸다. 확실히 이것은 필요한 일이며, 나도 권하고 싶지만 사진은 카메라의 위치에 따라 매우 달라져서 오해하기 쉽다는 것을 머리 속에 염두해 두기 바란다.

피니시의 손목 회전 등에서는 특히 그런 경향이 강하다. 결국 90도 이상의 회전을 하고 있는 것처럼 보이지만 이것은 프로의 오른손 그립이 꽉 쥐어진 것과 카메라가 정면의 한 곳에 있고 몸이 왼쪽으로 회전하기 때문이다. 더구나 프로는 임팩트 뒤에도 어드레스를 확고히 유지해서 역자 형으로 완전히 구부리는 일을 잊어서는 안된다.

머리가 뒤쪽에 남아 오른쪽 어깨가 어느 정도 가라앉고 몸이 완전하게 회전했을 때 오른손 손등의 방향은 카메라가 정면에서 찍기 때문에 위를 가리키고 있는 듯이 보이지만, 실제는 임팩트 때 90도 회전하고, 그 이상은 거의 회전하지 않는다.

오른손 손등의 방향과, 양팔의 진행 방향을 생각해보면, 위의 사진은 오해하기 쉽다. 이 사진에서도 그대로 왼쪽어깨의 방향으로 향해서 피니시가 되는 듯하지만, 모건의 피니시는 다음 페이지에서와 같은 머리와 왼쪽 어개로 들어오는 어프라이트한 피니시가 된다. 이 사람은 우드도 아이언도 같은 피니시가 된다.

특히 사진은 입체감이 없기 때문에 오른쪽 손등은 임팩트에서 90도, 그리고 콕하면서 피니시로 향할 때는 비스듬히 상공을 가리키며

모건의 피니시

올리기 때문에 사진에서는 팔이 완전하게 180도로 로울된 듯이 보이
므로 주의해야 한다. 개인차가 있으므로 프로에 따라서는 90도를 조
금 넘어선 로울을 하는 사람도 있지만, 왼쪽 손등이 바로 위를 가리키
는 듯한 로울은 하지 않는다.

스윙에서 팔의 진폭은 배꼽을 중심으로 하며, 그 보다도 거의 움직
이지 않는다 라고 했지만, 이것도 사진이라 오해될 수 있는 위험이
내포되어 있다.

피니시에서는 배꼽이 완전하게 공이 나는 방향을 향하고 있기 때문
에 평면적인 사진에서는 그것을 알기 어렵고, 양팔이 왼쪽 어깨에
와 있는 것처럼 보인다. 정면에서 사진을 보면 알겠지만, 임팩트 뒤의
콕 방향은 왼쪽 목 부분의 방향으로, 왼쪽 어깨 쪽이 아니다.

리듬과 타이밍

● 몸을 움직여 리듬을

프로야구 선수가 만약 골프를 한다면 쉽게 숙달될 수 있다. 이것은 스윙을 하는 것이 직업적인 것이기 때문으로 골프의 스윙 포인트를 잡으면 몸이 곧 거기에 순응하게 되는데, 이것을 타자와 투수로 나눠 보면 대개 투수 쪽이 먼저 숙달된다.

공을 치는 일을 직업으로 하는 타자에 비해 공을 던지는 일을 직업으로 하는 쪽이 보다 더 익숙해지는 것은 골프의 스윙 리듬이 투수의 피칭에 가깝기 때문이다. 특히 스윙의 톱 경우에는 서툴게 던지는 투수의 그것과 매우 비슷하다. 서툴게 던지는 투수치고 동작이 매우 빠른 선수는 없다.

일반적으로 능숙하게 던지는 일은 팔 휘두름의 원 운동으로서 공을 손에서 놓아주고 있지만, 서툴게 던지는 일은 팔을 휘둘러 돌아온 공을 던지기 때문에 골프의 스윙, 백 스윙, 톱, 그리고 다운 스윙과 양 팔을 휘둘러 온 공을 치는 일과 비슷하다.

특히 팔을 휘두르는 일에 있어서 서툴게 던져도 스윙 톱은 있고, 더욱이 팔을 휘두를 때 왼쪽 허리와 왼쪽 어깨가 팔을 리드하는 점은 거의 골프의 스윙에 가깝다.

이렇듯 팔을 휘두르는 운동은 부드럽게 되어서는 잘 안되고, 몸 동작에서 자연스러움과 팔을 돌릴 때의 자연스러운 리듬이 없다면 콘트롤하기 어렵다. 결국 몸과 팔의 휘두름이 하나의 균형을 이루어 거기에 어울리지 않으면 리듬이 깨져 버리므로 팔만 급하게 휘두른다 든지, 치고자 하는 마음이 강해서 힘이 너무 들어가면 이것 또한 몸과 팔의 균형이 깨져 자연스러운 스윙이 될 수 없다.

이러한 리듬을 파악하기 위해서는 느긋한 어드레스에서, 특히 어깨의 힘을 빼고 스윙을 반복 연습할 수밖에 없다. 초보자가 가장 많이 실패하는 것은, 왼팔을 펴야 한다는 생각이 강하기 때문에 어드레스 중에 급하게 왼쪽 어깨와 팔에 힘이 들어가는 경우이다. 그대로 힘이 바짝 들어가 있는 백 스윙을 하면 리듬은 아예 처음부터 생기지 않게

어느곳도 무리가 없는
백 스윙

된다.

팔을 펴서 골프 자국의 반경(半徑)을 크게 하는 플러스 보다는 왼쪽 어깨에 힘이 들어 있는 스윙으로 리듬이 없어지는 쪽이 훨씬 큰 마이너스가 된다는 것을 알아 두기 바란다.

하나의 플러스 알파를 만들어 내기 위해서 그에 따라 생겨 나는 마이너스 알파가 보다 크면 당연히 전체적으로는 마이너스가 된다. 골프의 스윙은 가로의 몸에 세로의 팔을 연동시키기 때문에 몸의 자연스러운 동작이 없는 부자연스러운 요소가 많아 귀찮지만, 그것은 어느 정도 연습을 통해 몸에 익혀야 하고, 그 연습은 힘을 뺀 다음에 휘두른다.

서툴게 던지는 투수는 백 스윙에서 거의 팔의 힘이 빠져 있다. 특히, 오른쪽 어깨 힘이 빠져 그것이 휘둘러 돌아와서 비롯된 탄력적인 힘이 되는 효과가 생긴다. 골프의 스윙에서도 백 스윙엔 여러 가지 체크 포인트가 많지만, 힘이 빠져서 정확한 톱으로 돌아갈지 어떨지에 쇼트의 성공 여부가 달려 있다. 골프채의 무게는 가볍다. 양쪽 어깨의 힘을 빼고 확 들어 올리도록 하라.

● 스윙은 타이밍

리듬을 만들어 내기 위한 간단한 방법은 박자를 맞추는 일이다. 하나, 둘, 셋 이렇게 제자리 걸음을 하면서 손을 두드리면 리듬이 생겨난다. 결국 타이밍이 좋은 호흡과 보폭으로 걷고, 뛰어갈 수 있지만 초보자에게는 골프의 스윙 박자를 맞추는 일도 중요한 일일 것이다.

미국의 골프 레슨책(미스터-X의 골프) 중에서 어드레스의 역K

여기서 급하게 휘두르면 오른쪽 어깨가 앞쪽으로 나와서 슬라이스가 된다.

자형을 발견한 사람이 또한 그 타이밍을 발견했다. 대단히 평판이 난 책으로, 필자도 이 타이밍을 잡는 방법에서 프로 스윙이나 혹은 페팅, 그들 심리의 기복을 파악하는 데에 유익하게 사용하고 있다.

골프에서 스윙의 타이밍은 '원, 투, 쓰리'가 아니고, '원, 엔드, 투'라고 한다. 이 '엔드'라는 것이 팔의 휘두름이 끝나면 휘두름이 시작되는 것이므로 결국 톱에서의 타이밍이 된다. '원'에서 백 스윙으로 들어가고 '엔드'에서 톱의 동작을 하며, '투'에서 친다. 이상하게도 '엔드'인데 톱에서 결국 골프채가 짧은 시간에 정지하려고 한다.

'원, 엔드, 투'에서도 점차적으로 빠르다는 사람에게는 '고드, 세이브, 져어, 퀸'의 4가지 낱말로 나무면 톱이 더욱 분명하게 된다.

이 책을 읽고 박자를 맞추는 이야기가 나오면 이것은 골프의 스윙에 있어서 가장 중요한, 리듬을 파악하는 타이밍의 진리를 가리키는 듯이 생각할 수 있다. 운동에는 일정한 리듬이 있다. 그 리듬의 하나로 타이밍을 파악하는 일로써 박자를 맞은 예전부터 해왔던 것이다.

　이 '원, 엔드, 투'의 타이밍은 '하나, 둘, 셋'으로 해도 좋은데, 드라이버에서 페터까지 마찬가지로 맨 처음 골프채를 휘두를 때는 주문을 외는 것처럼 입 속으로 중얼거리면서 한다면 골프의 스윙 요령을 보다 빨리 파악할 수 있을 것이다.

퍼트도 타이밍은 스윙과 같다.

5. 연습장의 연습에서는

헬 어윈

우선 염두해 둘 것

● 연습장과 배팅 센터

연습장의 프론트에서 사인을 하고 타석의 번호를 적고 온다. 타석에 가면 대개의 경우, 앞뒤 타석에서 '서로 날리기'를 하고 있다. 야구의 홈런 경쟁은 아니라는 사실은 기억하고 있어도 배팅 센터 같은 광경을 자주 발견할 수 있는 것이다. 그러한 분위기가 골프의 본질을 잃게 하는 하나의 원인이지만, 생력적(省力的) 골프를 지향하는 우리는 골프의 연습장은 배팅 센터가 아니라는 것을 먼저 머리 속에 넣어두도록 하자.

초보자가 서로 날리기를 하는 부류에 속하지 않기 위해서는 우선 쇼트 아이언을 갖는 것이 현명하다.

7번 혹은 미들 아이언에 속하는 6번 아이언이 가장 먼저 휘두르는 골프채로서 적당할 것이다. 이것은 골프채의 성능에서 공이 나는 거리 보다는 그 방향을 목적으로 하고 있고, 코스에 나와서는 그린을 겨냥하는 것이기 때문에 절대로 서로 날리기는 되지 않을 것이다.

여담이지만, 연습장에서 볼 수 있는 서로 날리기를 하는 모습은 골프의 레벨이 상당히 낮은 수준이라고 생각하게 한다.

아이언과 공은 중앙에 모아둔다.

● 어드레스에 특히 주의를

연습장의 타석에는 고무 매트와 인조잔디가 있다. 고무 매트 쪽은 대개 나무 골프채를 사용하고, 중앙에 스탠스와 평행하게 되도록 흰선이 있는데, 그 흰선의 왼쪽 가장자리 쪽에 구멍이 나 있어 고무의 티(공을 실은 것)를 끼워 넣게 되어 있다. 요즘에는 것은 발로 페달을 밟으면 앞쪽 타석의 칸막이에 일렬도 들어 있는 공이 자동적으로 흘러 나와 티에 올려지는 것도 있지만, 어쨌든 나무 골프채의 연습용이다.

처음엔 이 고무 매트 위에 인조 잔디 매트를 깐 다음 공을 티 에 올려 놓고 아이언을 치는 연습을 하자. 인조 잔디의 매트에 직접 공을 직접 올려 놓으면 처음엔 무척 치기 어려운 느낌이 들기 때문에 먼저 티에 올려 놓고 페이스의 심지에 공을 놓는 감각을 기른다.

아이언의 어드레스에서는 특히 페이스 방향이 견고할 필요가 있다. 그립을 약간만 움직이면 페이스의 방향은 뱅글뱅글 변한다. 페이스의 방향과 오른쪽 팔의 방향, 결국 손목시계의 방향 각도가 일치하는 것처럼 스퀘어 그립하면 아이언은 쉽다. 양쪽 어깨의 선과 페이스, 오른손은 직각이 된다.

역K자형의 어드레스는 느긋하게 치는 듯한 느낌으로 한다. 그것은
오른쪽 다리에 중심을 두고, 다운 스윙에서 임팩트까지 팔을 휘두
르는 폭이 넓고 여유가 있기 때문이다. 공은 몸의 좌측으로 날아오
르기 때문에 오른쪽 사이드에 여유가 있으면 휘두르는 폭도 넓고
신속한 스피드로 휘두를 수 있다.

공을 놓았으면 스탠스를 취한 것이 그 옆에, 공의 위치는 왼발 뒤꿈치 보다 약간 중앙에 놓는 것이 좋을 것이다. 사람이 친 스파이크의 발자국이 있는데, 이것을 제외시켜 둔 경우를 말한다.

골프채를 소울(지면, 매트에 붙인다)해 보고, 페이스 아래 부분이 빈틈없이 붙도록 하는 것이 중요하다. 빈틈없이 소울하면 골프채의 샤프트는 그 골프채의 라이 각도(샤프트와 지면에서 가능한 각도)에 의해 비스듬하게 서지만, 어드레스할 때 그 각도를 유지하면서 쥔다면 페이스의 가장자리가 지면에서 올라가게 되고 또는 페이스의 가까운 쪽 힐(뒤꿈치) 부분의 부근이 올라가기도 하다. 소울에서 빈틈없이 붙인 것같이 앞쪽으로 기울이고 쥐는 습관을 가장 주목해야 한다. 양쪽 팔을 앞쪽으로 내미는 것처럼 그립하면 골프채의 힐이 올라가고, 자기 쪽으로 끌어 그림을 밑으로 그립을 내린 것처럼 하면 페이스의 가장자리가 올라가 버린다. 골프채의 구조에 맞는 위치에 서서 그립하는 것이 가장 중요한 일이며, 준비하는 동안에 약속한 듯이 쇼트를 실수하는 것은 재미없다.

스탠스는 매트의 흰선에 평행하게 스퀘어하고 역K자형을 염두에 두고 편한 자세로 서도록 한다.

어드레스부터 톱까지는

● 오른쪽 어깨를 내리는 것은

프로 골퍼의 어드레스를 보면 거의 왼쪽 어깨 보다 오른쪽 어깨가 내려가 있는 것을 볼 수 있다. 이것은 어드레스의 역K자형과도 관련되어 있지만, 그 근본은 그립에서 나온 것이다. 이것은 스윙 전체에도 영향이 있기 때문에 안전하게 몸에 붙이는 것이 중요하다.

좌우의 팔 길이는 대조해봐도 별 차이가 없다. 그럼에도 불구하고 샤프트를 쥘 때 왼손은 손 앞쪽, 오른손은 골프채의 앞쪽을 그립하기 때문에 몸의 정면에서 검도의 죽도(竹刀)를 쥔 것처럼 왼팔이 오른팔 아래에 오고, 그것을 몸의 왼쪽, 결국 왼발 의 발 뒤꿈치 앞쪽에 있는 공에서 어드레스하면 보통의 경우는 왼팔이 남고, 오른팔 을 갑자기 뻗게 된다.

그런데 골프에서는 팔을 계속해서 뻗는다고 할 수 있다. 오른팔이 10센티 정도 길다면 왼팔을 왼쪽 다리 앞으로 펴고, 오른 팔은 그 왼팔의 앞에서 그립이 가능하지만, 좌우의 손이 같은 정도의 길이라면 오른쪽 어깨를 앞쪽으로 내밀지 않는 한 보통은 그런 그립을 할 수 없다.

프로는 오른쪽 어깨가 약간 내려가 있다.

그러나 골프의 스윙은 임팩트까지는 왼팔이 왼팔 전체로 펴져 있다면 그만큼 왼쪽에서 골프채 헤드까지의 반경이 큰 호를 묘사하기 때문에 무슨 일이 있어도 왼팔을 구부리지 말기 바란다. 또한 양 어깨의 선을 공이 날으는 선에 평행하게 유지하려면 오른쪽 어깨를 조금 내릴 수밖에 없다. 결국 오른쪽 어깨를 바로 밑으로 내려 오른팔에 여유를 줄 수 있다. 오른쪽으로 조금 기울인 듯이 하면 오른쪽 팔꿈치가 가볍게 구부러질 정도로 오른팔이 편안하게 되며, 왼손 그립의 앞쪽으로 쥐는 것이 가능해 질 것이다.

초보자의 실수는 너무 오른팔로 치기 때문에 이 어드레스의 형태가 중요하다. 우선 왼팔을 적당하게 펴(힘이 우선) 어드레스하고, 오른쪽 어깨를 가볍게 내려 오른쪽 팔꿈치를 약간 구부리는 느슨한 상태에서 오른쪽 팔로 쥐고 옆에서 그립하는 느낌으로 한다. 왼쪽 팔에 비해 오른팔은 어깨, 팔 팔꿈치와 함께 힘을 빼고, 가볍게 붙이는 기분으로 하는 것이 좋다. 양쪽 팔의 관계는 뒤쪽에서 보면 왼쪽 팔이 위에, 오른쪽 팔이 아래에 있는 것같이 되어 왼팔이 주체가 되면 스윙 어드레스를 할 수 있다.

● 공의 뒷면을 본다

생각해 보면 자연에 위반되는 준비이지만, 우선 오른팔의 너무 지나친 동작을 피하고, 양쪽 팔을 하나로 하는데는 이 방법밖에 없다고 생각하고 이에 익숙해질 수밖에 없다.

마음 편하게 준비하면, 양쪽 어깨가 조금 내려오게 한다. 프로의

왼팔이 중심이 되는 골프의 스윙에서는 오른팔은 어디까지나 從적인 관계가 되어야 한다. 임팩트까지 왼팔에 순수하게 따라 오려면 오른팔은 힘을 빼고 팔꿈치를 가볍게 구부리는 느낌으로 해주기 바란다. 그것은 어드레스에서 갖추면 쉽다.

어드레스가 아무리 각양 각색이라고 하더라도 이것만은 공통적이기

어드레스할 때 가볍게 구부려 오른팔꿈치는 백 스윙에서 다운 스윙을 통해서 항상 가볍게 구부리고, 임팩트에 와서 단숨에 펴서 공에 펀치를 해 준다. 스윙에서 빠른 단계로 펴면, 오른팔 사용이 지나치게 되어 미스가 나온다.

때문에 기본 방법으로서 이것을 흉내낼 필요가 있다.

어드레스에서 의식해서 양쪽 어깨를 내린 방법이 좋다고 생각하지만, 사람에 따라서는 양쪽 어깨를 내린 방법이 너무 지나쳐 머리가 넘어져 버릴 것같은 사람에게는 공을 옆에서 보는 방법도 있다. 공에는 반드시 마크가 있기 때문에 그 마크를 공의 옆으로 오도록 해서 티에 얹고, 그 마크를 보며 친다는 어드레스이다. 결국 공의 뒷면을 보려 하면 자연히 오른쪽 어깨가 약간 아래로 내려오기 때문이다.

골프의 경우, 의식을 하면 지나친 동작이 나오기 때문에 기분만 그 정도인 쪽이 무난할지도 모른다. 팔을 펴라고 하면 갑자기 뻗은 왼쪽어깨에서 그립까지 힘이

너무 들어가 굳어져 버린
다. 역시 왼쪽 팔은 펴는
것이 좋기 때문에 이
경우는 왼쪽 팔꿈치가
그다지 구부러지지 않을
정도의 적당함이 필요하
다.

어쨌든 처음은 왼쪽
팔이 주(主)이고, 오른
팔이 종(從)이라는 관계
를 몸에 익히는 일이
중요하다. 때문에 왼쪽
팔 하나의 스윙이 왼쪽
팔의 그립에서 가운데
손가락, 약지 손가락,
새끼 손가락의 세 손가락
을 오른손 손바닥 아래로
감싼다. 그렇게 하면
왼쪽팔이 주체가 스윙의
요령을 파악하기가 쉽
다.

백 스윙의 스타트는 의외로 매우 중요하다.
여기서 빗나가 버리면 최후까지 불가능하게
되어 버린다. 특히 주의할 일은 양팔의 삼각형이
(특히 각각의 각도가) 갑자기 무너지므로 위로
올리지 말 것.

●백 스윙의 시작

어드레스가 가능하다면 다음은 백 스윙. 어드레스할 때에 양쪽 팔로

공의 우측 30센티 정도는 공이 날아가는 방향에 따라 올라간다고 종종 말하고 있지만, 의외로 이것이 지켜지지 않는다. 갑자기 몸에 휘감기게 되도록 인사이드에서 당기면 옆으로 휘두르는 야구 스윙을 유발하기 쉽다.

만들어진 삼각형의 공간을 될 수 있는 한 깨지 않도록 하면서 올리라고 말할 수 있는데, 이것 역시 통과하기 어려운 기본 중의 하나.

양팔의 삼각형이 깨진다는 것은 양쪽 팔이 하나가 되어 움직이지 않는다는 것이기 때문에 이 부근에는 신경을 쓸 필요가 있다. 우선, 연습장 매트의 흰선을 따라서 움직인다. 그 선 위를 10센티 혹은 20센티, 30센티, 여러 가지 말할 수 있지만, 여기에서는 어디까지나 적은 것이 좋다. 몸이 회전하여 골프채를 들어올리기 때문에 바로 옆에서 당긴다 하더라도 한도가 있는 것이다.

알기 쉽게 설명하기 위해서 백 스윙을 두 가지로 나눠서 생각해

프로의 톱

보자. 우선 양쪽 팔이 오른쪽 허리 높이에 오기까지 몸을(허리와 어깨) 회전해 보자.

'원, 엔드, 투'의 '원'이라는 기분이 좋다. 두 번, 세 번 반복해서 두드리는 기분으로 붙잡아 주기 바란다.

좋은 백 스윙의 시작은 먼저 움직이는 것이라고 할 수 있다. 골프 채의 헤드는 왼쪽 어깨나 허리, 오른쪽 팔이나 허리 등이지만, 포워드 프레스(뒤에 설명한다)를 제외하면 초보자에겐 골프채 헤드부터 움직이라고 해석하는 방법이 이해하기 쉬울 것이다.

어쨌든 양쪽 팔, 어깨, 허리가 일체가 되어 그립이 허리 높이까지 오는 백 스윙이 가능하면 그립은 거기에서 목덜미를 가리키는 방향으로 들어올리게 된다. 이때, 손목의 콕이 중요한 역할을 한다. 그립이 허리 높이에 있으며, 거기에서 위로 올릴 때, 더욱이 오른쪽 어깨쪽으

백 스윙은 의외로 작다.

로 향하면 왼쪽 팔은 구부러지지 않는 한 위로 올리지 못한다. 그립은 배꼽의 의쪽에 가깝게, 처음에 만든 양팔의 삼각형은 무너뜨리지 않도록 주의한다.

● 스윙(swing)의 톱(top)은

양쪽 어깨가 90도 회전했을 경우가 스윙의 톱이 된다. 이때 오른쪽 팔꿈치는 안쪽으로 좁히는 것이 중요하다. 오른쪽 팔꿈치가 자신의 정면보다 오른쪽(바깥쪽)을 향하고 있는 모습에서는 용수철이 멈추지 않는 것과 마찬가지로 몸을 비튼 의미가 반으로 줄고, 휘둘러 돌아오는 용수철도 없게 된다.

안정된 톱을 만들면 골프 스윙의 80퍼센트는 완성되었다고 말할 수 있다.

다운 스윙의 주의점

● 다운 스윙의 시작

톱에서 정작치려고 다운 스윙을 시작할 때, 흔히 말할 수 있는 것인데, 가장 먼저 움직이는 것은 어딘가 문제가 있다.

골프채로 치기 때문에 당연히 우선 움직인다고 생각하는 것이 보통이겠지만, 개중에는 이 처음의 행동을 몹시 중시하는 사람이 있다. 요컨대 골프 헤드의 자국이 인사이드 인(뒤에 설명한다)으로 움직이면 좋다. 공을 앞에 놓고 몸을 회전해서 골프채를 휘두르기 때문에 아무리 스트레이트로 왼쪽 방향으로 공을 친다고 하더라도 골프채 헤드를 공이 날으는 선을 따라 이동하는 것에는 한계가 있다. 결국 몸과 골프채가 원 운동을 해서 공에는 스트레이트 충격을 주는데는 골프채 헤드가 인사이드로 끌여당겨, 인사이드에서 돌아온 공에 정면으로 대하고 또한 몸의 회전에 맞춰 안쪽(인)으로 움직여야만 한다.

페터라면 회전하는 선(페팅 라인)에서 백 스윙하고, 다운 스윙에서는 플로우로 스트레이트가 가능하지만, 긴 샤프트의 골프채로는 안된다. 때문에 골프채 헤드를 인사이드 인으로 이동하는 일이 필요해지고, 그러한 동작을 골프채 헤드에서 하기 때문에 톱에서 다운 스윙,

다운 스윙의 스타트-왼쪽 어깨에 주목

다운 스윙의 스타트-왼쪽 허리다리에 주목

처음은 인사이드 아웃의 동작으로 하기 바란다.

그리고 그 처음의 동작이 중요하게 된다.

다운 스윙에서는 우선 약간 위로 올리고 왼쪽 발 뒤꿈치를 내리는 일로부터 시작된다, 왼쪽 허리를 뒤쪽으로 당기는 일로부터 시작된다, 혹은 턱이 아래로 내려 와 있는 왼쪽 어깨를 왼쪽으로 움직이는 것부터, 또한 지면을 가리키고 있는 오른손 팔꿈치를 바로 밑으로 내리는 일에서부터 시작된다고 몇 가지 예를 들었는데 그밖에도 매우 많이 있다.

그러나 이것은 잘 생각해 보면 모두 일련의 동작이고, 어느 것 하나만을 한다는 것은 안될 것이다. 다만, 골프 스윙의 커다란 특징인 인사이드에서 골프채 헤드를 쥐어야만 한다는 점을 생각한다면 톱의 위치에 있는 그립을 몸의 바로 앞쪽으로 내놓고 공을 치러 갈(야구의 경우) 것이 아니라, 몸의 옆, 오른쪽 허리 쪽으로(구부리고 있는 오른

왼쪽 허리가 펴지게, 오른쪽 팔꿈치가 구부러진 다운 스윙

쪽 팔꿈치 바로 아래 방향으로) 일단 내리고 가지 않으면 골프채 헤드는 인사이드(안쪽)에서 지상에 있는 공에 정면으로 마주할 수 없게 된다.

● 인사이드, 아웃사이드라는 것은

인사이드(안쪽), 아웃사이드(바깥쪽)는 골프의 스윙에서 종종 사용되는 단어이다. 골프채 헤드의 자국이 공이 날으는 선에 대해 안쪽이나 바깥쪽이나 스트레이트 공을 치기에는 골프채 헤드가 안쪽(인사이드)으로부터 나와서 역시 안쪽(인사이드)으로 움직인 자국이 필요하다. 이것을 인사이드 인이라고 한다.

또한 슬라이스(오른쪽으로 흐름)를 치기 위해서는 공이 날으는 바깥쪽에서 골프채 헤드가 들어와 안쪽(인사이드)으로 움직일 필요가 있고, 이것을 아웃사이드 인이라고 한다. 더욱이 훅을 치기 위해서는 이와는 반대로 골프채 헤드가 인사이드에서 나와서 공이 날으는 선의 바깥쪽, 즉 인사이드 아웃의 동작을 해야 한다.

초보자에게 슬라이스가 많은 것은 아무래도 골프채 헤드가 아웃사이드에서 들어오기 쉽기 때문이라고 말한다. 다운 스윙의 처음 동작에선 그립이 오른쪽 허리 쪽으로 움직이지 않고, 몸의 앞쪽으로 나온다. 골프의 스윙 설명에 머리는 내밀 정도의 구멍이 뚫린 덧문짝처럼 하나의 평면을 상상하고, 골프채 헤드를 그 평면의 안쪽으로만 통과하라는 설명이 있는데, 이것은 인사이드 인의 스윙을 머리에 기억해 두는 방법이다.

임팩트와 폴로우에서는

● 임팩트의 양쪽 팔의 관계

스윙의 톱에서 다운 스윙으로 들어가 공과 골프채가 충돌(임팩트)하는 곳까지는 왼쪽 팔이 펴져야 한다. 몇 번 반복하지만, 팔을 편다는 것은 구부리지 않을 정도로 편다는 것으로, 결코 갑자기 뻗어 굳어지는 것을 말하는 것은 아니다.

왼팔은 어드레스 위치에서 휘둘러 올려 어드레스 위치로 되돌아오기까지 펴고 있기 때문에 골프의 스윙은 왼쪽 팔이 중심이 된다고 할 수 있다. 그러므로 그 사이 오른쪽 팔은 종(從)의 관계에 있게 된다.

어드레스에서 오른쪽 팔꿈치를 가볍게 이완시킨 팔은 백 스윙의 중간(오른쪽 허리) 부근에서도 팔꿈치가 가볍게 구부러진 상태이고, 톱에서는 그 팔꿈치가 지면을 가리키는 것처럼 매우 심하게 구부러지고, 다운 스윙에서도 팔꿈치는 구부러진 상태로 밑으로(허리의 옆) 내리고, 임팩트 에리어에 들어가서 회전해도 오른쪽 팔 전체의 긴장을 푸는 것은 변함 없다.

그리고 임팩트를 맞이하기 직전부터 서서히 펴서 공을 친 다음에는

임팩트 후에
뒤를 돌아보기 바란다.

완전히 다 펴고, 폴로우에서 피니시로 향해서 간다.

● 임팩트 다음에 되돌아본다?

공을 골프채 헤드로 받아들이는 순간의 프로 사진을 보면 공통적으로 머리를 뒤로 하고 있는 것을 볼 수 있다. 이것을 바꿔 말하면 공을 받아들일 때에는 얼굴부터 왼쪽으로 해야 한다는 것이다.

다운 스윙과 동시에 몸이 왼쪽으로 지나치게 움직여(스웨이), 어드레스할 때의 공과 팔과 몸의 위치 관계가 무너져서는 곤란하다. 머리가 몸의 회전에 이끌려 좌우로 움직이면 공도 몸의 관계에서 좌우로 움직이게 되고, 골프채 헤드가 정확하게 부딪치지 않게 된다.

프로의 사진에서 볼 수 있듯이 몸이 활 모양으로 휘어져 있는 것은 허리가 다운 스윙에서부터 임팩트에 걸쳐서 최대의 힘을 내기 위해

머리를 남겨 두지 않은
프로는 없다.

이동하면서 회전하고 있기 때문에 몸은 그렇게 하면서도 머리는 거의
원래 위치에 남아 있는 것이다. 친 다음 되돌아보는 느낌이 들 정도로
몸을 휘는 프로가 많다.

●폴로우(follow)와 피니시(finish)

스윙 중간에 몸을 회전하고 있기 때문에 오른쪽 팔을 펴고, 왼쪽
팔의 긴장을 풀고 나와 폴로우할 때 양쪽 팔의 그립 위치는 배꼽
앞 방향이다.

양쪽 팔은 거기에서 곧장 머리 쪽을 향해 구부린다. 머리를 올리는
것과 동시에 회전해 버리면 골프채의 샤프트로 자신의 머리를 치게
되지만, 머리의 위치는 아직 어드레스할 때에 앞쪽으로 기울인 그대
로 멈춰서 구부리고 있기 때문에 그립이 들어오는 피니시의 위치는

머리를 들어 올리는 것이 정확하면 역 C형이 된다.

머리 왼쪽 부분 주위이다.

스윙에서 활 모양을 크게 하려고 하면 백 스윙과 폴로우가 너무 크게 된다. 양쪽 팔의 회전운동이 생각했던 것 이상으로 작다고 생각하는 편이 전체적으로 샤프한 스윙이 되는 것이다.

골프 연습 초보 단계에서 범하기 쉬운 실수는 골프채로 활 모양을 크게 하면 할수록 지나치게 강하게 된다는 생각에 지나치게 몸을 휘게 하는 것이다. 그러한 의식이 작용하면 몸의 축이 좌우로, 혹은 머리가 좌우로 지나치게 움직여 버린다.

사람의 팔 길이는 그 정도로 길지 않다. 어드레스에서 앞쪽으로 기울이고, 등뼈를 축으로 하여 어깨를 90도로 회전해서 왼쪽 팔을 펴도 팔의 길이는 그 이상 길지 않고, 또한 자세히 보면 의외로 몸의 가까운 곳에 있는 것을 알 수 있다.

활모양의 스윙을 크게 하려면 허리의 이동을……

　기다란 골프채를 살짝 쥐면 더욱 더 반지름이 큰 활 모양을 만들어 봤으면 하는 기분이 되는 것은 틀림없지만, 9번 아이언을 잡을 것인지, 아니면 드라이버를 잡을 것인지, 팔의 길이는 같아 그립과 자신의 몸이 떨어진 상태는 변하지 않는다. 같은 길이의 팔로 보다 큰 폴로우를 만드는 것은 허리가 한 곳에서 움직이지 않은 상태로 회전하는 것이 아니라 왼쪽으로 이동하면서 회전하는 데 있다.

　그러나 그것에도 한계가 있고, 팔의 동작은 의외로 작다는 것을 명심해 두기 바란다. 치려는 의식이 작용하면 힘이 너무 들어간다. 또한 이렇듯 힘이 너무 들어가면 스윙의 축이나 머리가 지나치게 크게 움직여, 갑자기 팔 만으로 쳐버린다. 들어올리고, 휘두르고, 감아올리는 동작은 역시 리듬과 종합하는 것이 필요하다.

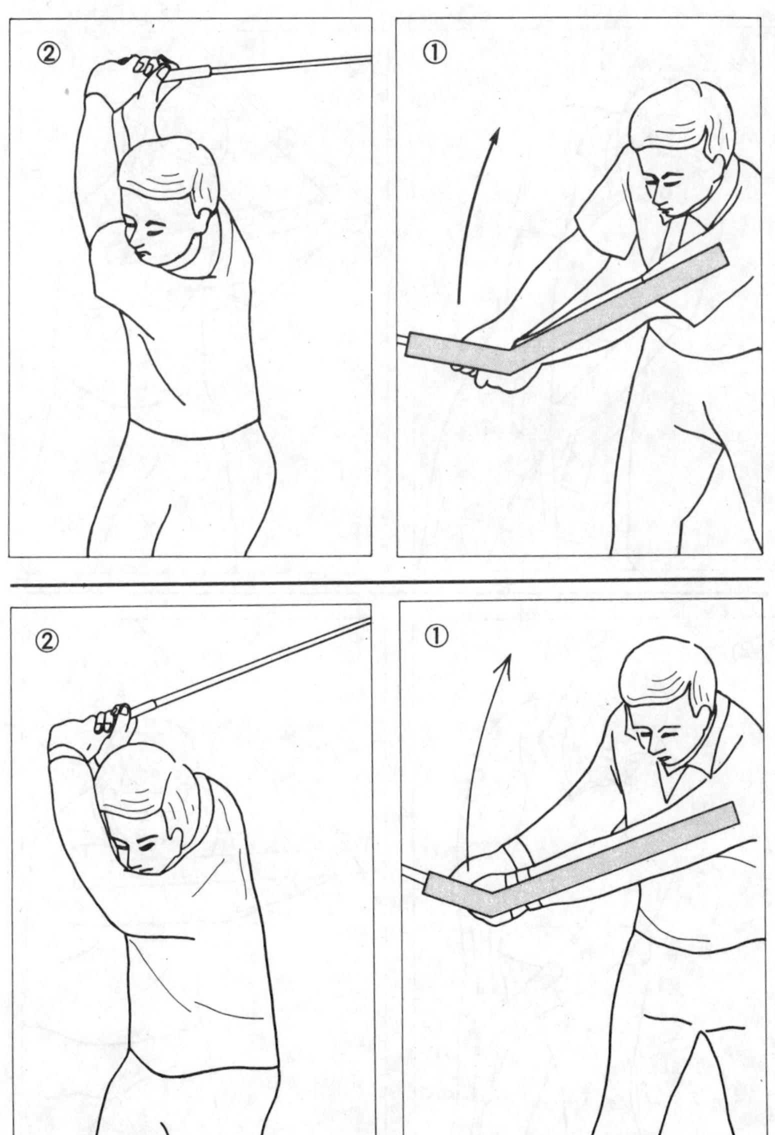

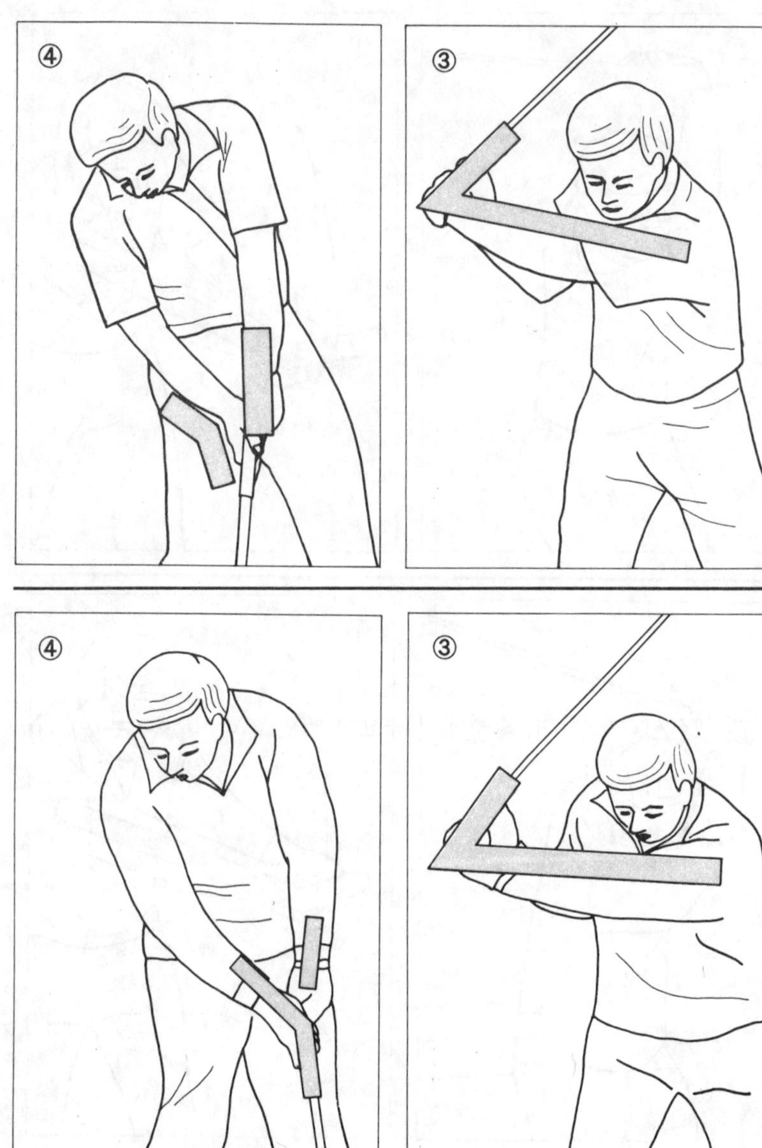

팔꿈치와 타이밍

● 니이 액션이란

미국의 프로에 특히 많은데, 다운 스윙에서 임팩트에 걸쳐 무릎이 유연한 동작을 해서 하나의 리듬을 만들어내고 있는 것을 볼 수 있을 것이다.

무릎이 약간 가라앉아 버린 듯이 구부리면서 공이 날으는 선에서 움직여 폴로우에서부터 피니시에 걸쳐 일어서 오는 동작이다. 이것은 니이 액션이라고 하며, 스윙에서 중요한 역할을 하고 있다. 니이 액션 은 스윙의 타이밍을 맞추는 것만이 아니라 스윙의 톱에서 다운 스윙 의 출발 동작으로 무릎이 왼쪽의 공이 날으는 선과 평행하게 움직이 고 그립을 바로 아래로 내리듯이 하며, 스윙이 인사이드에서 움직이 기 쉽게 한다는 것이다.

그러나 초보자가 이것을 너무 의식하면 허리나 어깨의 회전을 망각 하고, 자신은 회전시킬 의도라고 하더라도 왼쪽으로의 움직임이 잦아 지는 것이다.

처음 얼마 동안은 무릎에 유연성을 느낀 만큼 결과가 좋다. 그러나 몸의 회전을 잊지 말아야 된다. 발을 들여놓고 치는 야구의 스윙에서

프로의 어드레스를 참고 하자.

익힌 것인데, 니이 액션을 의식하면 팔쪽이 너무 늦어 슬라이스가 더욱 어렵게 되는 원인이 될 수도 있다.

그러나 무릎을 살린 쇼트는 타이밍이 맞으면 위력을 발휘하므로, 평소에 휘두르는 것을 통해 무릎의 이동에 따른 체중의 이동을 몸에 익혀두기 바란다.

● 포워드 프레스의 필요성

포워드 프레스라는 것은 어드레스에서 스윙으로 들어올 때 그립이나 혹은 오른쪽 무릎 등이 공이 날으는 선 방향으로 가볍게 움직이는 동작을 말한다. 공 뒤에 둔 골프채를 백 스윙할 때 타이밍을 맞추는 하나의 동작으로 생각하면 좋겠지만, 정지해 있을 때 골프채 헤드를 맞춰서 끌어 올리는 경우, 그대로 움직이기 시작하면 자연스럽게

몸의 축을 견고히 하고 있는 백 스윙

되지 않는 경향이 있다.

때문에 일단은 공이 나는 방향(왼쪽)으로 프레스하고, 거기에서부터 백 스윙을 시작하면 타이밍이 좋고, 골프채 헤드도 자연스럽게 움직인다. 일련의 리듬 속에서 공을 받아들이기 때문에 백 스윙의 출발에서 부자유스러워서는 원만한 스윙을 할 수 없다.

작은 일이기는 하지만, 이것은 의외로 중요해서 왜글(골프 헤드를 두세 번 움직인다)을 한 뒤 페이스를 공에 맞추고, 포워드 프레스에서 백 스윙으로 들어가면 초보자도 빠른 속도로 백 스윙을 할 수 있게 된다.

프로 골퍼도 대개 이 포워드 프레스에서 스윙으로 들어간다. 그 동작은 분명하게 눈에 비치지 않는 것도 있지만, 요점은 타이밍을 맞추는 것이기 때문에 실제로는 움직이지 않아도 마음 속으로 그것을 하는 것과 하지 않는 것과는 상당한 차이가 있다.

　실제로 공을 충분히 치지 않고 연습으로 칠 때는 잘 휘두르기 때문에 치게 되면 여기 저기에서 한층 힘이 더 많이 들어가 부자유스러운 스윙이 될 수도 있지만, 이러한 경우는 포워드 프레스로 박자를 맞추면 원만한 동작이 된다.

　이 포워드 프레스를 익히는 요령은 페팅으로 하면 의외로 잘 나간다. 페트도 스윙이기 때문에 자연스럽게 백 스윙이 되어야만 한다. 어드레스해서 약간 왼쪽으로 양 손목을 구부리는 듯이 해보자.

　이것으로 타이밍을 익힌 다음, 커다란 골프채로 바꿔 쥐어 보자.

6. 연습장에서 아이언을

낸시 로페스

아이언은 다운 브로우로

● 아이언(7번 · 6번)을 치자

골프 레슨에서는 나무 골프채로 시작하는 사람과 아이언으로 시작하는 사람이 있는데, 생력적(省力的) 골프를 지향하는 이 골프에서는 아이언으로 시작한다.

그것은 실제로 코스에 나가면 나무보다는 아이언을 훨씬 많이 사용하기 때문이다. 전체 길이 6,000미터 정도가 보통 코스(타수 72)라면 나무 골프채를 사용하는 것은 쇼트 홀을 제외한 14홀이 첫타이고, 4개 롱 홀의 둘째 타의 합계는 18회이다. 그밖에는 만약 전부의 그린을 두번 페트로 끝내면 페터가 36회가 된다.

이렇게 18홀에서 110을 친다고 하면 36회의 페터와 18회의 나무 골프채가 남고, 56회는 아이언으로 친다는 계산이 된다. 이렇게 되면 아이언은 나무의 3배 정도 사용하기(18×3) 때문에 우선 코스에서 많이 사용하는 골프채로 연습하는 방법이 생력적 효과를 볼 수 있을 것이다.

아이언도 각도가 작은 롱 아이언은 공을 올리기 어렵기 때문에 중간 정도의 골프채, 그것도 쇼트 아이언에 가까운 골프채가 적당하다. 9번 아이언이라도 타면(打面)의 형태가 크거나 작아지기 때문에 롱 아이언과 거의 같은 페이스의 형을 나타내는 짧은 것, 결국 6번, 7번, 8번과 가장 친근해지기 쉬운 것이라고 할 수 있다.

처음 손에 쥐었을 때 의외로 무거운 느낌이 들기 때문에 과연 칠 수 있을까 하는 의문이 생기는 사람도 있지만, 야구의 배트와는 달라서 치기 쉽게 연구가 되어 있기 때문에 그런 걱정을 할 필요는 없다.

주의해야 할 것은 뭐니뭐니 해도 정확한 어드레스이다. 소울(페이스의 바닥 폭은 약 1센티)이 얇지만 우선 그것을 지면에 딱 맞게 붙여 보자. 타면을 치는 방향 쪽으로 소울하면 샤프트는 그 골프채를 잡은 라이 각도로 세워준다. 그 그립 엔드가 왼쪽 다리 바지 주름 안쪽으로 올 정도로 세워보자.

● 아이언의 스윙 10 포인트

① 어드레스에서 핸드 퍼스트를 의식한다. 다운 브로우가 아이언의 치는 방향. 페이스가 열리는 것에 주의.

② 스탠스는 어깨 폭으로 좁히고, 스퀘어가 기본이지만 짧아지는 것에 따라서 약간 오픈하는 기분으로.

③ 백 스윙은 부드럽게 한다. 샤프트가 짧아서 서둘러 올리기 쉬우므로 주의할 필요가 있다.

④ 미들 아이언의 콕은 오른쪽 허리에 양팔이 올 정도가 좋지만 쇼트 아이언은 약간 빠른 콕으로.

⑤ 샤프트가 짧은 것의 스윙은 업 라이트. 백 스윙으로 양팔의 그립을 오른쪽 어깨 방향으로 가깝게 한다. 오른쪽 머리의 위쪽.

⑥ 톱에서는 양쪽 팔이 구부러지지 않을 정도로 편다. 그러나 전체적으로 유연하게 한다.

⑦ 샤프트가 짧으면 굳은 스윙이 되기 쉽다. 이것을 막기 위해서는

느린 타이밍을 의식한다.

⑧ 다운 스윙도 의식해서 천천히 시작하고, 어드레스 위치에서 도슨으로 떨어뜨리는 느낌이 좋다.

⑨ 양쪽 팔이 제자리로 돌아오는 것을 잊지 않도록 한다. 약간 특수한 쇼트가 되지 않는 한 페이스는 왼손 손등이 회전해서 제자리로 돌아온다.

⑩ 폴로우에서 왼쪽으로 너무 휘두르지 않는다. 아이언은 특히 왼쪽 팔을 공이 날으는 선에 올려놓는 폴로우(페이스의 방향은 아니다)가 필요하다.

〈힌트〉

샤프트가 짧기 때문에 앞쪽으로 기울이는 것도 심하다. 그만큼 헤드 업하면 실수가 커진다.

머리는 뒤쪽으로 한 채 휘둘러서 되돌아오는 느낌으로 치는 것이 좋다.

그리고 왼쪽 발가락 끝은 가볍게 벌리고 오른쪽 발은 어깨 폭 보다 약간 좁은 정도로 스탠스를 취한다. 발가락 끝은 공이 날으는 선에 직각이 되도록 한다. 오른발 발가락 끝을 가볍게 벌리도록 권하는 사람도 있지만, 초보자가 이렇게 하면 백 스윙할 때 오른쪽 무릎이 바깥쪽을 향하기 쉬워지고, 몸을 비트는데 효과적인 경향이 있기 때문에 공이 날으는 선에 대해서 직각이 되기 쉽다. 스탠스가 가능하다면 그립을 해 본다. 그립을 한 위치에서 조금이라도 좌우로 움직이면 페이스의 방향이 빙글빙글 돌아가기 때문에 공이 날으는 선으로 향하고 있는 페이스 방향을 바꿔놓지 않도록 그립하는 것이 매우 중요하다.

쉬운 방법은 앞쪽으로 기울이기 전에 우선 왼손만 그립을 한다. 왼손 엄지 손가락이 샤프트의 중앙을 누르게 될 것이다. 다음으로

  아이언의 어드레스에서는 핸드 퍼어스트가 원칙이지만, 이것이
백 스윙 중 유지되고 있는 임팩트에 접어들어 비로소 의미를 갖는
다. 결국 활모양의 최저점의 앞에서 공을 포착하는 다운 브로우의
타법으로, 트레비노의 쇼트 아이언의 쇼트에서도 잘 알 수 있다.

아이언의 어드레스에서는 정면에서 보면 샤프트가 오른쪽 위에서
왼쪽 아래로 비스듬하게 되어 있다. 골프채의 페이스를 맞춰서
소올하면, 아이언의 샤프트는 넓어진다. 결국, 핸드 퍼스트로 어드
레스하기 쉽고, 치기 쉬운 구조가 되는 것이다.

핸드 퍼스트의 히트

오른발을 가볍게 어깨 넓이 보다 좁을 정도로 벌리고(오른발 발가락 끝은 아니다), 오른쪽 어깨를 조금 내려 앞쪽으로 기울이면서 오른손의 그립을 옆쪽으로 한다는 기분으로 쥔다.

아이언 골프채는 다운 브로우로 치는 성능을 가지고 있기 때문에 소울(약 1센티 폭)을 정확히 해서 각도대로 그립을 하면 그립의 위치가 공의 위치 보다 왼쪽으로 나올 수 있게 된다(핸드 퍼스트). 역K자형의 어드레스로 오른쪽 팔꿈치에 다소 느슨하게 잡는 것도 여기에서는 매우 중요하다.

● 핸드 퍼스트의 의미

아이언을 치는 방법에서 잊어서는 안되는 것이 이 핸드 퍼스트이다. 어드레스할 때, 위에서 공과 그립을 보면 그립이 공보다 왼쪽으로

핸드 퍼스트의 임팩트

와 있는 것이 핸드 퍼스트이다. 이것은 스윙 중에 골프채 헤드가 연출하는 활 모양의 최저점(最低点)에 도달하기 전의 단계에서 공을 포착한다. 결국, 다운 브로우의 단계에서 공을 치기 위한 준비이다.

골프채 헤드가 묘사하는 활 모양의 스윙에서의 최저점, 또는 최저점을 통과한 뒤(어퍼 브로우)에 공을 포착하는 것은 일반적으로 나무로 치는 방법이다.

핸드 퍼스트는 아이언 어드레스의 원칙이기 때문에 자연스럽게 아이언을 잡는다면 그렇게 준비하는 습관을 들일 필요가 있다. 몸의 회전 등은 전혀 변하지 않고 어드레스만으로 다운 브로우에서 칠 수 있지만 스윙의 축을 생각하면 더욱 효과적이다.

● 스윙과 그 축

왼쪽 다리 중심의 아이언 스윙

활 모양의 스윙의 최저점은 그 축 앞쪽에 오는 경우가 있다. 축은 그립의 위치와는 미묘한 관계를 갖고 있지만 어쨌든 활처럼 한 스윙에서 활의 축이 최저점이라고 생각한다. 이것은 웨이트를 두는 방향과 관계가 있다.

축은 웨이트를 둔 곳에 있기 때문에 아이언을 다운 브로우에서 칠 경우, 체중을 공에 비해 왼쪽에 둘 필요가 있다. 이 때문에 핸드 스윙할 때, 오른쪽 다리로 이동한 체중을 빨리 왼쪽 다리로 옮긴다. 이것을 쉽게 하려면 핸드 스윙에서도 약간 왼쪽 다리에 두는 기분으로 하면 간단하게 다운 브로우에서 칠 수 있을 것이다.

그렇지만 왼쪽 다리에 어떻게 체중을 다소 남겨둘 것인지가 어려운 문제이지만 쉬운 방법은 있다. 스윙을 왼쪽 다리 쪽에서 휘두르는 기분으로 한다면 의외로 쉽지만, 핸드 스윙에서 왼쪽 무릎을 오른쪽

퍼머의 쇼트 아이언

팔꿈치 방향으로 좁히는 것을 오른쪽 무릎이 기울어진 앞 방향으로 내밀듯이 하면 톱에서 체중이 왼쪽 다리에 상당히 남아 있게 된다.

처음 얼마 동안은 아이언 골프채의 각도가 좀처럼 잘 안되고, 무심결에 몸이나 손으로 치켜 올려서 공을 쳐내려는 기분이 생기지만, 이렇게 하면 공은 역으로 올라가지 않게 된다.

위에서 누를 작정으로 페이스를 공에 맞히는 쪽이 공을 훨씬 많이 날아 올리는 것이다.

공은 골프채의 각도에 따라서 올라가기 때문에 특별한 쇼트로 하지 않는 한 핸드 퍼스트를 준비하는 데서부터 웨이트를 다소 왼쪽 다리에 남겨두는 기분으로 치는 것이 아이언으로 치는 방법이다.

골프채 헤드가 스윙의 활 모양에서 최저점에 도달하기 전에 공을 치면 골프채 헤드는 공을 친 뒤 지면에 접해서 타아프(골프채로 잔디를 깎는다)를 할 수 있게 된다.

연습장의 인조 잔디 매트 위에서는 잘 구분할 수 없지만 매트 앞쪽 가장자리에 공을 놓고 치면, 그 앞의 흙이 깎이듯이 된다. 그러나 얼마동안 타아프를 하려 해도 안되기 때문에 활 모양의 최저점에 오기 전에 공을 페이스에 붙인다는 것을 이해하는 것만으로도 충분할 것이다. 그를 위해서는 핸드 퍼스트로 웨이트를 약간 왼쪽 다리에 남겨두는 것이 중요하다.

아이언 폴로우

●폴로우와 헤드의 방향

쇼트 아이언(8, 9 웨지)의 특수한 쇼트가 없는 한 아이언도 임팩트에서는 팔이 되돌아온다.

곧게 치려고 하는 나머지 아이언의 페이스를 가능한 한 공이 날으는 방향으로 향하게 한 채로 통과시키지만, 공의 임팩트는 선이 아니고 점에 있다는 것을 알아두기 바란다.

공이 날으는 방향에서 정면으로 마주한 페이스는 백 스윙으로 회전하면 공이 날으는 방향으로부터 떨어져 가고, 다운 스윙으로 되돌아오면 임팩트한 곳에서 공이 날으는 방향에서 정면으로 마주 대한다. 그리고 폴로우에서는 또한 팔과 몸의 회전 동작에 따라 공이 날으는 방향으로부터 떨어지게 된다. 프로의 사진을 보면 임팩트부터 허리 높이까지 위 폴로우를 보면 이해하기가 쉽다. 아이언의 페이스 방향은 결코 공이 날으는 방향이 아니다.

백 스윙에서 팔이 허리 높이까지 왔을 때 페이스 방향과 폴로우에서 팔이 허리의 높이까지 왔을 때는 좌우 대칭과 같이 페이스가 같은 회전을 하고 있다. 백 스윙에서 팔이 허리 높이까지 오면 콕이 시작되

아이언의 폴로우-페이스의 방향에 주의

고, 그대로 머리 부분 쪽으로 올려 휘두르는 것과 마찬가지로, 폴로우
에서도 팔이 허리 높이까지 오면 콕을 시작하고, 머리 부분 쪽을 향해
팔이 포개지게 된다.

폴로우를 크게 한다고 말할 수 있지만 팔 길이는 그 이상 길어지는
것이 아니기 때문에 팔에서 폴로우를 크게 하려고 한다는 것은 틀린
것이다. 플로우를 크게 한다는 것은 초보자에게 오해를 초래하기
쉬운 이론이다.

의외로 팔 동작은 작기 때문에 폴로우에서 팔이 허리 높이까지
펴진다면 충분하므로, 그대로 콕을 하면 의외로 콤팩트한 스윙의
느낌이 든다. 그러나 그것으로도 충분히 폴로우가 커진다는 것은
무릎이 바뀌고, 몸이 활 모양으로 크게 휘어진다고 이해하기 바란
다.

팔은 공이 날아가는 방향, 허리는 왼쪽이 스윙의 열쇠

　그보다 오히려 양 팔의 동작, 그리고 페이스는 공을 포착한 다음 되돌아온다. 이러한 동작이 없으면 스윙의 전체적인 균형이 깨져 버린다. 피니시도 제자리로 돌아가야 하는 곳에 돌아가지 않는다.

● 너무 왼쪽으로 휘두르면 실패

　극단적으로 말하자면, 골프의 스윙이란 몸은 가로가 되고, 골프채는 세로로 흔들게 된다. 지상에 놓여진 공을 치기 때문에 골프채의 활 모양을 가능한 한 세로(어프라이드)로 휘두르는 편이 좋다.

　그러나 몸은 그렇게 할 수 없다. 몸을 앞쪽으로 기울이고 골프채도 라이 각도로 만들어 이 모순을 해결해 줄 수는 있지만 처음 얼마 동안은 일부러 세로로 휘두르는 백 스윙을 하면서 폴로우로 힘껏 왼쪽 어깨 방향으로 세로로 휘둘러 버리는 경향이 강하다. 여기에서

백 스윙의 콕은 재빨리.

는 공이 어디로 갔는지 알 수 없다.

　공의 행방은 골프채의 성능을 신뢰하고, 팔 휘두르는 것을 실수없이 한다면 다소의 움직임은 있어도 자연스럽게 의도한 방향으로 날아가 줄 수 있는 것이다. 페이스가 되돌아온 시점, 양 팔이 허리 높이에 온다면, 어쨌든 곧장 머리 부분을 향해서 팔을 접는듯이 하면 왼쪽으로 너무 휘두르는 것을 피할 수 있다.

　스윙 항목 부분에서 썼지만, 양 팔이 맞붙은 그립의 위치는 배꼽에 있을 것이다. 그러나 이 경우도 어드레스했을 때 앞쪽으로 기울인 자세가 유지되는 것이 필요하다. 결국 머리와 공과의 거리는 스윙 중에는 같지만, 폴로우가 되면 몸의 형태가 상당히 활 모양이 되어 있다. 머리를 서둘러서 위로 올리면 어느 정도의 피니시가 머리 부분에 있어도 골프채의 활 모양은 폴로우에서 가로로 휘두르는 모습으로

부드럽게 휘두르는 기분이 가장 중요하다.

바뀌게 된다.

● 샤프한 스윙은

스윙은 전반만 완전하게 할 수 있으면 충분하다는 이야기도 자주 듣는다. 공을 친 다음에는 어떤 모습을 해도 좋지 않은가 라는 것이다. 확실히 이치는 그렇지만 골프의 공은 스윙 전체의 한 점에서 포착하는 것이기 때문에 전반이 좋고, 후반은 나쁘다 라는 것은 있을 수 없다. 후반이 나쁘다는 것은 전반부터 그 징후가 보이기 시작하고 있기 때문에 임팩트도 결코 정확히 될 수 없다.

예를 들면, 헤드 업을 말할 수 있다. 이것은 공의 행방을 빨리 보려고 하는 의식이 작용해서 스윙이 이른 단계에서 앞쪽으로 기울이는 어드레스 자세가 무너지게 되는 것이다.

휘두르는 폭은 의외로 작다. 팔은 되돌아 온다.

머리를 올린다는 것은 몸이 일으켜지는 일이므로 어깨도 들려 버린다. 심한 경우에는 골프채 헤드가 공을 치기 전에 머리가 일어나게 되어서 실제로 골프채가 공에 충돌을 할 때는 그것을 보지 못한다라는 경우도 생긴다. 이것은 눈 가리고 공을 치려는 상태가 된다.

역시 공을 치는 것은 스윙을 전·후반으로 나누는 것이 아니라 일련의 동작 가운데에서 파악하려는 마음가짐이 가장 중요하고, 전반에서도 후반에서도 무리가 있어서는 안된다.

공은 머리 뒷부분을 지나는 하나의 커다란 원을 그린다고 상상하고, 그 원의 동심원(실제로는 그 안쪽의 원)에 따라서 그립이 움직인다고 생각하는 것도 하나의 방법으로 백 스윙의 콕, 폴로우의 콕이 행해지면 스윙이 샤프하게 된다.

특히 현재 사용하고 있는 7번, 6번의 샤프트가 비교적 짧은 아이언은 폴로우에서 콕을 의식하면 백 스윙에서의 콕, 그리고 임팩트 전에 언콕(콕을 되돌린다)이라는 일련의 동작이 샤프하게 되고 펀치 효과가 있는 초속이 빠른 공이 된다.

● 폴로우의 착각

스트레이트 공을 치기 위해서는 스윙의 활 모양은 인사이드 인이 되지만, 방향성을 강조하기 위해서 골프채 헤드는 공의 전후 30센티 정도 공이 날으는 선을 따라서 움직일 수 있다고 할 수 있다. 이것도 의외로 오해하기 쉬운 일로 그 전후 합계 60센티의 사이에 골프 페이스가 공이 날으는 선에 정면으로 대면해야 한다고 생각해 버린다.

그러나 그 전후 60센티는 페이스의 방향이 아니라 팔의 운동 방향으로, 특히 폴로우에서는 페이스는 원래 상태로 되돌아간다(방향이 바뀐다). 하지만 펴진 오른쪽 팔이 공이 날으는 방향으로 향하고 있는 것이 가장 중요하다. 활 모양으로 휜 몸으로 공을 쫓으면, 스윙의 활 모양이 세로 모양이 되는 것을 잘 이해할 수 있을 것이다.

져스트 미이트 하기 위해서는

● 임팩트(impact) 감각을 파악한다

갑자기 아이언 골프채를 손에 쥐어도 쉽게 져스트 미트 감각을 파악할 수는 없다. 이 때문에 아이언의 날으는 거리가 안나가고, 그것을 나가게 하려고 지나치게 힘을 들여서 오히려 맞지 않게 되는 경우가 많다.

그러한 로스를 없애기 위해서 스윙은 어떤 모습이어야 할까. 팔이 펴져 있는지 어떤지 등은 일단 모두 잊고, 아이언의 페이스 중앙에서 공을 포착하는 일에만 전념하는 것도 하나의 방법이다.

페이스의 중앙에 맞으면 공은 의외로 멀리 날아가는 것을 알 수 있기 때문에 그 연습을 하는 것은 앞으로 아이언을 유연하게 치기 위해서도 필요할 것이다.

이것은 어드레스를 하고 나서 백 스윙을 천천히 한 후 양 팔이 허리 주위에 왔을 경우에 휘둘러서 해볼 일이다. 하여튼 멀리 날리려 하지 말고, 페이스의 중앙에 맞추는 것만을 유의해서 가볍게 공에 맞춰 보자.

잘못 한다면, 몸을 회전하지 말고 양 어깨를 움직여서 팔만으로

프로의 샤프한 아이언 쇼트

좌우로 휘둘러서 백 스윙, 폴로우에서도 팔이 허리 높이에 오면 그만
두는 방식을 쓴다. 이때 양 팔은 가능한 한 회전하지 말고 허리와
평행하게 휘두르는 것이 가장 중요하다. 어드레스 때에 양 팔로 형성
한 삼각형이 무너지지 않도록 휘둘러 보자. 페이스의 방향은 공이
날으는 방향을 향해 멋지게 하지 않아도 좋다. 져스트 미트가 가능하
다면 아이언 쇼트의 하나인 콕을 잡을 수 있다고 생각하지만……

● 참고가 되는 '페트 타법'

페터는 스윙이 약하기 때문에 페이스 방향이 거의 바뀌지 않는다.
7번(6번) 아이언을 쥐고, 이와 비슷한 동작을 해 보면 의외로 감각을
파악하기 쉽다.

페트, 백 스윙의 2배 정도, 혹은 3배 정도로 올라가고, 폴로우도

양팔의 삼가형은 여기까지

페트와 같이 공이 날으는 선에 올려 놓아 본다. 날으는 거리를 바라는 것이 아니라 페이스의 중앙에서 포착하기 위한 것이어서 비교적 쉬울 것이다.

다음으로, 백 스윙은 지금까지 들은 대로 다운 스윙에서부터 폴로우에 걸쳐서 팔의 휘두름으로 허리의 회전을 익혀 보자. 결국 임팩트에서 폴로우에 걸쳐서 허리를 돌리고, 공이 발으는 방향으로 몸의 방향을 돌린다. 오른쪽 팔은 오른쪽 허리의 앞쪽으로 내밀고 있을 것이다. 그렇게 팔을 휘두른다면, 양 팔의 그립은 몸의 배꼽 중앙 부분의 앞쪽에 있지 몸의 왼쪽에 있지는 않을 것이다.

피니시는 곧장 얼굴 쪽을 향해서 겹쳐지기 때문에 얼굴을 약간 오른쪽으로 내리고 있으면 그립은 왼쪽 머리 부분으로 온다.

스윙에서 7번 아이언이라면 대체로 5,6미터는 날아간다. 양쪽 어깨

어윈의 깨끗한 폴로우

清元쯒子의 어프로우치

의 힘을 빼고 골프채 헤드의 무게를 그립에서 느끼면서 휘두르는 연습을 하자.

이것만 가능하다면 백 스윙을 어깨 높이까지 올려 보자. 실패를 한다면 다시 작은 페팅 타법으로 되돌아온다. 양쪽 어깨를 회전시키지 말고 평행하게 휘두른다. 그것이 가능해지면 칠 때에 허리의 회전도 시도해 본다. 그것도 가능하다면 마지막으로 백 스윙에서도 허리의 회전을 익혀본다. 초보자의 실수 중에서 많은 것은, 허리의 회전을 지나치게 중시한 나머지 팔 동작을 잊게 되는 일이다.

● 러닝에서 힌트도

페팅 타법은 러닝 어프로치(굴려서 한 곳에 밀어 넣는다)와 상통한다.

피니시에서 쇼트의 정확함을

　러닝은 그린 옆에서 굴려서 깃대로 공을 밀어넣는 하나의 방법이지만, 이 경우에 사용되는 아이언은 7번(6번) 아이언 등이 많다.

　굴리는 라인 위에서 골프채를 조금 올리고 친 다음에도 폴로우를 조금 멈춘다. 공은 약간 올려져 순조롭게 굴러가지만 아이언의 져스트 미트의 감각을 파악하는데 이 타법을 반복하는 것도 좋은 방법이다.

　연습 동안에는 굴리는 거리는 어떻든 상관이 없기 때문에 허리 높이 정도의 백 스윙이라면 공을 쳐서, 피니시를 공이 있는 앞 방향 30센티 정도의 위치에서 멈춰 본다. 이렇게 하면 그립이 단단하게 쥐어지고 자연히 펀치 효과가 있는 보물이 나오기 쉽다.

　왼팔 중심으로 휘두르고, 조금 멈추었을 때 오른쪽 팔은 왼쪽 팔보다 아래쪽에 있을 것이다. 이제부터는 의식해서 오른쪽 팔을 세우

樋口久子의 아이언은 리듬이다.

고(오른손 손등이 정면을 향한다), 양쪽 팔의 팔꿈치를 손 앞쪽으로 굽혀 올려준다.

이렇게 분석한 방법이 사람에 따라서는 어려울지도 모른다. 다만, 아이언의 져스트 미트 감각을 파악하는 좋은 방법이므로 자세히 설명했지만, 보통 스윙에서 져스트 미트를 하기 쉽다면 이러한 설명을 할 필요는 없을 것이다.

아이언은 져스트가 짧다. 이것은 어드레스할 때 그만큼 공이 몸에 가깝게 있다. 가깝게 있다 라는 것은 왼팔과 몸이 형성한 각도가 샤프트의 길다란 우드를 잡은 경우 보다도 예각이 되고, 그 스윙의 활 모양은 업라이트(세로 모양)이 된다는 것이다.

인사이드 인이라고 해서, 야구의 배트와 같이 아이언을 옆으로 휘두른다면 공은 왼쪽으로 45도 걸려 버릴 것이다.

업라이트의 활 모양을 묘사하면서 사이드 인 상태로 돌아가는 것에 주의해 주기 바란다.

● 아이언은 리듬이 중요하다

스윙에서 리듬이 가장 중요하다는 것은 자주 언급했지만, 샤프트가 짧은 아이언을 잡았다면 특히 리듬을 익하는 데 실수가 적다. 짧다라는 것은 적당한 길이이기 때문에 휘두르기 쉽다. 동시에 멀리 날리려면 힘이 든다.

그렇지만 아이언은 멀리 날리기 위해서 만들어진 것이 아니라 거리를 제한할 수 있도록 만들어낸 것이다. 사람에 따라서 날으는 거리가 다르므로 무심결에 힘을 들이게 되는 것이지만, 명심할 일은 그 아이언이었다면 그 사람은 어느 정도의 거리로 날릴지를 정해 놓아야 한다.

그렇기 때문에 처음 얼마 동안은 날으는 거리 보다는 공의 높이 (날으는 공의 높이)에 주의하는 방식이 현명하다. 공의 높이가 정해지면 스스로 날으는 거리도 정하게 되므로 그러한 공을 치기 위해서는 항상 일정한 리듬으로 스윙할 필요가 생기게 된다.

여기에서도 원 엔드 투의 박자를 치는 것이 포인트이다. 스윙은 빠른 편 보다는 느린 편이 실수를 줄인다고 할 수 있다.

● 어떻게 할까?

두번째 페트는 누구라도 익힐 수 있다고 할 수 있지만, 이것은 프로가 여러 번 쳐도 넣지 못했다는 이야기.

1966년 C현의 포구에서 열렸던 오픈에서는 홈 코스의 관서의 K, 이 두 사람이 끝까지 우승경쟁을 계속했다. 그리고 마지막 날의 18번

홀.

K는 깃대의 1미터 근처까지 접근했다. G는 깃대 보다 15미터였다.

여기서, G가 빗나가서 K가 넣게 되면 K의 우승이 된다. 더구 나 G는 어려운 그린에서도 이 이상은 아니었다는 무서운 훅라인.

그린을 둘러쌓고 있는 갤러리의 거의 전원이 G의 패전을 예상했다. G는

그러나 훅라인에서 있을 것과, 이것은 대단히 많이 구부린다고 판단해도 15미터의 거리에서는 계산을 해보아도 페트는 좀 어려웠다. 나머지는 운에 맡길 수밖에 없었다. 어드레스에 들어가서는 아무것도 생각하지 않았다.

그런데 와아!하는 큰 함성이 들렸다. 한순간 우리 눈을 의심하지 않을 수 없었다. 때린 공이 사라진 홀을 G는 어리둥절하게 바라보았다.

K는 프레셔에 패한 1미터가 모자라는 것을 제의하고 G는 오픈 첫 우승자로 결정되었다. 이 그린에서 다음 날 G는 동일한 페터를 가지고 나타났다. 그렇지만, 같은 장소에서 몇 번이고 쳐도 공은 캡으로 들어가 주지 않았다.

예전부터 영국에서는 어떤 멍청이라도 두번째의 페트는 들어가는 기술이 있다. 그러나 길이에도 의하지만, 우선 두번째는 들어가지 않았다 라는 G의 이날 오픈 첫 우승의 페트.

한번은 손에 넣고 싶다는 프로라면 누구라도 바라는 내셔널 오픈 챔피언을 한방에 '슈퍼 페트'로 결정한 G. '어떻게 들어 갔는지 이해할 수 없다'라고 G는 한참동안 서서 진지하게 얘기했지만, 정말로 기술을 초월한 무언가가 있었다고밖에는 생각할 수 없다.

보비 죤은 '골프라는 불가사의한 게임 중에서 가장 불가사의한 것은 페팅'이라고 이야기한다.

7. 우드를 치는 방법

제리 페트

우드의 스윙은

● 아이언과의 공통점은

골프채 헤드가 목제인 우드 골프채는 소올(밑부분)의 면적이 넓기 때문에 소올하기 쉽다.

그 아래를 지면에 꽉 붙여 보면, 샤프트가 일어난 라이 각도도 아이언 보다 알기 쉽다. 오히려 아이언 보다 친숙해지기 쉬운 골프채 일지도 모른다.

그러나, 샤프트의 길이는 매우 길다는 느낌이 든다. 취급하는 처지가 되어 보면 서로 장단점이 있다는 기분이 든다. 보통의 7번 아이언과 우드 스푼의 샤프트를 비교해 보면 스푼 쪽이 대개 15센티에서 18센티 길기 때문에, 스윙도 그 길이에 맞게 되었다는 것을 알 것이다.

일반적으로 말해서 우드의 골프채와 아이언의 골프채의 스윙이 서로 다르겠는가? 하고 프로에게 질문을 던져 보았더니 스윙은 마찬가지다 라고 하는 사람이 많았다. 치는 방법이 약간 다르다 라고 했고, 아주 구분해서 생각하는 편이 좋다는 프로는 단 한 사람도 없었다.

이렇게 말하는 것은 우드도, 아이언도 스윙의 이론은 같으므로 약간의 치는 방법에 차이가 있기 때문이다.

또한 일반적이지만 아이언은 다운 브로우로, 우드는 어퍼 브로우라고 말하는 것도 듣는다. 그러나, 그렇게 한다면 서로 매우 큰 차이가 있는 것처럼 생각되지만, 프로는 우드를 다운 브로우로 치는 경우가 많기 때문에 결국 치는 방법은 마찬가지이다. 그러나 이러한 것을 알기까지는 약간의 시간이 걸린다.

결국, 우드는 라이(공이 있는 상태)에 따라서 다운 브로우로도, 어퍼 브로우로도 치기 때문에, 처음 얼마 동안은 일반적인 우드로 치는 방법을 설명하는 편이 쉬울 듯하다.

● 스윙의 활 모양을 생각한다

아이언은 골프채 헤드의 활 모양이 지면에 접하기 전에 공을 포착한다.

● 우드(3번 · 4번)의 스윙 10포인트
① 공의 위치는 왼발 발뒤꿈치의 선상으로 한다. 티 업을 하지 않을 때는 공 한 개분 정도 중앙에 둔다.
② 티 업할 때. 활 모양의 스윙에서 최저점보다 뒤로 치는 의식을 갖고, 기분상으로는 웨이트를 오른쪽에 두도록 하자.
③ 티 업하지 않을 때. 라이가 좋은 경우는 공을 다룬다는 기분이 좋다. 활 모양 스윙의 최저점에서 치는 셈치고. 공은 중앙에 둔다.
④ 라이가 나쁠 때. 디보트라든가 풀에 빠져 있을 때는 다운 브로우로 친다. 활 모양 스윙의 최저점보다 앞쪽. 왼쪽 다리 웨이트에서 핸드 퍼어스트.
⑤ 샤프트가 깊다고 해도 팔의 길이는 바뀌지 않기 때문에, 특히 커다

란 스윙을 의식하지 않는다.

⑥ 활 모양은 아이언 보다 크기 때문에 몸의 회전에서 균형을 이룰 수 있도록 팔 동작을 다소 천천히 한다. 지나치게 급하게 하면 실수를 가져오게 된다.

⑦ 샤프트가 길고 골프채 헤드가 먼 곳을 지나고 있지만, 톱에서는 골프채 헤드가 멀리 떨어져 있어도 자신을 갖도록 하자.

⑧ 다운 스윙은 특히 지나치게 서두르지 않는다. 타이밍의 박자를 맞추면서.

⑨ 임팩트에서 왼손 손등이 비구선으로 완전히 향하는 것을 의식한다.

⑩ 왼팔, 오른쪽 허리의 높이에서 부터 임팩트, 그리고 왼쪽 허리 높이의 플로우에 걸쳐서 180도 회전한다.

〈힌트〉

플로우에서 좌측으로 너무 휘두르면 가로 모양이 된다.

배꼽의 앞쪽 부근에서 왼쪽 머리 부분으로 향해 세로 피니스.

핸드 퍼스트로 하는 것은 그 때문이지만, 우드의 경우는 활 모양의 헤드 최저점이나, 최저점을 지난 어퍼 브로우 때에 공을 포착하는 것이 보통이다.

이것을 우선 머리에 넣어 두면 어드레스의 모습이 아이언과 달라진다는 것을 알 수 있을 것이다.

공의 위치는 왼쪽 다리 발뒤꿈치의 앞방향과 마찬가지로 있어도 샤프트가 15센티 정도 길기 때문에(7번 아이언과 스푼의 경우), 골프채를 소올했을 때, 얼마정도 후방으로 내리는 것이 된다. 앞쪽으로 기울이는 자세가 같아서 얼마정도 후방으로 내리는 일은 왼팔과 몸과 만들 수 있는 각도가 아이언의 경우 보다 커지고, 스윙은 약간 플랫 기분이 되는 것을 알 수 있다.

또한 골프채의 활 모양의 최저점 또는 지나는 주위에서 공을 포착하는 것은 그립과 공의 위치 관계도 바뀌게 되고 그립은 공의 선상에서 그보다 뒷쪽(핸드 퍼스트의 반대)에 오는 것이 된다.

활 모양의 최저점은 스윙의 축, 결국 중심이 있는 장소에 오기 때문에 우드의 경우는 어드레스할 때는 아이언보다 오른쪽 다리에 걸치는 웨이트가 많아진다. 물론, 이것은 일반적인 방법이고, 우드 골프채를 아이언에서와 같이 웨이트를 왼쪽 다리에 많이 두고, 다운 브로우로 치는 경우에는 달라질 것이다.

보다 알기 쉽게 설명하기 위해서 티 업을 생각해 보자. 티 업했던 공을 치는 경우는 스윙의 최저점 뒷쪽, 풀의 위에 놓여진 공을 치는 경우는 스윙의 최저점이나, 최저점이 되는 앞쪽이라고 할 수 있다. 특수하게 치는 방법 이외에는 아이언은 최저점 앞쪽이나 최저점, 우드는 앞과 그 점의 뒤에서 치는 방법이 있다.

그 치는 방법의 분류는 스윙 축의 이동, 결국 웨이트를 두는 방향에 따라

우드는 어퍼 브로우로 친다는 것은 일반적이지만, 그것은 티 그라운드에서 티 업해서 칠 때로 한정되고 있다. 프로는 티 업해도 핸드 퍼스트 기미에 어드레스하고, 다운 브로우로 치는 사람이 적지 않다. 특히 우드라도 페어 웨이우드, 그것도 공의 라이가 나쁠 때는 다운 브로우로, 페이스를 공에 직접 맞혀서 치는 방법을 해야 한다. 생력 골프에서는 항상 다운 브로우로 치기 바란다.

분류가 된다.

●스푼의 어드레스

공의 위치가 왼쪽 발뒤꿈치 선상에 있는 것은 같지만, 길다란 골프채를 휘두르는 방법에 따라 그것에 따른 기초를 쌓아둘 필요가 있기 때문에 스탠스의 폭은 아이언보다 넓어진다. 어깨 넓이가 양다리 안쪽으로 들어올 정도의 넓이라고 정해도 좋다.

아이언할 때보다 스탠스가 넓어지면, 그 만큼 오른쪽 다리로 중심이 쏠리기 쉽다. 어드레스 단계에서 아이언의 웨이트가 4대 6의 비율이었다면 스푼의 경우(티 업할 때)는 7정도를 오른쪽 다리에 두는 느낌이 좋을 것이다.

그립의 위치는 공의 선상 정도에서 약간 오른쪽(뒷

青木功의 드라이버 쇼트

青木功의 페어웨이의 우드 쇼트

쪽)이고, 핸드 퍼스트는 하지 않는다. 오른쪽 어깨의 힘을 빼고 오른팔을 느슨하게 푼 상태는 아이언의 경우와 같다.

● 샤프트의 길이를 의식해서

샤프트는 처음부터 긴 것부터 쳐들고 휘두를 수는 없다. 스윙의 활 모양 전체가 매우 커지는 것을 의식했으면 이번엔 천천히 리듬을 몸에 익히는 것도 즐거운 일이다. 또한 공의 위치가 꽤 멀기 때문에 맞아줄지 어떨지 불안하지만, 중요한 것은 팔이 어드레스했던 위치로 되돌아 온다면 골프채 헤드도 함께 되돌아 오기 때문에 절대로 잘 맞아줄 것이라고 자신감을 갖는 쪽이 결과가 좋다.

프로는 페어 웨이에서 종종 드라이버를 사용한다. 롱 호올에서 2개의 장타를 계속하고, 바디를 겨냥하는 경우는 드라이버도 다운 브로우로 치지 않으면 저스트 미이트하지 않는다. 흙 위에서 연습하기 바란다.

● 백 스윙부터 톱

　팔의 동작은 아이언의 경우와 마찬가지라는 것을 머리속에 염두해 두자. 샤프트가 아무리 길다해도 팔의 길이까지 길어지지는 않기 때문에 백 스윙도 같은 기분으로 시작한다. 팔이 오른쪽 허리의 높이까지 와서부터 콕이 시작되고, 톱도 양 어깨의 위치 관계가 같다.

　샤프트가 길기 때문에 아이언보다 훨씬 큰 톱에서 느낄 수 있지만, 실제로는 같다. 다른 점이 있다면 샤프트의 앞에 골프의 헤드가 아이언보다 커다란 활 모양을 묘사해서 치켜 올리는 것 뿐이다.

　그리고 커다란 활 모양을 그리기 때문에 백 스윙에서 양팔을 올리는 리듬도 아이언보다 느리게 하는 편이

하나의 목표로서 이 어드레스를 참고하면 편리하다. 활모양의 최저점으로 칠 경우는 공의 바로 위에 그립이 있고, 다운 브로우로 치는 경우는 마주 보아서 우측으로 그립, 어퍼 브로우에서는 그립이 왼쪽으로 온다.

우드의 백 스윙은 천천히

왼쪽 허리와 폴로우는 구분되고 있다(활모양이 최저점 뒤의 임팩트)

좋다.

• 다운 스윙과 임팩트

톱에서부터 다운 스윙을 포함해서 '원 엔드 투'의 박자를 맞춘다면 보다 잘 될 것이다.

조심할 것은 급하게 휘두르는 것이다. 휘두르는 것이 급하면 샤프트가 길고, 활 모양이 커지는 것 만큼 타이밍이 맞지 않게 된다. 그렇게 되면 몸의 회전에서 팔이 맞지 않게 되고, 반대로 팔만 앞으로 휘둘러서 몸은 완전히 늦어 버리는 일도 생긴다. 그 원인은 적극적인 자세에서 조급해서 힘이 들어가 발생하는 경우이므로, 우드의 경우는 커다란 활 모양의 골프채로 공을 포착하는 것을 머리에 충분히 넣어둘 필요가 있다. 활 모양의 최저점 뒤로 칠 경우는 헤드로 공을 처리하는 기분으로 한다면 보다 치기가 쉬워질 것이다.

정확한 쇼트를 하기 위해서는

●폴로우의 페이스 방향

임팩트에서 폴로우에 걸친 팔의 움직임은 아이언과 변함이 없다. 친 다음 오른쪽 팔이 펴져 있는 경우의 페이스의 방향은 역시 아이언과 같고, 이때 팔은 되돌리는 것이 필요하다.

친 다음 페이스를 가능한 한 공이 날으는 방향으로 유지하려고 팔을 움직이면, 공은 스트레이트로 날아가지 않는다. 골프채를 공이 날으는 방향으로 펴서 폴로우하는 것은 좋지만, 페이스의 방향이 손의 되돌아오는 방향이 아니면 피니시가 원상태로 되돌아오지 않는다. 초보자 중에는 의외로 방향을 정확히 하려고 페이스를 될 수 있는 한 공이 날으는 방향으로 길게 향해 걸핏하게 해서, 그 결과 왼팔이 헐거워지게 되는 경우가 종종 있다.

역시 임팩트는 선(線)이 아니고 점(点)에서, 스윙하는 동안에 그 한 점을 맞춘다는 것은 매우 어려운 일인것 같이 생각해도 팔과 몸이 충분히 회전하면 이상하게도 그 한 점이 쉽게 잡히는 것을 느낄 수 있다.

이 점을 알기 쉽게 이야기하기 위해서 극단적인 설명을 해보겠다.

  공에 페이스를 맞추려는 의식이 강하면 페이스를 공이 날아가는
방향으로 향한대로 팔을 되돌리지 않고 위로 올리는 형태가 된다.
그렇게 하면 다운 스윙에서의 페이스가 돌아오는 것이 늦어서 커트
타가 되기 쉽다. 이 시점에서 페이스는 이미 다른 방향을 향하고
있는 것을 염두해 보기 바란다.

러프에서의 트레비노 5번 우드

왼쪽 팔은 백 스윙으로 들어 올릴 수 있고, 다운 스윙에서 임팩트가 된 순간 멈출 수 있게 된다.

멈춘다, 이것은 오해를 불러일으킬 수 있는 듯 하지만, 어드레스 위치로 되돌아온 왼팔은 임팩트 죤에서 단숨에 180도 회전을 하기 위해서이다. 허리의 높이부터 오른쪽 다리 부근까지 정면을 향하고 있는 왼손 손등은 90도 회전해서 임팩트에서 공이 날으는 방향을 향하고, 더욱이 90도 회전해서 왼손의 손바닥 면이 정면을 향하고, 곧장(그 이상 회전하지 않는다) 피니시의 왼쪽 머리 부근 방향으로 겹쳐진다. 임팩트할 때 왼팔을 왼쪽 다리 안쪽에서 의식하고 멈추려고 하면, 휘두른 스윙의 힘으로 자연스럽게 손목이 돌아가는 느낌을 받기 쉽다.

우드 골프채는 샤프트가 길고, 약간은 플랫 기분이기 때문에 더욱

프로의 우드 쇼트

피니시에서 옆으로 움직이는 습관이 들기 쉽다.

이 때문에 폴로우부터 피니시는 양팔도 의식해서 높이 드는 것도 스윙 요령을 파악하는 하나의 방법일 것이다.

● 우드를 다운 브로우에서

지금까지는 일반적인 우드의 타법을 설명했지만 생력적(省力的) 골프를 하기 위해서는 우드나 아이언도 아이언과 같이 치는 방법으로 하면 간단하다. 아이언을 잡거나 우드를 잡았다고 해서 각각 타법을 바꿔서 한다면 시간과 수고가 들게 된다.

스윙의 경우도 핸드 퍼스트로 해서 공을 위에서부터 친다면 어떻게 될까. 공이 날으는 높이야 말로 다소 낮겠지만 일단 공은 올라가고 초속이 빠른 공이 된다.

업 브로우로 치기도 하고 제거하듯이 치기도 하는 것은, 공의 라이에 따라서 매우 제한이 된다. 특히 제거하듯이 치는 경우는 공이 풀 위에 놓여져 있는 상태가 아니면 성공하기 어렵다.

그렇다면 디보트(사람이 쳐서 잔디가 깎여진 뒤)라든지, 풀이 부드러워서 공이 파묻혀 있을 때는 어떻게 할 것인가.

이럴 때는 우드라도 다운 브로우로 쳐야 한다. 결국 상태가 나쁠 경우에 치는 타법(打法)이지만, 생력적(省力的) 골프를 지향하려면 항상 상태가 나쁠 때의 타법으로 연습하는 것이 상태가 좋아지면 더욱 쉬운 기분으로 치는 이점이 생긴다.

또한 실제로 다운 브로우에서 공을 포착하려고 했던 방식이 오히려 실수가 작다고 생각된다. 제거하려는 식으로 했을 경우, 미스의 타프리(공의 앞을 때린다)가 많고, 혹은 톱의 실수도 생겨나게 된다. 다운 브로우의 경우는 어쨌든 페이스로 공을 직접 충돌시키는 듯한 동작이 되기 때문에 맞기가 쉬울 것이다.

어드레스할 때 페이스의 각도를 없애듯이 약간 덮어서 핸드 퍼스트로 하고, 그대로 아이언에서와 같이 쳐 버린다. 이 경우 그립을 약간만 쥘 정도로 짧게 쥐면 더욱 치기 쉬워진다.

원래 이 타법은 기술의 쇼트라고도 말할 수 있기 때문에, 요령이 붙기 어렵다면 일반적인 제거 타법을 우선 연습하고 그 다음에 핸드 퍼스트로 하는 방법도 있을 것이다.

● 스웨이의 방지를

샤프트가 길은 우드 골프채를 잡으면 백 스윙 플로우에서 좌우로 몸을 움직이는(스웨이) 일이 많아지게 된다. 이것은 자연스러운 것이

우드의 백 스윙

라고 단정해 버리는 틀린 생각을 하고 있는 쪽에 그 원인이 있다.

우드 골프채의 활 모양이 큰 것은 샤프트가 길기 때문에 필요 이상으로 팔을 펴서 커다란 활 모양을 만들 필요가 없다. 아이언을 휘두르거나 우드를 휘둘러도 자신의 팔의 길이는 변하지 않는 것이다.

마찬가지로 백 스윙을 한다면, 결과적으로 커다란 활 모양이 그려질 수 있으므로, 굳이 그 차이를 말한다면 백 스윙에서 콕이 우드 경우 아이언 보다 약간 늦는 정도라는 것이다.

그러나 이것도 하나의 원칙이 있어서 콕이 매우 빠른 사람이 있는가 하면 아이언에서도 콕을 하지 않는 사람도 있다. 콕을 정확히 하기는 어렵고, 손목이 틀리는 방향으로 꺾이기가 쉽다. 그 결과 미스 쇼트가 되기 때문에, 콕을 될 수 있는 대로 하지 않는 편이 좋다는 프로가 많다.

안정되어 있는 프로의 **톱 스윙**

상으로 보아 우드를 잡았다고 해서 크게 휘두른다는 것은 잘못된 것이다라는 느낌이 들 것이다. 백 스윙에서 팔의 스피드에 주의하는 것이 매우 중요하다.

샤프트가 길고, 헤드는 아이언보다 멀리 돌아서 톱으로 오기 때문에 갑자기 휘둘러 올려서는 안된다. 이 때문에 백 스윙을 크게 하지 않고, 비교적 천천히 휘둘러 올리는 것이 타법의 하나라고 기억해 두는 편이 좋을 것이다.

● 핸드 업과 핸드 다운

어드레스에서 그립을 했을 때, 손목이 상하로 구부러지는 상태에 따라서 핸드 업과 다운이 된다. 핸드 다운은 정확히 백 스윙해서 허리 높이까지 팔이 오는 곳에서 손목이 구부러지는 콕을 어드레스 동안에

어드레스도 자연형태로

하는 상태이고, 백 스윙의 시작부터 콕하는 아리 콕의 스윙이 된다.

콕이 잘못된 형태가 되기 쉬운 사람은 이 핸드 다운에서 어드레스하고, 백 스윙 중에는 노 콕을 의식하고, 다운 스윙의 임팩트에 들어서서 단숨에 언 콕하면 좋은 결과가 생긴다.

콕, 언 콕(콕을 되돌린다)은 공에 펀치 효과를 주기도 하기 때문에 간단한 스윙을 하기에는 이 타법이 합리적이다. 그러나 스윙의 리듬을 생각하면 마이너스 면도 있어서 허리의 높이에서 콕했던 쪽이, 백 스윙이 부드러워지고 리드미컬한 톱이 안정되기 쉬운 기분이 든다. 사람에 따라서 다르겠지만 힘을 뺀 유연한 백 스윙을 만드는 것을 첫번째로 기억해 두기 바란다.

8. 어프로치에
강해지기 위해서는

피치 앤드 런의 스윙은

● 스코어 메이크의 결정적인 방법

처음 얼마 동안은 연습을 많이 해도 쇼트에서 커다란 실수가 자주 생기기 때문에 점수를 계산하는 것은 그린 주위에 와서 합산하는 것에 비중을 두고 있다. 1라운드에서 이 합산이 좋을지, 어떨지로 4개라든가 5개 스코아가 달라지기 때문에 어프로치에 익숙해 지고 싶은 것이다.

팅라운드의 쇼트를 봤을 때, 어찌될까 하고 생각해도 결국 그 호올을 마치고 보면 나이스 쇼트를 했던 것에 대해서 변함이 없다라고 말하는 사람이 있지만 이것은 그린 주위를 잘 처리했던 것에 따른 경우가 많기 때문에, 생력적(省力的) 골프를 지향하는 우리는 이것을 중요한 일로 받아들여야 한다.

어프로우치는 그린까지의 거리가 50미터 정도일 경우, 30미터 정도일 경우, 그리고 1미터부터 2,3미터일 경우, 여러가지 경우가 있지만, 타법 그것은 실수가 적은 피치 앤드 런과 러닝의 2종류로 처리할 수 있다. 가장 중요한 것은 그린에 가까운 곳에 와서 다시 세 번의 실수를 하지 말도록 해야 한다. 그런 주위에서의 실수 쇼트는 제1타라든가 제2타의 실수와 달라서 거의 회복 시킬 수 없고, 그대로 스코아가 계산이 된다. 이 때문에 방향각이라든가 거리에 힘을 조절하는 데에 신경을 써서 실수 쇼트가 나오지 않도록 치는 일에 전념하는 것이 중요하다.

● 피치 앤드 런

9번 아이언을 잡아 보자. 지금까지의 7번과는 페이스가 틀리지만 그만큼 공을 페이스에 얹어 놓기 쉬운 느낌이 들 것이다. 피치 앤드 런은 아이언의 로프트를 지난 공을 올려서 떨어뜨린 다음 굴려서 그린의 깃대로 밀어 넣는 것을 목표로 해서 치는 방법이기 때문에 굴러가는 길이를 처음부터 알고 있어야 한다. 연습장에서는 대개 깃대가 서있거나, 또는 거기에 가까운 표지가 있기 때문에, 그 표시를 목표로 해서 굴려주기 바란다.

● 어프로치의 10포인트

① 상황을 판단해서 좀더 완전하고 성공이 확실한 방법을 택한다.

② 러닝은 부끄러운 일이 아니고, 고등적인 기술이다. 실수가 적은 방법으로서 생력 골프에서 많이 사용되고 있다.

③ 어드레스에서 방향을 정확히 맞춘다. 짧은 쇼트이기 때문에 공이 날으는 방향을 명확하게 할 것.

④ 공은 중앙에 위치하도록 한다. 오른쪽 발가락 앞쪽에 위치하는 것이 굴리는데 좋은 방법이다. 자신에게 맞는 위치를 잡는다.

⑤ 핸드 퍼스트로 해서 7번 아이언의 로프트를 충분히 세워서 페이스를 라인에 맞게 한다.

⑥ 백 스윙은 작게, 오른쪽 팔뒤꿈치와 오른쪽 허리 중간 정도(거기에 따라 다르다)에서 멈춘다. 콕은 재빠르게(이것도 자신에 맞는 방법으로).

⑦ 임팩트에서는 절대로 더블 플레이 하지 말 것. 체중을 왼쪽 다리에 완전히 두는 사람도 있다.

⑧ 폴로우에서는 골프채를 의식해서 되돌리지 않는다. 왼손 손등을 공이 날아가는 쪽으로 향하게 둔 채, 백 스윙 넓이 정도에서 밀어낸다.

⑨ 피치 앤드 런은 쇼트가 작은 스윙이라고도 말한다. 페이스는 다소 되돌린다.(특히 의식할 필요는 없다)

⑩ 작은 스윙은 빨라지기 때문에 천천히 올린 펀치로 하는 히트가 바람직하다.

〈힌트〉

작아지면 작아질수록 타이밍이 중요하다. 타이밍의 박자를 놓치지 않도록 주의한다.

스탠스는 보통 쇼트보다 작은 것으로 하고, 백 스윙, 폴로우, 피니시는 좌, 우 양쪽의 허리 높이에 그립이 올 정도로 짐작해 두기 바란다. 치는 거리에 따라서 작거나 적은 경우도 있지만, 그것은 연습에 따라 자신이 거리의 목표를 세워 둘 필요가 있다. 전체적으로 는 느린 스윙이라도 리듬이 잘 맞아야 한다. 공의 위치 는 왼쪽 발뒤꿈치 선상보다

피치 앤드 런에는 리듬이

는 한 두 개의 공을 중앙에 놓는 것이 좋다. 스탠스는 약간 오픈 방식이 치기 쉬울 것이다.

왼쪽 팔을 구부리지 않을 정도로 펴는 것과 같이 백 스윙할 때, 양팔의 콕이 매우 빠르게 된다. 7번 아이언으로 양팔의 콕을 오른쪽 허리 주위에서 시작하지만, 9번 아이언의 피치 앤드 런의 경우는 백 스윙을 시작한 다음 페이스가 움직인다면 이어 콕을 시작해도 좋다.

페이스의 방향에 주의

이 경우 콕이 잘못되면 방향 각도도 빗나가기 때문에 처음부터 약간은 핸드 다운으로 준비해 두는 것도 하나의 방법이 된다.

쇼트가 가볍고 작기 때문에 전체적으로 릴랙스한 기분으로 하는 것이 가장 중요하다. 그렇기 때문에 의식하고 스윙의 축을 왼쪽 다리에 두면(체중을 왼쪽 다리에 둔다) 티프리 실수를 막을 수 있다. 작은 스윙이 되기 때문에 "허리의 회전을 의식하면 몸이 쉽게 움직여지기 때문에 어깨를 휘두르는 느낌으로, 양쪽 어깨의 스윙을 생각하면 훨씬 경기에 임하기가 쉽다.

또한 백 스윙을 하기 쉬운 방법으로 피치 앤드 런의 경우는 오른쪽 팔로 치켜 올리는 기분으로 하면 빠른 콕으로 예리한 골프채를 올리

쇼트 어프로우치에서는 어드레스에서 임팩트 형을 취하는 사람이 많다. 몸의 동작은 작기 때문에, 그것이 가능해서 안전하다. 그러나 프로는 무릎을 사용해서 강세를 자유대로 가감하고 있다. 이것은 연습으로 파악해 주기 바란다.

거리가 짧고 충분히 쇼트하지 않을 때는 오른손을 대돌리지 않는 쇼트가 필요하다. 기술의 쇼트라고도 말할 수 있지만, 페이스를 비구선으로 향한 대로 피니시가 된다. 방향보다 강세의 가감이 좋은 효과가 있다. 그러나 백 스윙은 대개는 올리는 방향.

기 쉽다. 그렇게 두고 이번에는 왼팔을 펴서 무딘 감각으로 어드레스 상태에서 휘두르면 감각을 파악하기 쉽다.

핸드 퍼스트의 준비 자세는 아이언과 공통적이기 때문에 이 경우도 마찬가지로 칠 때에 양팔을 치켜 올리는 동작을 일체하지 않고서 골프채의 로프트를 밀어 보자. 올리는 기분은 전방에 벙커가 있는 경우 등에서 특히 강하지만 연습장에서 자신의 공 높이를 파악해 둔다면 자신을 갖고 칠 수 있을 것이다.

작은 쇼트에서의 헤드 업은 치명적인 미스를 불러일으키기 쉽다. 특히 재크리라든가 톱이라는 커다란 미스를 유발한다. 또한, 그만큼 미스가 없어도 머리가 올라 가는 것에 따라 페이스의 방향이 바뀌고, 방향 각도에 차질이 생기는 일도 알아 두자.

● 요령은 금지

코스에 나와서 이렇게 쇼트가 필요해질 때, 이것이 몸에 익숙하지 않아 벌벌 떠는 쇼트가 되기 쉽다. 그러나 여기서는 처음부터 실수를 예감한 쇼트가 되기 때문에 거의 70, 80% 실패할 것이다. 생력적 골프는 처음에 아이언으로 강하게 치는 것이 목적이기 때문에 이러한

머리가 충분히 남아 있는 어프로우치

경우가 된다면 가장 훌륭한 상태가 되는 것이다.

쇼트의 전체적인 콘트롤은 백 스윙을 크게 할 수 있다. 스윙 도중에 급하게 힘을 빼고 임팩트에서 조정을 하려고 하는 것은 틀린 방법으로 실수가 그만큼 많아진다. 자신이 이정도의 세기가 좋다고 백 스윙에서 결정한다면 반드시 2~3회의 연습 스윙을 반복하여 공에 어드레스한다면 그 세기로 치는 일에만 전념하는 것이 요령이다.

또한 결과를 빨리 보려고 해서 생기는 헤드 업 실수도 이러한 쇼트에서는 많이 볼 수 있다. 헤드 업하는 일은 치기 전에 몸을 일으키는 것이다. 이 때문에 공의 방향이나 세기도, 정확한 임팩트노 모두 빛나가 버린다. 처음 얼마 동안은 친 다음을 의식해서 주시하는 정도로 머리를 내린 상태로 두는 것이 필요하고, 잠시 서서 공의 행방을 살피는 것이 실수가 덜 생긴다.

이러한 쇼트는 연습장에서도 가능하다.

멀리 날리는 쇼트가 아니고 계산적인 쇼트이기 때문에 그 만큼 결과가 걱정이 되지만, 그 계산적인 쇼트는 딱 맞게 칠 수 있는 것이다.

● 작은 쇼트로 충분히 연습

7번 아이언으로 연습할 경우 페이스 중앙으로 치는 연습을 위해서 양쪽 어깨만을 움직여서 팔을 공이 날아가는 쪽에서 가능한 만큼 빨리 움직일 수 있는 방법을 설명했지만 피치 앤드 런에서 9번 아이언도 양팔을 공이 날아가는 상태에서 움직일 수 있는 연습을 해보는 것이 좋다. 그리고 콕, 더욱이 폴로우에서 허리를 움직여 본다 라고 하는 단계적인 방법도 효과가 있다. 왼팔이 피니시에서 몸의 좌측으로 돌아가 버리면 걸치게 된다.

러닝의 타법

● 러닝 어프로우치

피치 앤드 런이 그린으로부터 30~40미터의 거리라면, 러닝 어프로치는 그린으로부터 4~5미터 이내로 오는 경우에 사용할 수 있다.

물론 이 경우도 보다 작은 피치 앤드 런이라든가, 깃대가 있는 곳에서 멈추는 방법도 있겠지만, 안전한 방법은 역시 굴려서 하는 것이다.

사용하는 골프채는 깃대의 거리에 맞게 서서히 길다란 아이언을 사용하는 방법도 있지만 생력적 방법은 7번 아이언으로 전부 소화시키는 방법이 처음 얼마 동안은 성공 확률이 높다.

스탠스는 거의 양다리를 사용하는 범위 내에서 좁혀도 상관 없다. 다소 벌려도 물론 상관은 없겠지만 공의 위치는 양쪽 다리의 중앙에 위치하도록 한다. 핸드 퍼스트로 해서 7번의 로프트를 다소 누르는 기분으로 덮는 방법을 취하는 것이 실수가 적다.

전체적으로 롱 퍼트의 필링에서 치는 것이라고 생각하는 편이 좋고, 손목의 콕은 사용하지 않는다. 피치 앤드 런이 백 스윙과 거의 동시에 콕을 시작한다는 것과는 대조적으로, 백 스윙에서의 골프채를

굴리는 거리를 먼저 생각한다.

올리는 방법은 원만한 각을 이루게 된다.

결국 공이 날아가는 방향을 따라서 양쪽 어깨를 휘두를 의도로 가볍게 올려서 어드레스의 위치에서 그대로 되돌리는 느낌이 좋다. 백 스윙 넓이는 오른쪽 무릎과 오른쪽 허리 중간 정도가 톱이고, 다운 스윙은 무릎을 좁혀 가면서 공을 운반하는 듯한 기분으로 치는 것이 바람직하다.

주의할 것은 어디까지나 러닝이기 때문에 페이스를 퍼터와 같은 기분으로 움직여서 보통 쇼트처럼 칠 필요는 없다. 로프트가 딸린 퍼터로 친다라는 기분으로 하는 편이 좋을 것이다.

페이스 중앙에 공을 맞칠 것을 생각하고 치기 바란다.

• 연습 그린에서 육감을 살린다

작은 백 스윙으로 단단하게

　페이스의 로프트를 약간 덮은 어드레스는 항상 일정하게 해두고, 연습장에서 굴리는 연습을 하자.

　대개 굴리는 방식으로 4분의 3 정도를 하지만 이것은 어드레스의 핸드 퍼스트 방식에서 다르다.

　4, 5종류의 아이언을 사용해서 러닝 거리를 각각 로프트대로 어드레스 해야 한다. 그렇지만 여기서는 7번 아이언 한 개로 백 스윙의 크기에 따라 구르는 거리를 계산하기 때문에 자신이 치기 쉬운 어드레스를 결정한다면 그 형을 무너뜨리지 않도록 할 필요가 있다.

　의외로 다프리 보다 톱의 실수가 생기기 쉽다. 그것은 확실히 핸드 퍼스트를 하는 것에 따라 막을 수 있다.

　그린 가장자리에서 깃대가 곧바로 있으면 실수 쇼트는 치명상이 된다. 여기서도 헤드 업은 절대로 피해야 한다. 또한 거리를 맞추는

머리를 남기는 방향 각도도 정확하게

것도 중요하고 퍼트와 마찬가지로 그린의 어느 곳에서 굴릴 것인가, 이러한 계산도 충분히 해야 한다. 이 러닝이 1퍼트권 안으로 들어올지 않을지는 직접 스코아에 영향을 준다. 자신이 굴리는 라인으로 양쪽 팔을 움직이는 일이 필요하므로 그 궤도가 빗나가면 치기 전에 방향 각도가 달라져 버린다.

연습장에서는 피니시로 양쪽 팔을 되돌리지 않은(오른쪽 팔이 왼쪽 팔의 아랫쪽에 있다) 경우와 양팔을 되돌린 경우에 공이 어떤 영향을 받는가를 연구해 보는 것이 좋다.

페이스 그것은 피니시할 때, 공이 날아가는 방향에서 정면으로 대하지 않고, 얼마쯤 회전하는 것이 바람직한 러닝이라고 할 수 있지만, 이것도 피니시의 크기에 관계되는 미묘한 경우이기 때문에 중요한 것은 자신만의 육감을 살리는 일이 가장 중요하다 하겠다.

잔디에 침해당하지 않는 계산이 가장 중요

　프로 사진을 보면 모두 양 무릎을 유연하게 움직여서 공을 밀어내고 , 역 자형을 만들고 있다.

　커다란 쇼트의 니액션에도 통용되므로 머리를 그대로 둔 채 무릎을 사용하는 연습은 여러가지 의미를 지니고 있다. 오른쪽 팔을 공이 날으는 방향으로 펴서 내미는 것은 그것이 허리 높이에 온 다음에 콕이 되고, 왼쪽 머리 부분에 오기 때문에 풀 쇼트의 피니시가 나타나고, 러닝은 스윙 양팔의 궤도를 특히, 다운 스윙부터 피니시에 걸쳐서 그 궤도를 아는 것이 도움이 된다.

● 처음부터 임팩트 자세도

　이 러닝은 보다 간략하게 하는 방법으로서 어드레스하는 중에 양쪽 무릎을 역자형으로 하고, 허리도 들어간 임팩트 자세를 만드는 방식

골프채의 선택도 매우 중요한 러닝

도 있다. 이 경우는 양쪽 어깨의 스윙 만으로 몸을 움직이지 않고, 백 스윙한 다음 원래 있었던 곳으로 골프채를 되돌리기만 하는 방법이다.

러닝에서는 몸의 움직임이 극히 작기 때문에 다운 스윙에서 처음에 무릎을 움직여 버린다. 방향 각도를 정확히 하려는 것이다. 일단 골프채 페이스가 되돌아 오는 것만을 주시하고, 거기에 골프채를 부딪친다. 공이 올라가는 방법과 굴리는 방법이 조금 다르지만, 목적은 자기 나름대로의 직감을 살리는 일이기 때문에 하기 쉬운 방법이 좋다.

또한 어드레스 할 때, 몇 번이고 무심결에 깃대와 공과를 연결하는 선을 확인하기 때문에 상체가 일으켜지지 쉽고, 어깨라든가 허리가 지는 것에 따라서 서서히 오픈되기 쉽다. 특히 허리가 들려 버리면, 다운 스윙에서 더욱 허리가 돌아 간다면 방향이 빗나가기 때문에 이 점에서도 주의해 주기 바란다.

러닝은 반 라이너로 공이 약간 날고, 거기서부터 굴러가는 것이다. 자기 나름대로 공을 날리는 방식을 익혀 두면 공이 떨어지는 위치를 알 수 있고, 거리를 파악하기 쉽다.

거리와 방향 이 두 가지가 딱 들어 맞아야 깃대에 정확하게 어프로우치를 할 수 있는 것이기 때문에 한 쪽에서 실패한다면 아무것도 되지 않는다. 방향은 어드레스에 의해 정해진다. 연습장에서는 어드레스의 몸의 방향에 따라서 공이 날아 오르는 방향을 자기 나름대로 생각해 보고 하나의 유형을 익혀주기 바란다. 그렇게 한다면, 거리만 문제가 되어 성공 확률은 높아진다.

스탠스는 오픈에서도, 스윙에서도, 클로즈에서도, 자신의 타법으로 그것이 일정한 형이 되지만, 쇼트 어프로우치에서는 매우 중요하다고 생각한다. 예를 들면, 오픈으로 해서 밀어내는 기분으로 치는 방법이 생각했던 방향으로 쉽게 나간다면 그 방법으로 정한다는 것이다.

9. 벙커에 강해지기 위해서는

로라 보

벙커 쇼트의 스윙은

● 벙커는 어렵지 않다

호올의 공략(攻略)으로 프로는 일부러 벙커를 노리고 치는 경우가 있다. 벙커에 떨어져도 특별히 심한 앨리슨 벙커가 아니고, 공이 모래에 반 정도 잠기는 듯한 잘못된 라이가 아니면 오히려 풀이 자란 라이보다 치기 쉽기 때문이다.

벙커에서는 페어 웨이 도중에 있는 비교적 얕은 사이드 벙커(페어 웨이를 크로스한 것은 크로스 벙커)와 그린 가장자리에 있는 가이드 벙커(그린 벙커)로 크게 두 가지 위치로 구분하는 것이 있지만, 쇼트의 목적에 따라 치는 방법이 달라진다.

● 깨끗하게 치는 사이드 벙커

파아 4의 보통의 호올에서 제1타를 벙커에서 한다면 거기부터 그린까지의 거리는 상당히 길다. 벙커의 테두리가 그린을 향해서 높은(깊다) 경우는 사이드 웨지로 나가게 되지만 모래 위에 공이 놓여 있고, 더욱 거리가 적당할 때에는 애용하는 미들 아이언(6, 7번)으로 풀위에서와 마찬가지로 깨끗하게 치기 바란다.

벙커라고 해도 이 경우는 특수한 타법이 없다는 것을 알아 두자. 여하튼 골프채 페이스를 공에 직접 맞히면 좋다. 결국 더퍼 해서는 안된다. 더퍼 경우는 연습장의 매트라든가 풀과는 틀려서 모래는 부드럽기 때문에 골프채가 숨어 버린다. 공은 1미터도 움직이지 않게 된다. 더퍼를 없애는 타법은 자연(自然)으로 상상(想像)이 만든다고 생각되지만, 실제로는 체중을 왼쪽 다리에 많이 두고, 핸드 퍼스트를 보통의 쇼트보다 더욱 의식해서 다운 브로우로 공을 포착해서 칠 경우 나타나는 것이다. 벙커에서 밀어내야 한다는 의식이 너무 강한 상태에서 팔을 올리려고 하면 어퍼 브로우가 되어 공의 앞으로 골프채가 들어가 버리고 만다.

● 벙커 쇼트의 10포인트

① 사이드 웨지의 구조를 알고 그 성능을 절대로 신뢰할 것. 정확히 친다면 100% 나간다고 볼 수 있다.

② 페이스의 구조에서 연습으로 소올해 보고 평상시부터 그 라이로 핸드 퍼스트 되는 것을 알아둘것.

③ 페이스를 약간 벌리면(오픈) 얕은 모래로 들어오기 쉽지만, 오픈은 마음 만으로 좋다.

④ 모래에 빠지게 되어 치는 것이지만, 활 모양의 최저점은 공 바로 앞쪽(우측)이 아니다.

⑤ 피치 앤드 런과 같은 정도의 콕에서 어깨의 회전을 충분히 의식해서 백 스윙 한다.

⑥ 톱에서 다운 스윙에 걸친 타이밍은 보통 쇼트와 같다. 너무 빠르지 않고 힘이 우선.

⑦ 실수는 모래에서 너무 많이 발생했다. 오뚝이를 잡는 느낌으로 공의 아래를 얕게, 재빠르게 통과 시킨다.

⑧ 팔로 올리려고 하면 활 모양이 부자연 스럽게 된다. 활 모양은 세로 형태의 원이다.

⑨ 페어 웨이 벙커는 그린에서 친다. 테두리의 높이와 자리에 따라서 생각한 것보다 로프트의 하나 위의 골프채가 안전하다.
⑩ 어프로우치와 마찬가지로 상황 판단으로 실수를 없애도록 하자. 칩쇼트나 러닝도 넓이를 유지하기 바란다.
〈힌트〉
요령은 금지. 아이언의 보통 쇼트와 같은 크기로 꽉 잡아 뺀다. 페이스의 등을 완전히 떨어 뜨리는 느낌도 좋다.

아이언은 위로 치는 방법이 공을 날릴 수 있기 때문에 어드레스에서 이것을 의식할 필요가 있다. 발판이 부드럽기 때문에 단단히 스파이크로 발을 굴러야 한다. 미묘한 일이지만 이때 다리를 모래 속으로 1센티나 2센티 넣으면 그 만큼 신장이 낮아지기 때문에 골프채도 그것을 의식해서 짧게 쥘 필요가 있다.

공은 의외로 높게 올라간다.

샌드 웨지를 신뢰하자.

같은 크기로 쥐고, 같은 모양으로 휘두른다면 골프채는 생각 보다 빨리 모래에 닿아 버린다.

벙커 안은 골프채를 소올할 수 없기 때문에 의외로 실패를 하는 경우가 많다. 어드레스에서 소올하지 않고 깨끗하게 치는 것은 그만큼 어려운 일이다. 단지 평상시에 연습을 소홀히 한 것은 실수가 많아진 원인이다.

연습장의 매트 위에서 아이언을 소올해서 친 다음에 공이 위로 떠서 소올하지 않고서 쳐도 거의 바꾸지 않고 칠 수 있을 것이다. 그것이 벙커 안에서는 가능하지 않은 것이 이상하다. 페어 웨이 벙커의 경우는 연습장 매트 위에서 충분히 연습 할 수 있고, 그것을 할 필요가 있다는 것을 알아 두자.

●가이드 벙커는 나가는 것이 제일

그린 가장자리에 있는 벙커는 상당히 깊다. 여기서는 소위 말하는 익스프로젼 쇼트가 필요하다. 이것은 공의 바로 앞쪽의 3센티 정도의 위치에서 골프 페이스가 놓여지고 모래가 튀어 올라서(폭발) 공을 날리는 방법이다. 이것은 아메리카의 명수 진샐러젼이 벙커용 샌드 웨지를 고안했는데, 이 웨지를 사용한다면 자연히 공이 날아가 주는 것이라고 생각한다. 샌드 웨지는 페이스의 아래 부분을 부풀려서 골프채가 모래 안으로 너무 감기지 않도록 할 수 있기 때문에 타법만 틀리지 않는다면 100% 벙커로부터 탈출할 수 있다. 우선은 골프채를 신용하자.

스탠스는 샤프트가 짧기 때문에 조금은 오픈이 자연스러운 형. 물론 오픈이 아니라도 좋지만 오픈의 방식이 호주머니가 깊게 된다. 게다가 목표에도 맞기 쉽다.

웨이트는 왼쪽 다리에 많은 비중을 둔다. 어프로우치의 쇼트와 같다. 처음에 임팩트 형을 만들어 놓고, 양어깨를 휘둘러 백 스윙하고, 원래 있는 곳에서 페이스를 되돌리는 느낌이 쉬운 방법일 것이다.

다만, 모래 위에서 소올할 수 없는(골프채 페이스를 붙히지 않는다) 것과 공의 바로 앞쪽의 3센티 정도의 모래가 있는 곳에 페이스를 넣어 주기 때문에 어드레스부터 임팩트까지 공을 주시하지 않고, 골프채를 들여 놓은 모래를 보고 있을 필요가 있다.

백 스윙에서 톱, 다운 스윙에 걸쳐서 왼팔을 펴는 것이 가장 중요하므로, 이것이 신축되면 의도했던 곳으로 골프채가 되돌아 오지 않는다. 또한 콕은 보통 통용적으로 말하지만 전방

의 바로 옆에 테두리가 있고, 그것이 높은 경우는 공을 높이 올릴 필요가 있기 때문에, 사람에 따라서는 재빨리 권하는 사람도 있다.

그러나 초보자가 대부분 저지르는 실수는 연습 부족에 의한 자신감의 결여로

여기서도 헤드 업은 금지

(불안감), 결과를 빨리 보려고 하는 헤드 업 때문에 생기는 경우가 많다. 왼쪽팔을 중심으로 왼쪽 다리에 웨이트를 두는 느낌으로 스윙, 빈틈없이 휘두르는 일이 가장 중요하다.

특히 왼쪽 다리 웨이트가 매우 중요하다.

왼팔 리드의 필링으로

오른손으로 공의
밑을 제거하는 느낌도

모래를 너무 제거하는 것은 위험하다

공의 위치는 왼쪽 발뒤꿈치 선상이나 약간은 중앙쪽이 좋다. 골프
채 페이스를 벌리는 방법이 내보내기 쉽지만, 너무 벌리면 소켓(샤프
트로 친다)의 위험도 생긴다.

그보다 골프채가 구조상 내보내기 쉽게 되어 있기 때문에 특별히
궁리하지 않고 마음속으로 오픈 기분에서 페이스로 어드레스 하면
하고 해석하는 편이 좋을 것이다.

또한 벙커 쇼트를 모래에서 내리 친다고 생각하는 것은 실패의
원인이 된다. 모든 아이언 쇼트는 내리치는 스윙이기 때문에 특별히
벙커이니까 라고 해서 의식할 필요는 없다.

공의 10센티 정도 앞(좌)이 스윙의 최저점이라고 생각하고, 페이스
는 공의 3센티 정도 앞에서 보이지 않게 모래속에 잠길 정도가 좋
다. 예각(鋭角)에서 때리지 말고, 완만한 둔각(鈍角)으로 페이스는
가해진다.

벙커 공략의 요령

● 모래를 너무 제거하면 실수가 된다

벙커 쇼트는 익스프로견이라는 것에서 힘껏 골프채를 박아 전력을 다해서 휘둘러 버리는 사람이 많다. 그러나 치는 거리는 기껏해서 10미터 이내가 되고, 그러한 곳에서 실수를 일으킨다면 뜻하지 않는 결과를 낳게 된다.

이것은 역시 내리친다눈 의식이 너무 강하기 때문에 처음 얼마 동안은 모래를 떠내는 양이 어느 정도 인지를 확실히 알아 두는 편이 좋다.

연습장의 벙커의 모래는 대개 해안에 있는 모래여서 의외로 무겁지 만 골프채로 치기 전에 손바닥으로 떠내보자. 특별한 쇼트가 아닌 한은 한쪽 손 손바닥에 모래가 가볍게 가득히 될 정도의 모래밖에 떠내지 못한다.

공을 모래 위에 올려 놓고, 그 아래를 매우 얕게 골프채가 통과하 는 것 만으로 충분한 쇼트가 된다. 깊이는 고작해서 5밀리에서 1센티 로 골프 페이스가 통과하고 스윙의 최저점이 되는 공의 앞(좌측)에서 도 2센티 정도의 깊이 밖에 안된다.

골프채 페이스 잠수 상태를 연습으로 파악하기 바란다

거의 모래를 취하지 않는 벙커 쇼트의 연습에서 때리는 의식이 어떻게 실수를 유발하는 가를 알 수 있을 것이다.

팔의 동작은 우드와는 반대로 바뀌는 것이 없기 때문에 샤프트가 짧은 샌드 웨지라고 해도 활 모양 중에서 공을 포착하는 의미와 같다. 활은 원에서 공이 있는 곳을 접점으로 하는 원이 아니라는 것을 머리속에 염두해 두자.

때린다는 의식이 강하면 공이 정점이 되는 원추형 같은 활 모양이 되어 버린다.

머리속에는 모래 위에 놓여 있는 세면기의 바닥을 기어 들어갈 수 있는 골프채가 덧그린다는 기분으로 하면 좋을 것이다.

● 골프공'은 가장자리에서 모래로

모래는 의외로 조금 밖에 제거하지 않는다.

　초보자가 꺼리는 것은 골프공의 아랫 부분이 모래 속으로 들어가 있는 상태이다. 이것은 프로도 꺼려하는 것이기 때문에 운이 없다고 단념하고, 그곳에서 최대한으로 탈출할 것을 명심할 수밖에 없다.

　골프채 페이스는 라이 상태가 좋을 때보다 골프공이 가장자리에서 다소 깊게 들어가 있다. 이것도 골프공의 상태에 의하지만 모래를 너무 제거하는 것 같이 하면 공은 나와주질 않는다.

　다소 때리는 의식이 좋지만 이것은 연습장의 벙커에서 공을 묻고 치는 연습을 하면 효과가 생긴다.

●벙커 안의 칩도

　그린 샌드의 벙커는 깊은 것이 많지만 테두리가 낮은 것도 상당히 있다. 이러한 경우 깃대도 공을 밀어낼 때 전부 익스프로션 쇼트해야

골프공의 연습은 연습장에서 몇 번이나 할 수 있다.

하는 것은 아니다.

7번 아이언, 혹은 6번 아이언에 따른 칩 쇼트도 효과적이다. 이것은 잔디 위에서 하는 러닝 어프로우치의 타법과 비슷해서 익스프로젼보다 거리를 계산한 타법이 가능하다. 타법 그것은 잔디 위에서 거의 바뀌지 않는 페이스 센터에서 공을 직접 포착하는 것에 실패만 하지 않으면 된다.

러닝과 마찬가지로 스탠스를 좁히고 핸드 퍼스트를 의식하고, 체중을 확실히 왼쪽 다리에 둔다. 보통의 벙커 쇼트처럼 공 바로 앞의 모래를 보고 치기 힘들다. 골프채의 로프트를 약간 덮는 기분으로 공을 위로 1센티 미터 정도인 곳에 올 수 있도록 어드레스 했다.

적은 규모로, 물론 느리게 백 스윙해서 공을 직접 친다. 이 경우 페이스를 위로 던질 속셈으로 하는 방법이 성공하기 쉽다. 어쨌든 적어도 더퍼 한다면 공은 날아가지 않기 때문에 직접 치는 것만 단념한다.

공은 2, 3미터 정도의 라이너로 날아가고, 테두리를 넘어서 굴러간다. 벙커 안에서 러닝해도 할 수 있지만, 이것은 테두리의 비교적 낮은 벙커에서 그린까지 10미터나 50미터, 소위 꺼려하는 거리의 벙커에서는 위력을 발휘한다.

● 경우에 따라서는 피터도

벙커에 들어 간다면 무엇이 어찌 되어도 센드 웨지라는 생각은 생력적 골프에서는 바람직하지 못하다. 가능한 한 쉬운 방법으로, 성공 확률이 높은 방법을 취하는 것이 스코어에 밀접한 관계가 있다.

테두리가 낮은 벙커에서 굴리는 것도 가능한 장소가 많이 있다. 칩 쇼트도 좋지만 퍼터로 굴리는 것은 더욱 간단하다. 물론 거리에도 관계가 있지만 상황을 본다면 직접 호올에 들어가는 것도 있다.

10. 퍼트에
강해지기 위해서는

캐시 톰슨

퍼팅의 기본으로는

● **역 오버랩의 그립**

퍼트에 포옴은 없다고 할 수 있다. 또한 퍼트는 기술이 아니다라고 말하는 사람도 있다. 공을 굴려서 호올에 넣기만 하는 것이기 때문에 골프채를 어떠한 그립으로 하든지, 백 스윙을 어떤 식으로 올리든지, 필요한 방식으로 넣어도 상관 없다는 셈이다.

확실히 말 그대로이지만 공과 호올을 연결하는 선과 그 연장선을 넘어서 퍼트하려는 것이나, 호올을 향해서 서서 공을 끌어 당기는 것은 루울에서 금지되어 있기 때문에, 친다면 어떻든 어드레스가 필요하다. 공을 구멍으로 향해서 정확히 굴리기 위해서는 퍼터의 헤드는 구멍을 향해서 곧장 쳐야만 한다는 것이 된다.

그립은 공과 호올을 연결하는 라인에 될 수 있는 만큼 평행하게 움직이도록 잡는 것이 퍼트의 최소한의 기본일 것이다. 베이스 보울 그립에서도 좋다. 혹은 보통의 쇼트 그립에서도 좋다. 그러나 특별한 힘을 필요로 하지 않기 때문에 양쪽 팔이 평행하게 움직이도록 보조를 맞추는 것이 좋다.

일반적으로 말하고 있는 것은 역 오버 랩의 그립이다. 우선 왼손의 엄지 손가락을 샤프트의 중앙에 놓고, 왼손의 손등이 호올의 선으로 정확히 향하도록 한다. 왼손과 손등과 페이스의 방향이 일치하도록 한다. 오른손 손바닥도 페이스의 방향과 같게 한다. 보통 쇼트의 그립으로는 왼손 집게손가락이 오른손 새끼손가락을 위에서 감싸준다.

오른손은 다섯 손가락으로 샤프트를 쥐고, 왼손은 집게손가락이 펴있기 때문에(오른손 새기손가락의 위로) 4개의 손가락으로 잡는 것이다. 정확히 보통 쇼트의 오버랩 그립의 반대가 되기 때문에 역 오버 랩 그립이라 한다.

왼팔로 방향각을 고정시키고 오른손으로 거리감을 맞추는 방법이다. 가능한 한 방향각과 거리를 정확히 맞추려고 하는 것이기 때문에 힘은 들지 않는다. 그렇기 때문에 그립 전체는 부드럽게 잡는 것이 중요하다. 좌우의 스트록을 선대로 움직이므로, 양손의 엄지손가락의 위치가 의외로 미묘해서, 두개의 엄지손가락은 각각 집게손가락과 꽉 붙이면 스트레이트 동작이 쉬워진다.

● 퍼팅의 10포인트
① 그립은 역 오버 랩. 물론 기호와 자신에게 맞으면 좋다.
② 왼손 엄지손가락과 오른손 엄지손가락과 함께 샤프트 센터를 누르고, 각각 집게손가락에 붙인다.
③ 라인에 따라서 페이스가 정면으로 대하고 있다. 이것이 가능하지 않으면 틀린 스트록이 되기 쉽다.
④ 라인 위를 페이스와 양 팔로 스트레이트로 움직인다.
⑤ 공의 위치는 왼쪽 눈 바로 밑보다는 약간 왼쪽. 이 방식이 폴로우 하기 쉽다. 왼쪽 다리에 무게를 둔다.
⑥ 손목을 고정하거나 친다. 스트레이트를 내는 것은 손목을 고정하는 방법이 안전하다.

> ⑦ 스윙한 다음은 타이밍이 문제이다. 포워드 프레스에서 타이밍
> 박자를 맞춘다.
> ⑧ 앞쪽으로 심하게 기울이기 때문에 헤드 업은 즉시 실수로 이어진
> 다.
> ⑨ 어드레스에서 방향을 맞춰서 선 위의 표시를 맞춘다.
> ⑩ 구부러진 라인에서는 구부러진 정점이 좋다.
> 〈힌트〉
> 폼은 없다고 하겠지만 퍼터의 스웨이트 스포트에 비추는 것이 기본이
> 다.

● 손목을 사용할까, 사용하지 않을까

스트록은 라인에 올라서 백 스윙을 하고, 또한 라인에 올라서 폴로우를 한다. 좌우의 팔을 특별히 뻗을 필요는 없지만, 이것은 자기 나름대로 연습해서 치기 쉬운 방법을 택하는 편이 좋다.

잔디가 부드러운 매트에 익숙해 있는 외국 선수들은 한결같이 손목을 움직여서 치는 일이 없다. 손목을 전혀 움직이지 않고, 양쪽 어깨를 올린 형태의 어드레스에서, 스트록은 양팔을 움직여서 한다.

우리나라의 그린은 단단한 아름다운 잔디가 많기 때문에 손목을 사용해서 골인으로 히트하는 타법이 전통적으로 행해지고 있다. 어드레스의 변형으로 독특한 타법을 구사하는 프로 선수들이 많다.

그러나 한 번에 선위를 정확하게 굴리는 것을 생각한다면 손목의 움직임이 적은 편이 합리적인 타법이 아닐까.

● 공은 시선보다 좌측으로

어드레스에서 공의 위치도 미묘한 영향을 준다. 공을 양팔이 스트레이트로 움직이는 것이 맞는 사람은 양쪽 눈 바로 밑에 두는

퍼트에 형은 없다
치기 쉬운 방법으로 하면 좋다

부드러운 터치

모건의 손목을 사용하지 않는 퍼트

新井規短雄은 양쪽 어깨로 스윙 표준 타입의 小林富士夫

손목을 고정한 퍼트

레디스는 퍼트의 리듬이 좋다.

편이 좋고, 공을 친 다음 인사이드에서 당기기 쉽다. 임팩트에서 페이스가 호올에 정면으로 대하고 있다면 그 다음에는 어찌되어도 상관 없을 것이다. 그렇지만 일련의 동작 중에서는 페이스는 반드시 어느 정도 왼쪽으로 향하므로, 소위 걸치는 스트록이 되기 쉽다.

공을 왼쪽 눈보다 약간 좌측으로 오게 하고, 왼쪽 다리에 웨이트를 두는 것이 보통이다.

왼쪽 다리로 중심이 오지만 폴로우에서 페이스가 자연스럽게 나가기 쉽다. 보통의 쇼트는 골프채의 로프트에서 전부 백 스핀이 걸려서 올라가지만, 퍼트는 굴리기 때문에 전부 오버스픽이 된다.

공은 굴리면 멈추지 않고 구르고, 이것은 자연스런 오버 스핀의 덕분이다. 좋은 회전을 하려면, 호올이 없는 곳에 와서 회전 방향에서도 자연히 빠진다.

확실하게 퍼트하는 요령

● 퍼트는 집에서 연습할 수 있다

퍼트는 뭐라고 해도 직감이 결정하게 된다. 그러나 그 직감은 누구라도 연습에 따라서 파악해야 한다. 갑자기 칠 때도 있겠지만, 코스에 나간다면 그린에 올적마다 천체적 직감이 발동되지 않는다. 강한 육감은 평상시에 연습해서 생겨난다고 생각하는 것이 보통이다.

그 직감을 발통하기 전에 퍼트에서는 하나의 중요한 일이 된다. 그것은 항상 공을 페이스의 스위트 스포트(중심)에서 칠 것. 이것이 의외로 가능하지 않을 경우가 많다. 정지해 있는 공을 친다고 생각한다면 대단히 쉽게 생각되지만 그것은 생각처럼 잘 되지 않는다. 이러한 경우가 골프의 흥미이고, 또한 어려움이라 하겠다.

정확한 어드레스에서 퍼터를 휘둘러서 굴리지만, 그때 공이 퍼터에 맞아야 하는 경우에 맞지 않는 일이 많이 일어나는 것은 역시 연습으로 극복할 수밖에 없다.

스웨이트 스포트는 페이스를 손에 잡고 공을 10센티 정도의 높이에서 떨어뜨려 보면 간단하게 이해할 수 있다. 들어서도 알겠지만 페이스에서 손에 받는 느낌이 가장 없는 곳에서 어드레스 한다면

퍼트의 헤드 업도 미스가 크다.

평소에 그 부분으로 공을 치도록 연습해 주기 바란다.

생력적(省力的) 골프에서는 작은 기술에서 강해지는 일이 가장 중요하기 때문에 퍼트는 집안의 매트 위 등에서 작은 시간이라도 찾아서 치는 연습을 하는 것이 좋다. 퍼트와 2~3개의 공은 항상 연습이 가능하도록 가까운 곳에 두기 바란다. 페이스의 스트레이트의 동작 스웨이트 스포트의 히트는 오히려 집안에서 하는 편이 차분히 끝까지 할 수 있다.

● 머리를 고정하는 습관을 갖자

보통의 쇼트에서도 그렇지만, 패팅에서의 헤드 업은 특히 엄격히 금지되어 있다. 상체를 일으키는 동작을 하면 헤드도 들어 올려, 공을 페이스 아래쪽에서 치게 된다. 의식했던 이러한 방법도 있지만, 헤드

몰트비의 퍼트

村上降의 퍼트

장타자이지만 퍼트도 좋다.

대만 선수는 완전한 퍼트의 명수

업이 원인인 사람은 의도했던 구르기가 되어 버릴 것이다.

● 슬라이스, 혹, 라인

코스의 그린 표면은 평탄하지 않다. 설계 상에서도 골퍼의 퍼트 기술을 시험 해보자? 라고 앤듀레이션(상하)이 만들어지게 되었다. 그린은 완만한 경사이기도 하고, 커다란 혹 같이 솟아 올라 있기도 하다. 호올은 그러한 경사면의 '산기슭'에 있기도 하기 때문에 전후에서 칠 경우는 위와 아래이지만, 좌우에서 칠 경우에는 미리 구부러진 상태를 계산해야 한다.

좌측으로 구부러진 퍼트의 라인(선)을 혹 라인이라고 한다. 이러한 구부러진 곳을 보는 통찰력은 코스에 나와서의 경험에 의해 쌓여지지만, 이러한 경우의 타법에서도 원칙은 있다. 스트레이트의 라인에서도 그렇지만, 퍼트할 때에는 호올과 공을 연결하는 선상에 하나의 목표를 응시하고, 거기에 맞춰서 치는 것이 원칙이다.

총을 조준하고, 총에 붙어있는 작은 삼각형이 나오면 목표물에 눈을 맞춰서(총을 맞춘다)하는 것과 마찬가지인 방법이다. 잔디에서도 좋고, 쓰레기에서도 좋다. 일부러 물건을 가져 와서 두는 것은 루울 위반이 되기 때문에 하나의 잔디를 의식해서 표적을 두는 것이 좋을 것이다. 사람에 따라서 표적을 두는 곳이 다르지만, 공과 호올의 중간점, 혹은 공이 있을 적당한 위치를 정해도 좋다.

● 커브에 표적을 둘 때는 그 정점에

슬라이스라든가 혹의 라인에서는 라인 위의 표적을 어디로

할 것인가. 이것은 사람에 따라서 틀리는 것이 당연해도 대체로 구분러진 정점을 표적으로 삼는 경우가 많다. 그 표적을 향해서 공을 내보내고 그 다음은 라인에 따라서 하는 방법이다.

또한 공의 라인은 잔디의 방향에 따라서 좌우로 기운다. 단지 이 경우는 앤듀레이션에 의한 것과 달라서 호올에 접근해서 공의 세기가 작아짐에 따라 강하게 구부러지기 때문에 통찰하기가 어려워진다. 이것은 경험에 의해 습득하는 것이다.

● 득점 벌레 골퍼

골프의 게임을 인생에 비유해서 이야기하는 일은 예전부터 많이 있다. 항상 순풍에 돛달듯이 잘되어 가지 않기 때문에 마치 인생과 비슷한 느낌이 들기 때문일 것이다. 어떠한 명수도 페어 웨이만을 걸어가기는 일은 어렵고, 그린에 와서 언제나 배팅을 노리는 일은 없다.

정말 약간만 타이밍이 어긋나도 쇼트가 구부러지고, 공이 벙커로 뛰어들어 가고, 혹은 깊은 러프에 빠지기도 한다. 스스로는 최고에 해당한다고 미소를 짓고, 페어 웨이 중앙을 유유히 걷고 있지만 실은 공이 깊은 다보트의 가운데에 떨어져 있는 경우도 있다. 그럴 때 자신의 불행을 한탄하기도 하고, 혹은 갑자기 화가 나기도 하고, 마치 희노애락이 반복되는 인생과 비슷하다.

우리들 샐러리맨의 골프도 그렇다. '거센 파도'를 우연히 만나는 것이지만, 이들은 원래부터 연습 부족 상태에서 도전하기 때문에 항상 승부감이 강하고, 파도가 조용할 때는 거의 없다. 그렇기 때문에 미친 듯이 화를 내며 돌아오기도 하고, 혹은 자신감을 잃고서 터덜터덜 골프장을 걸어나오는 경우도 많다.

그러나 어차피 골프를 할 바에야 단념하고 즐거운 플레이를 해주기 바란다. 기껏 한 달에 한 번 정도의 플레이, 그것도 아침 일찍 집을 나와 하루가 걸리기 때문에 돌아올 때는 안색이 나빠서는 가족의 반응도 그다지 좋지 못할 것이다.

스트레스 해소하기 위해 골프를 치러 나갔는데, 돌아오는 길이 스트레스로 가득차서는 아무것도 안된다. 확실히 한 번을 쳐서 좋은 스코어로 올라가는 일은 없다. 그렇지만 스코어가 한 번 쳐서 나쁘면 이러한 기분은 쇼트라든가, 퍼트에 실수를 만든다. 그렇게까지 화를 내지 않는 것이 좋을 것이다. 노여움의 골프도 각각 하나의 방법이겠지만 이 또한 인생과 같아서 일생을 노여워하면서 보내는 것 보다 즐겁게 보내면서 마음의 여유를 갖고 지내는 쪽이 훨씬 현명하다.

인생에서의 역경은 즐거움은 아니다. 그러나 골프에서 재발견 하는 것도 즐거울 것이다.

11. 골프의 기본 상식

베스 다니엘

라운드의 상식

● 1라운드는 5시간 이내

골프의 코스에 대해서는 처음 항목에서 언급했지만, 표준 코스는 쇼트 호올(파아3, 219미터 이하 남자)이 4개, 롱 호올(파아 5, 431 미터 이상) 4개, 미들 호올(파아 4, 230~430미터) 10개, 18호올로 구성되어 있다.

전체 길이로 하면, 5600미터에서, 6002, 300미터 정도이고, 골퍼는 호올의 순서를 따라서 호올 아웃해 간다. 하나의 호올은 덩라운드, 페어 웨이와 좌우 라프(전후도 있지만), 그리고 그린. 도중에 벙커를 배치하기도 하고, 나무를 심어 놓기도 하고, 혹은 연못이 있기도 해서 골퍼의 눈을 편하게 해주는 동시에 스코어 메이크의 트랩(올가미)이라고 해 놓는다.

대개 7킬로미터 정도 걷지만, 이것은 약 5시간 반 정도의 9호올에서 2시간 반을 표준으로 하고 있다. 코스에서 자신들만 플레이 한다면 좋지만, 분비는 곳이고, 18호올의 코스에서 180명이 넘는 혼잡도 있을 수도 있다. 180명이라 면 40명씩 1조가 되어 1호올에는 반드시 2조 이상이 플레이 하고 있어서 어딘가에서 1조는 그 누군가의 플레

프로도 슬로우 플레이로 괴로워 한다.

이가 지체되고, 전체의 유동이 나빠지고, 모든 사람이 5시간 이상이 걸리게 되어서 맨 나중 사람은 차례를 기다리다 날이 저물어 버리는 경우도 생긴다.

이 때문에 명쾌한 플레이가 필요하고 특히 초보자 가운데는 빠르게 걷는 습관을 갖는 것이다. 어드레스에서 목표를 노리고, 느리게 스윙을 하는 것은 매우 중요하지만, 쇼트의 타이밍과 느린 것을 혼동해서는 안된다. 쇼트 뒤에 공은 날아가기 때문에 그 곳에서 움직이지 않고 덜컥

출발전에 가벼운 운동

주저앉는 풍경을 잘 볼 수 있지만, 쇼트에서는 적당한 시간을 들여 친다면 명쾌한 걸음을 명심해 두어야 한다.

치는 횟수가 많은 초보자 정도라면 시간이 많이 걸리므로 그 상태는 걷는 방법으로 커버해 두기 바란다.

● 첫 라운드는

골프장에 처음 가보았을 뿐 전혀 간 적이 없겠지만, 첫 경험은 골프 클럽이라는 것을 일단을 알고 있을 필요가 있다.

골프장은 골프를 즐기는 멤버(회원)들이 하나의 클럽을 조직하고, 모두 돈을 내고 자신만의 코스를 만드는 것이 보통의 경우로, 영화관 등과 같이 요금만 지불하면 입장이 가능한 것과는 다르다.

영업(상매)을 목적으로 한 퍼블릭 골프광도 점점 늘어나고 있지만, 역시 멤버가 함께 와서 골프를 즐기는 경우가 대부분이다. 이 때문에 실제로는 그러해도 자신은 손님이다, 높은 사람이다 라는 이유는 바람직하지 못하다. 우리들이 골프장에 갈 때, 멤버에 의한 소개를 필요로 하고, 멤버의 동행이 필요하기도 한 것은 이 때문이고, 스스로 에티켓을 지키게 되는 것이 된다. 그리고 예약하지 않으면 우선 경기를 할 수 없다.

예전에는 귀족이나, 부자들의 놀이로서 발달해 왔기 때문에 그러한 영향이 아직 남아 있지만, 플레이를 위해서는 자동차 운전에 필요한 교통 법규와 같은 룰이 있는 것을 알아 두기 바란다.

예약을 하고 백을 들고 골프 하우스 현관에 도착하면 백은 캐디가 받아서 스타트 방향으로 운반해 준다. 하우스에 들어가면 거기서 방문이라면 방문록에 사인을 한다. 대개의 경우는 소개자의 이름을

제1타의 불안은 프로도 마찬가지이다.

쓰고, 로커로 가서 플레이의 지도를 받지만, 이 사이에 일반적인 경우는 이름이 스타트 하우스(캐디 마스터 실) 쪽에 연락되어 시작하는 시간이 정식으로 정해지게 된다.

시간이 있다면, 코스의 연습장에 가서 가벼운 연습을 하기 바란다. 연습 그린도 반드시 있고, 그 날 사용되고 있는 것과 같은 종류의 잔디 위에서 퍼트의 기분을 살려둔다.

방송이 있고, 그다음 시작하면 된다. 자신의 백에는 캐디가 붙어있다. 다음은 캐디의 지시에 따라서 한다면 틀림없을 것이다.

● 제1타의 불안은 어쩔 수 없다

태어나서 처음인 코스에서의 제1타는 불안할 것이 당연하다. 이것은 익히는 것이 아니다. 제1타에서 사용한 골프채를 잡고 티그라운드로 올라가서, 티마크(2개의 커다란 공의 모형이라든가 나무핀 등)의 선상보다 뒤로 티를 옮긴다. 루울에서는 티마크의 2개를 연결하는 선상보다 후방으로 2개 골프채 길이 범위내의 장방형이 치는 지역이다. 상태가 좋은 곳을 찾아서 티를 옮겨 놓으면 그 위에 공을 올려 놓고, 한 번 공의 뒤에 서서 칠 방향을 확인하도록 한다.

공에 어드레스 하기 전에 두 번, 세 번 휘둘러서 스윙의 느낌과 타이밍을 복습하고, 어드레스로 들어가자. 자신과 함께 플레이 하는 사람이라든가 캐디, 혹은 다음 조 사람들의 몇 명이 자신의 쇼트를 주시하기 때문에 흥분이 되지만, 골프는 사람이 보기 전에 치는 것을 연습장 안에서 익혀두는 것이 안전하다.

가장 나오기 쉬운 것이 제1타지만, 중요한 것은 힘이 우선이고, 정확히 맞추는 일 만을 생각하고 스윙하는 쪽이 실패가 적고, 의외로 나이스 쇼트가 될 확률이 높다.

● 먼 순서대로 쳐나간다

티 그라운드에서 치는 것이 모두 끝나면 페어 웨이에서 시작한다. 자신의 공이 있는 곳으로 오면 바로 칠 준비를 히작하지만 제2타부터 치는 차례는 호올(깃대)로 향해서 거리가 먼쪽부터 쳐나간다. 거리가 먼 순서로 치는 것은 그린 상에 와서도 마찬가지이지만 한 사람은 그린 위에, 그 외에는 그린 밖에 있어도 대개의 경우는 거리가 먼쪽부터 친다.

다만, 플레이를 형편상 빨리 진행하기 위해서 깃대를 꽂고, 빼는 캐디의 수고를 덜어 주는 관계에서 최근에는 전원이 그린에 나오면 캐디가 교육을 하게 되는 경우도 있다.

● 퍼트로 깃대에 맞히면 패널티

그린 밖에서 어프로우치에서 깃대로 공이 직접 부딪히는 경우도 있지만, 퍼트로 깃대에 공을 맞히면 페널티가 된다. 플레이 하는 것이 전원 첫 라운드가 아니면 별 문제가 안되는 작은 일이지만, 처음 얼마 동안은 주의를 하는 편이 좋다. 퍼트에서는 퍼트 라인(공과 호올을 연결한 선과 그 연장선)을 넘기도 하고, 밟아 보기도 하는 어드레스는 금지되어 있다. 스파이크로 걷는 것이 익숙하지 않은 동안은 신발을 질질 끌기 쉽다. 그렇게 되면, 스파이크로 그린 위를 손상시키게 되고, 다른 사람에게 폐를 끼치기 때문에 의식하고 걸어주기 바란다.

퍼트로 2회 혹은 3회에서 호올에 넣는다면 그 호올은 끝나게 되고, 시작할 때에 가지고 온 스코어 카드에 자신의 타수를 기입한다. 쇼트가 몇 회인지 혹은 친 골프채 별로 몇 회라고 세어 보면 실수가 적다.

● 짧게 쓴다면 실격

스코어 카드에 기입하는 것은 경기 회와 사적인 놀이의 경우 다르다. 정식인 경우는 미리 자신의 이름이 인쇄되어 있는 그 스코어는, 자신과 함께 라운드하는 상대(4명의 경우 한 사람)가 기입한다. 라운드가 종료하면 그 스코어에 확인 서명을 하고, 스코어를 기입해준 상대의 이름도 적어 스코어 상자에 제출한다.

이 경우 확인 서명을 잊고, 상대의 서명도 없으면, 경기회로 부터 실격이 되고, 또 각 호올의 스코어 내용도 실제 스코어 보다 적게 기입한다면, 이 또한 실격이 되므로 주의가 필요하다.

정식 경기는 사인을 잊지 않도록

우리들이 그저 즐기는 경우는, 그 정도로 번거롭지는 않겠지만 다만, 실제의 타수보다 적게 적는 것은 파울이라고 생각되기 때문에 절대로 피해야 한다. 한 호올에서 많이 칠 때는 특히 정확히 기록하고, 그래도 모를 경우는 생각했던 것 보다 여유있게 적는 편이 룰의 위반이 안된다.

볼 상식

● 라지일까 스몰일까

큰 공과 작은 공, 어느 것이 좋습니까? 처음 공을 칠 때는 목표가 큰 것보다 더 좋은 것은 없다 라고 답할 것이 명백하다.

골프공은 골프가 시작된 1700년대부터 개량된 오랜 역사를 갖고 있다. 골프는 네덜란드에서 얼음 위에서 행해졌던 골프(KORF), 또는 콜벤(KOLVEN)이 원조라고 말하기도 하고, 로마 제국시대에 파가니카(PAGANICA)라는 스틱이 최초의 것으로 말꼬리를 채워 넣은 가죽 공을 치고 즐긴 것이 기원이 되었지만, 역시 골프는 영국의 스코틀랜드 지방에서 발전했다.

최초의 공은 깃털을 피혁 커버로 채운 새털 공. 이것이 400년 정도 사용되었다. 1940년대에 고무의 수지를 만든 거터 퍼쳐 공, 그리고 19세기 후반에 인도산의, 고무에 가는 실을 감아서 표피를 붙힌 하스켈 공이 생산되어 현재 사용하고 있는 공의 원형으로 되었다.

크기가 결정된 것은 1921년에 영국에서 무게 1.62온스(45.9그램)보다 무겁지 않고, 직경1.62인치(4.15센티)보다 작지 않도록 규정되었다.

프로의 시합은 모두 라지

　이것이 소위 스몰 사이즈(잉글리시 사이즈)이고, 공의 재료 혹은 골프채의 재료가 개발되어 공이 너무 날아가지 않도록 되어있기 때문에 아메리카에서는 1932년에 무게가 같은 1.62온스(45.9그램)로 확정하고, 직경을 1.62인치(4.15센티)에서 1.68인치(4.27센티)로 결정했다.

　스몰인 경우가 저항이 적고 날아가는 거리가 10~15미터 더 날아가기 때문에 스몰 애호자가 아마 골퍼에 많지만 초보자가 잡아서 날고, 안날고는 골프 페이스에 정확히 맞았는지, 맞지 않았는지의 차이이기 때문에 무조건 라지쪽이 쉽다고 할 수 있다.

　또한 골프는 방향 뿐만이 아니라 한정된 거리를 요하는 경기이기 때문에 저항을 많이 받아서 백 스핀이 걸리기 쉽고, 높게 날아 올라가서 멈추기 쉬운 점이 라지의 유리함이다. 초보자에게도 정지하는 공이 치기 쉽다는 점에서 라지 공이 유효하다.

● 공의 구조는

공은 센터에 심지가 있는 것과 없는 것이 있다. 대개의 공은 직경 1센티 정도의 공 모양의 고무 캅셀에 풀 상태의 액체를 넣은 심지이고, 이것에 길이 30미터 정도의 실고무를 감아서 그 위에 커버가 씌여 있다. 공의 반발력은 그 실고무의 부분에서 나오고, 고무의 성질이나 분량, 감는 방법, 장력 등을 연구 개발하고 있다.

공의 커버 표면에는 딤플(보조개)이라고 불리워지는 움푹 패인 곳이 있고, 그 수는 보통 336개이다.

이 딤플의 수와 형태는 공이 공간에서 운동하는데 미묘한 관계가 있고, 처음은 공에 상처가 난 쪽이 잘 날아 갔기 때문에, 그물에 상처를 입기도 한다.

● 로프트와 스핀의 관계

임팩트 순간, 공은 골프채의 로프트(각도)에 따라 스핀(회전)을 시작한다. 이 회전은 골프채의 로프트와 마찰력에 의해 생기고, 로프트 11도의 드라이버로는 1분 동안에 2천에서 5천 회전(헤드 스피드는 초속 30미터에서 50미터), 로프트 30도의 5번 아이언에서 6천 회전부터 1만 1천 회전, 46도의 9번 아이언은 8천 5백 회전부터 1만 2천 회전도 된다고 한다.

공은 스핀의 발생으로 날아 올라가므로 그 회전은 모두 백스핀 계통이 된다. 슬라이스나 혹은 공에 비스듬하게 가로 회전을 하게 하고, 탄도도 구부러진다.

공은 백 스핀으로 날아 올라간다.

● 바람과 라지 공

라지 공은 바람이 불면 저항을 지나치게 받아서 정면에서 바람이 불면 날으는 거리가 떨어지고, 옆에서 부는 바람이면 구부러지는 정도가 커진다. 이 경우 스몰 공이라도 같은 영향을 받지만, 라지의 경우는 비교적 영향을 많이 받게 된다.

스몰 공을 애용하는 사람은 이 점을 특히 강조해서 스몰의 이점을 들지만, 골프는 원래부터 바람과의 승부이다. 하나의 호올에서 바람이 불지 않았다면 제2타는 임시로 7번 아이언을 사용해도 정면에서 강한 바람이 분다면 스푼으로 쳐야 하는 경우도 생긴다.

골프는 어려워지면 비로소 재미가 붙는다. 옆에서 부는 바람을 생각하고 왼쪽에서부터 깃대를 슬라이스로 잡아 보자. 또는 오른쪽에서 훅으로 진결해 보자. 코스 공략의 설계도 인간의 머리가 필요하게

국내의 레디스는 스몰도 사용한다.

되고, 보다 복잡한 인사이드 플레이가 요구되고 있다.

결국 '바람은 골프의 재산'이라는 말도 생겨날 정도이고, 골프의 생각을 깊게 하는 것이라고 생각한다.

● 구부러진 공은 구부리기 쉽다

골프채를 산 후에 골프를 시작할 단계에서는 좀 무리가 있지만, 라지 공의 저항이 커서 기울어지기 쉬운 성질은, 칠 단계가 되어 의도적으로 기울여서 치는 것도 필요하다.

쇼트는 항상 스트레이트로 치면 좋지만, 정말 작은 힘이 드는 상태, 혹은 타이밍이 빗나가서 사이드 핀이 생기는 경우가 있다. 똑바로 앞을 겨냥한 경우에 생긴 실수는 오른쪽이나 왼쪽으로 구부러질 가능성이 있다. 어느 쪽으로 구부러 질까, 치고 난 후에도 알 수 없는 것은

이러한 호올은 페이드로 공격한다.

호올 공략의 계산이 되지 않는다.

이를 위해서 미리 오른쪽으로 의식적으로 슬라이스 핀을 걸어두면 스핀은 절대로 왼쪽으로 걸리지 않기 때문에, 실수의 오차는 적어진다. 프로가 페이드(오른쪽으로 흐름), 혹은 도로(왼쪽으로 흐름)의 공을 치는 것은 그 때문으로, 이것은 하나의 쇼트 안정법이라고 말할 수 있다. 결국, 구부러진 공은 안정된 쇼트로 이어지게 된다.

상당히 전문적인 기술의 쇼트가 되지만, 바꾸어서 깃대가 그린의 오른쪽 가장자리에 서 있다고 하자, 정 가운데에 떨어진 공을 페이드의 쇼트로 했다면 공은 깃대로 향해서 가깝게 굴러가고, 같은 장소에 떨어져도 도로했다면, 깃대로부터 멀어지도록 굴러서 간다. 어느쪽이 유리할지, 대답은 명백하다.

룰 상식

• 다른 사람의 플레어는 쉽게 생각된다

골프의 규칙은 일본 골프 협회(JGA)가 발행한 「골프 규칙」이 있다. 국내의 골프 경기는 모두 이 규칙에 따라서 행해지고 있다. 140항 정도의 작은 책자로, 골프 연습장 등에서 판매하기 때문에 사서 읽어 둘 필요가 있다. 모든 스포츠는 룰에 따라서 성립하지만, 골프는 특히 룰을 존중하는 경기이다.

원래 골프에서는 룰이 거의 없고, 공은 있는 그대로의 상태에서 치는(손을 대서는 안된다) 정도였다.

룰의 정신은 자신에게 불리한 듯이 해석하는 것이라고 말하겠다.

또한 다른 스포츠의 룰 책과 달라서 골프에서는 제1장에 '에티켓' 이라는 항이 있는 것도 커다란 특징이다.

초보자가 주의해야 할 주된 점을 골프의 룰에서 알아보자.

첫째 플레이어는 다른 플에이어에 대해 헤아리는 마음이 있어야 하고 모든 사람을 위해서 플레이를 늦춰서는 안된다 라고 정하고 있다.

또한 사람이 공이 도달하는 거리 밖으로 나올 때까지는 쳐서는

상대에게 방해가 되지 않는 매너도 매우 중요.

안된다. 공을 찾기 어렵다고 판단되면 즉시, 후속조에 패스하도록 신호한다. 공을 찾는 시간은 5분으로 정해놓고 있다. 그리고 후속조가 패스해서 공이 도달하는 거리 밖으로 나가기까지는 플레이를 계속할 수 없다.

그린 위의 플레이가 끝나면 신속하게 그린에서 나와야 한다. 이러한 코스 위의 예의 외에 플레이 도중에 행위에 따라서 주의가 필요하다.

●플레이 도중의 행위

플레이어가 공에 어드레스하고 치는 동안 다른 사람은 움직이거나 이야기하면 안되고 공이나 호울의 근처에서 플레이 선의 전후에 서 있으면 안된다. 이 정도는 상식이지만 플레이어가 티업 하고 있을

호올의 직경은 10.79센티

때는 가능한 한 멀리 떨어져서 하는 주의가 필요하고, 그 가까이에서 스스로 준비하고 헛치기도 하는 것은 역시 서투르다.

● 인플레이의 공

공은 플레이어가 티 그라운드에서 스트록을 했다면 인플레이(경기 중)의 공이 되고, 보통은 손에 대지 않고서 호올 아웃해야 한다.

겨울 동안 골프장에 잔디가 나지 않은 기간이나 신설 코스 잔디가 나지 않은 경우는 그 골프장의 특별 룰(로컬 룰)로 공을 주워 올려서 장소를 이동해 둘 수 있다. 하지만, 골프는 일단 플레이가 시작되면 손에 대지 않고 호올 아웃하는(그린 위는 공을 친다) 습관을 들이는 것이 중요하다.

OB라인은 말뚝의 안쪽 선이다.

● 호올의 크기는 직경 10.79센티

호올의 직경을 상식으로 알아 두자. 약 1센티라고 기억해도 좋다. 또한 플레이에서 알아야 하는 것은 벙커나 연못 등 안에서의 어드레스이다. 이때는 골프채를 밑에 대고 소울할 수 없다. 또한 벙커 안의 나뭇잎 등을 제거하는 것은 룰에 위반되는 것임을 알아야 한다.

● OB(아웃 바운즈)

골프의 용어로 OB는 일반화 되고 있다. 코스의 구역 외에 나가면 친 장소부터 다시 쳐야 한다. 물론 그것이 제1타라면 최초로 친 스트록 1과 OB페널티 1을 더해서 2가 되고 다시 치는 것은 제3타가 된다.

OB의 경계선을 흰 말뚝 코스 쪽의 안쪽과 연결한다. 말뚝의 중심과 중심, 바깥쪽의 선은 없다. 이 정도를 잘못 익히기 쉽기 때문에 되풀이하면, 흰 말뚝의 안쪽을 연결하는 선이 경계선이고 공이 그 선에 조금이라도 닿으면 OB는 아니다. 공이 이 선 밖에 있을 때는 OB가 된다.

자주 틀리기 쉬운 것은 흰 말뚝이 아니고 흰 선을 긋는 경우로, 선 자체가 OB가 된다.

● 골프채의 갯수는 14개

골프채는 14개를 사용하는 것을 규정하고 있다. 14개 이내라면 퍼터 10개를 소유하면 된다. 그리고 1개 증가하면 그만큼 루울에 의해 페널티가 증가해 간다.

또한 플레이 중의 연습도 금지되어 있다. 1호올의 플레이 중에 연습 스트록을 해서는 안되는 것이 된다. 잘못 치는 연습은 좋고, 연습 스트록으로는 실제로 공을 치는 것이다. 그렇기 때문에 공이 아니면 좋고, 코스 안에 떨어져 있는 솔방울을 치는 페어 웨이 우드의 연습을 하는 것은 루울 위반이 안된다.

● 라이 또는 스탠스의 개선 금지

플레이어는 플레이의 선, 공의 위치, 라이, 또는 스윙을 의도하는 구역을 개선해서는 안된다.

티 그라운드 상의 제1타에 앞서 아직 플레이(인플레이)하지 않고 있기 때문에 공의 뒤에 있는 잔디를 골프채의 소올로 강요하기도 하고, 다리로 밟아도 루울 위반은 아니지만 제1타를 쳐서 인플레이 상태에서 공의 라이를 개선하면 위반이 된다.

제1타 전에 공의 뒤를 밟아도 좋다.

나무 근처에 가서 스윙에 가지가 방해된다고 해서 꺾어 버리면 안된다.

공이 길게 자란 풀 속에 있는 경우 공의 소재와 자신의 공이 있는 곳을 확인하는 한도에서 풀을 휘젖는(닿는다) 것은 허용이 되지만 그 공이 라이의 개선이 되도록 할 수는 없다.

플레이어는 스트록을 할 때 반드시 공이 보여야 한다라는 권리는 허락되지 않는다.

또한 캐디에 대해서도 결정이 된다. 자신이 친 공이 자기 자신에게 해당하기도 하고 캐디에 해당하기도 한다면 페널티가 되고 퍼트할 때, 라인 위에서 캐디를 세워 두어도 루울의 위반이 된다.

• 그린 상의 루울

그린 위에서는 표시를 하고 공을 주워 올려도 좋다.

공이 그린에 있다면 표시(잔돈 등으로)해서 공을 주워 올리고 더러워진 것을 닦아 낼 수 있다. 그러나 그 공을 그린 위에서 굴려 구르는 상태를 시험해 보는 것은 할 수 없다.

이 외에 루울은 자세하게 규정되어 있다. 골프의 루울 책은 캐디 백의 주머니 앞에 있으므로 반드시 지니고 있기 바란다.

제2부
누구나 쉽게 마스터할 수 있는
정통 골프 지식

1. 골프를 마스터하기 위해 알아야 할 것들

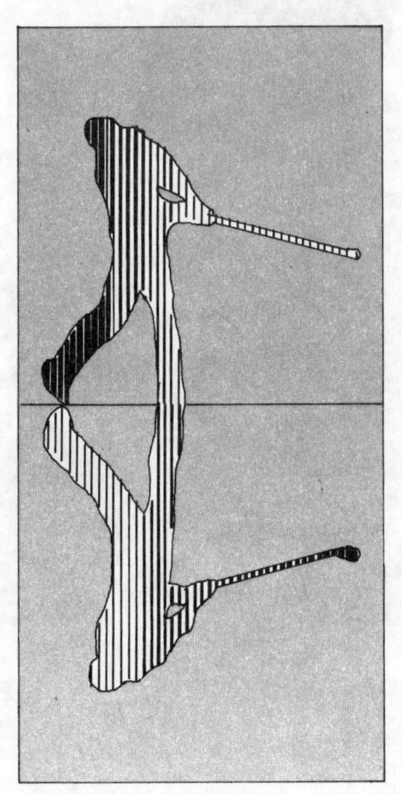

• 에티켓에 물구나무 서기는 없다

골프 규칙 제1장에서는 에티켓에 관해 기록하고 있다. 경기에 관한 마음가짐 중에서, 다른 경기자에 대한 배려로서는,

① 경기자는 모든 사람을 위해서 플레이를 빨리 할 것.

② 앞팀이 공이 도달할 수 있는 거리 밖으로 나갈 때까지 공을 치지 않을 것.

③ 공을 찾다가 쉽게 발견되지 않으면 즉시 다음 조에게 통과하도록 신호할 것.

④ 호올 경기가 끝나면 경기자는 신속히 그린을 떠날 것.

경기중의 행위

① 경기자가 공에 어드레스 해서 치는 동안은 다른 사람은 움직이거나, 말하거나, 공이나 호올 근처에서 있거나 또는 바로 선의 앞에 서지 않을 것.

② 경기자가 공을 다 칠 때까지는 다른 선수는 티 업 하지 않을 것.

코스 보호의 항목

① 경기자는 벙커에서 나오기 전에 자신이 남긴 구멍이나 발자국을 잘 메꾸고 평평하게 해놓을 것.

② 경기자는 드루 더 그린에서 칠 때 뜯어진 것을 바로 제자리에 놓고 밟아 놓아야 하고, 또한 공 자국이나 자신이 손상시킨 퍼덩 그린

을 고쳤는지 확인할 것.

③ 경기자는 백 또는 깃대를 놓을 때 그린을 손상시키지 않도록 주의하고, 경기자나 캐디가 호올가 근처에 설 때, 혹은 깃대를 빼거나, 공을 집어낼 때, 호올을 상하지 않도록 주의해야 한다. 그린을 떠나기 전에 깃대를 구멍 중심에 똑바로 세울 것.

④ 골프 카트 행동에 관한 주의서를 엄수해야 한다.

⑤ 연습 스윙을 할 때는 코스, 특히 티잉 그라운드에서 잔디를 상하지 않게 주의해야 한다.

그 밖의 마음가짐,

① 담배불은 처리, 휴지를 함부로 버리는 것은 골퍼로서 실격이다.

② 공이 근처 호올에 있는 경우, 그 호올에 있는 조에게 양해를 얻은 다음에 다음 타(打)를 처치할 것. 또는 그 경우 자신의 공을 정성껏 확인할 것.

③ 클럽 하우스 현관에 샌들을 신도 들어 오는 것 등은 그 클럽에 대한 모욕이다. 자신의 홈 코스의 유무에 상관없이 규율있는 복장 및 태도에 유의할 것.

이상이 에티켓으로서 루울 제1장에 기록되어 있는 것이다.

평소 몸에 익힌 에티켓이지만, 하여튼 퍼블릭 코스 등에서 위반자가 많기 때문에 서로 주의해 주기 바란다.

● 기본은 출발점에 있지 않고 도달점에 있다

골프를 시작할 즈음에 그립의 기본, 스탠스의 기본… 등에 대해서 자주 듣는다. 만약 기본이 있다면, 니클라우스라든가 파머 등 각 프로 선수의 포옴이라든가 스윙은 동일한 것으로 해야 할 것이다.

그러나, 이들의 포옴은 보는 범위에 따라서 각각 매우 다르지 않을까.

이러한 포옴으로 쳤더니 슬라이스 했다, 그렇다면 공이 휘지 않도록 하려면 어떻게 하는 것이 좋은가, 하는 것은 누구나가 체험한 것일 것이다.

인간의 얼굴이 각양 각색이듯이, 체형도 개인차가 있기 때문에, 각자의 고안에 의해, 그 결과 휘지 않게 되었다, 혹은 휘지 않은 행위를 종합해서 기본이란 표현을 했던 것에 지나지 않는다. 이것이 나의 견해이다.

휘지 않도록 공을 치기 위해서는 각자가 결과부터 계산해보고, 고안하고, 각자에게 맞는 오리지널 포옴을 만들어 내는 것이야 말로 진정한 기본이다. 결과부터 생각하고 고안해야 기본이라고 말할 수 있는 것이 아닐까.

간단히 기본이라 할 수 있는 것은 넌센스이고, 기본으로는 명인이 각각 고안해서 생각한 최종 결론이라고 해석해야 한다.

● 골프만큼 쉬운 것은 없다

스포츠나 학문에서도, 처음부터 어렵다고 생각하고 들어가면 발전이 없다. 특히, 골프라는 스포츠는 처음부터 공은 정지되어 있는 것이고, 그것을 골프채로 힘껏 치는 것이기 때문에 어렵다고 생각하는 자체가 우습다. 만약 그것이 어렵다면 예고도 없이 던져지는 몇 십 종류의 공을 가느다란 배트의 히팅 에리어로 포착하는 야구는 너무 어려워 실로 가까이 할 수 없는 스포츠라 하겠다.

그렇지만, 아마추어나 프로도 그것을 연구, 고안해서 3할 이상을 치는 선수도 많은 것이다. 이것은 소질이나 운동 신경 이전에 정신적인 것에 문제가 있다.

결국, 처음부터 어렵게 생각하고, 쉽게 생각하는 것에 차이가 있는 것이고, 어렵게 생각한 경우는 그 동작의 하나하나, 루울의 하나하나에 이르기까지 모든 것이 어렵고, 따라서 기술적인 진보도 상당히 늦어진다. 그러나, 고작 멈춰 있는 공이니까 라는 상태에서 쉽게 입문했던 경우는 동작이라든가 모든 것에 이르기까지 쉽게 넘어가서 진보도 빠르다. 물론 어느 정도는 긴장이 필요하지만, 긴장을 풀고 한다면 빠르게 향상된다고 생각할 수 있다.

● 집중력은 양성해서 생기는 것이 아니다

티 그라운드 주위는 골프의 에티켓에 반해서 의외로 시끄럽다. 여기서는 집중력을 갖는다라든가 지속하려고 하는 생각은 좀 무리가 있다.

집중력은 양성하는 것이 아니다. 그 장소에서 뭔가 하나의 목표를 바라다 보는 것이 필요하다. 이렇게 하면 저절로 집중력이 생기는 것이다.

인간의 신경이란 것은 복잡하기 짝이 없기 때문에 가정내의 분쟁, 부부간의 문제, 사업상 생긴 짜증 등이 꼬리를 물고 경기하는데 지장을 주기도 한다. 그런 경우는 옆에서 떠드는 것은 그다지 영향을 주지 않는다.

우선, 티·그라운드에 서서 앞쪽 호올의 상태를 본다. 그리고 자신

목표를 정하는 것에서 집중력이 생겨 난다.

은 호올의 어디로 치면 좋을까를 계산한다.

페어 웨이 중앙에 서있는 나무라든가 크로스 벙커 가장자리 등에 목표를 두고, 목표에 모든 신경을 집중하는 것이 좋다. 그립은 어떻게 하면 좋을까, 스탠스는, 공의 위치는, 몸의 방향은, 왼쪽 무릎은 펴야 할까 등등, 목표에 대한 신경을 집중하는 것 이외에 여러가지 잡념은 집중력을 둔하게 하므로 잡념을 없애는 것이 중요하다. 생각은 한다 해도 첵 포인트는 가능한 한 적게 하는 것이 집중력을 자연스럽게 습득하는 요령이다.

● 패션이 있고 기술이 있다

예전에는 와이셔츠에 신사복을 갖춰 입고, 신발은 운동화를 신고 경기를 했다. 최근까지만 해도 이름 난 골프장에서는 넥타이를 매지 않으면 식당에도 들어갈수 없었던 곳도 있었다. 깃이 달리지 않은 셔츠를 입고 경기를 하여 비난을 받은 경기자도 있었다.

이것은 우리 골프가 영국에서 들어왔기 때문인 이유도 있지만, 전쟁 후 5, 6년전부터 제2의 붐인 미국주의가 침투되어 복장에 이르기까지 상당히 릴랙스해졌다.

목티 스웨터라든가 네크 등이 그 예로, 우리의 프로 선수들이 해외 원정 등으로 인해 그곳에서 몸에 밴 것을 모조리 받아들였기 때문에 복장도 매우 화려해졌다. 더구나 TV도 컬러 시대가 되고, 톱 프로가 화려한 복장을 하고 경기를 하자, 일반인들도 그것을 보고 그에 영향을 받은 것으로 본다.

야구 선수는 유니폼을 입고 있지만, 별 관심없게 입고 있어도 유니폼이 잘 어울리는 사람과 어울리지 않는 사람이 있다. 어울리는 사람

패션도 기술향상으로 이어진다.

일수록 기술은 우수하다. 골프도 이와 마찬가지로 옷이 어울리는 사람과 그렇지 못한 사람이 있다. 나이에 비해서 너무 화려한 복장을 해도 아주 잘 어울리는 사람은 저항감 없이 그 옷을 입을 수가 있다.

어울리지 않는 사람의 기술은 참으로 변변치 못하다. 패션에 따라서도 상당히 재미있는 현상은 있는 것이다. 바꿔 말해도 역시 맞는다. 유니폼을 갖춰 입는 것은 골프의 자세를 갖추는 것이기도 하고, 더 나아가서는 기술의 향상으로도 이어진다. 패션이 있어서, 기술이 있다라는 것은 또한 진실이다.

● 포옴은 익히는 것이 아니다

그 사람 나름대로 완성된 포옴은 보고 있으면 대단히 아름답다. 그러나 다만 그것은 관상하는 것만으로 그치는 것이 좋다. 결코 슬로우 비디오나 잡지의 분해 사진 등을 보고 신체의 부분적인 동작을 흉내내서는 안된다.

그 보다도 더욱 중요한 것은 그 사람의 마음을 흉내내는 것이다. 일찍이 아마츄어의 명수라고 불리는 S씨는 전성기에는 정밀 기계라는 다른 별명을 가지고 있었다. 그 포옴은 결코 멋있지는 않았지만 스치는 듯한 스윙에서 공을 잘 다루는 사람이었다. 그런 포옴을 흉내내는 아마츄어도 있었지만, S씨가 말한 '나는 18호올 중, 스스로 납득한 나이스 쇼트는 셀 수 있을 정도밖에 없다. 다음 쇼트는 미스 쇼트 쇼트이다. 공을 골프채 헤드의 중심에서 포착하는 일이 과연 어려울까'라는 말에 의해 나타나게 된 그 사람의 마음을 흉내내야 할 것이다.

골프 붐의 선구자인 G씨가 어느 경기에서 5미터정도의 퍼트를
실패해서 아깝게 우승을 놓친 장면을 취재한 기자가 다음날 신문에서
'퍼트의 명수 G씨가 애석하게도 실패……'라고 쓴 것에 대해서 그날
S씨는 '그 퍼트는 겨냥하지 않았었다'라고 말했다. 겨냥하지 않은
사람이 넣을 이유는 없다. 매우 중요한 장면에서도 무리해서 겨냥하
지 않았다고 하는 사람의 마음을 배우기 바란다.

● 구경하는 골프는 관람 무료이고 값도 싸다

골프 경기는 해마다 그 수가 증가되고, 시즌이 되면 1주일 간격으
로 우리나라 아니 세계의 어딘가에서 프로라든가 아마추어 경기를
하고 있는 것이 요즘이다. TV도 그 예외는 아니다. 채널을 돌리면
대개 어딘가 방송국에서 실황이라든가 녹화로 골프 중계 프로를 하고
있을 정도로 보급이 되고 있다.

'골프는 스스로 하는 것이다, 경기하는 것을 보고도 참고가 되지
않는다'라는 사람들도 있지만, 어쨌든 보고 흡수하는 일이 하지 않는
것보다는 더 낫다.

다만, 여기서 말할 수 있는 것은 많은 갤러리에 둘러 싸여 있는
그룹 사이를 찾아 다니면서 보는 것보다는 사람에게 그다지 둘러싸여
있지 않은 그룹을 곰곰히 관찰하는 방법에 큰 의의가 있는 것임을
잊어서는 안된다. 큰 경기에서도 괜찮지만, 각 지구에서 매월 행해지
는 월예 경기 등은 특히 캘러리도 없고, 더구나 입장료도 받지 않기
때문에 자신에게 어울리는 프로를 찾을 수 있다. 그 프로선수가 무명
이더라도 하루 종일 그 사람의 경기를 관찰하는 일은 좋은 공부가
될 것이다.

● 연속 사진은 프로선수의 사진보다 자신의 것을 본다

골프 관계의 잡지라든가 책에서는 유명한 프로의 쇼트 포옴이 실린 연속 사진이 대체로 기재되어 있다. 사람에 따라서는 조금이라도 자신이 골프를 하는데 직접 도움이 되려고 참고 하기도 하고, 흉내를 내는 좋은 재료가 된다고 생각하지만, 실제로 이 정도의 도움이 되지 않는 사람은 없다.

결국, 쇼트를 할 경우 포옴은 일련의 동작이고, 거의 순간적인 것이기 때문에 어드레스, 백 스윙, 톱 오브 스윙, 다운 스윙, 임팩트, 그리고 폴로우 스루부터 피니시까지 사진 한 장 한 장을 봐서는 의미가 없다.

만약 참고 하려면, 자기의 포옴이 실린 연속사진과 자기와 비슷한 체격의 프로 선수와 같은 사진과 비교한다면 그리 나쁘지는 않겠다. 하지만 다만, 사진을 보는 것만으로는 참고가 되기는 커녕 해를 더 많이 준다.

연속 사진이 갖는 의미는 다만 장식적인 것이기 때문에 본래의 스윙 스피드 느낌 등은 전혀 없다.

스윙에서 가장 시간이 걸리는 것은 어드레스부터 백 스윙까지이고, 다운 스윙부터 폴로우 스루에 걸쳐서 거의 육안으로 알수 없을 만큼의 스피드이다. 그렇기 때문에 연속 사건의 어드레스부터 피니시까지 몇 십 장면의 사진을 부분적으로 발췌하지 않고, 모두 공개하는 것이야말로 스피드감을 알 수 있기 때문에, 그것을 지면에 배정하는 정도로 특정 사진만을 선택해서 나열하는 것은 별 의미가 없다. 연속 사진은 다만 볼 뿐이고, 참고하는 것이 아니라는 것을 인식해야 한다.

연속사진을 볼 때는 자신의 체격과 비슷한 것을…

● 배도 몸의 일부. 좋은 스코어는 소식에서

콤페 등에서 자주 보는 광경이지만, 평상시 연습을 하는 사람에 따라서 오전보다 오후에 스코어가 나쁜 경우가 있다.

반대의 경우도 많지만, 그 원인에 대해서 조사한 것이 있다. 오전보다는 오후에 스코어가 좋아지는 것은 당연하다. 결국 몸을 풀어 주는 것이기 때문이다. 그러나 다른 경우로, 오후의 스코어 쪽이 나쁘다고 하는 사람도 결코 적지 않다.

많은 사람이 경기를 한다면 아웃 와인에서 스타트가 되지만, 골프장은 대개 아웃보다 인쪽이 어렵게 설계되어 있기 때문에 그러한 장해도 있을 것이다. 하지만 여기서 서술한 내용은 전부 아웃에서 스타트한 경우이다.

오전 중 라운드하고 낮에 하우스로 돌아올 쯤에는 배도 고프다. 배가 너무 고프면 배불리 먹고 싶은 것이 사실이다. 개중에는 점심 식사에 맥주를 마시는 사람도 있지만, 그런 사람의 경우는 문제가 없다.

오전 중에는 몸도 상당히 가볍고. 피로감도 없기 때문에 자유롭게 한다. 따라서 스코어도 약간은 좋다. 그러나 점심 때에 배 부르게 먹고서 오후에 스타트로 향하기 때문에 나빠지는 것이다.

배가 부르게 되면 몸의 움직임도 둔해지고, 회전도 나빠지는 것은 당연하다. 그 이상으로 배가 부르게 먹는다면 매우 졸리운 것이 보통 인간의 습관이다. 졸리워지면 권태감으로 몸 동작이 둔해지고 무거워진다. 그렇다면 경기는 어찌될까. 쇼트도 뜻대로 안된다. 따라서 스코어가 이루어지지 않는 것은 당연하고, 우승 전선에서 멀어지는 것도 당연하다.

무절제는 나쁜 스코어로 이어진다.

골프 격언집

골프만큼 속이기 쉬운 경기는 없지만, 또한 골프만큼 속이는 사람을 경멸하는 것도 없다.　　　　　　　　　　　　　　　프란시스 위매트

골프 규칙은 고의로 부정을 저지르는 경기자가 없는 것을 전례로 해서 만들어 진다.　　　　　　　　　　　　　　　大谷 光明

골프에 연령은 없다. 의지만 있다면 몇 세부터 시작해도 진보한다
　　　　　　　　　　　　　　　　　　　　　　　　벤 호건

나의 이상적인 골퍼는 70세의 노인의 두뇌, 경험, 인내, 판단력과, 프로의 아메리칸 풋볼의 경기자와 같은 체력을 지닌 사람이다.
　　　　　　　　　　　　　　　　　　　　　　　게리 경기자

마음이 순수하지 않으면 정직한 공을 칠 수 없다.　　바이런 닐슨

사람은 게임에서 패한 후에 교훈을 배우는 것이다. 사람은 게임에서 이긴 후에 아무 것도 배울 것이 없다.　　　　　　　보비 죤스

2. 골프 도구의 선택 방법

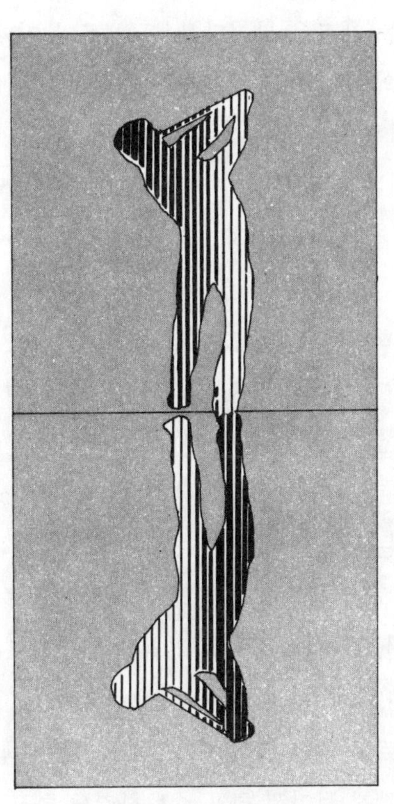

● 하프 세트는 팔도 하프

초보자가 골프에 입문할 즈음에 골프채를 구하는 경우에 있어 풀 세트를 구입하는 사람도 있지만, 대개가 하프 세트를 주문한다. 경제 기획원의 골프에 관한 데이타는 항상 골프채의 매상이 계산되지만, 하프 세트가 팔리는 상태가 우선 가장 많다.

원래 하프 세트는 새로운 말이다. 하프 세트가 어째서 유행했을까 라는 것은 유행자의 생활속의 지혜에서 시작된 것이다.

우리나라 사람만큼 출장이나 여행을 즐기는 인종도 드물다. 14개를 다가지고 다니기에는 너무 무겁기 때문에 그 중에서 적당히 선택해서 가방에 가득 넣고, 짐을 가볍게 하고 출장이나 여행을 한 것에서 시작 된 것이다.

거기서 업자가 착안해서, 골프 세트가 고액이라도 반으로 한다면 값은 그만큼 싸지고, 따라서 수요도 증가할 것이라고 생각하여 지금 의 홀수 번호 세트로 이르게 된 것이다. 그렇기 때문에 아직 역사도 짧다. 초보자가 하프 세트를 사용하는 것은 지금은 상식화되었지만, 이것은 터무니 없는 잘못이다.

잘하는 사람이 하프 세트를 사용해서 비기너와 승패를 겨룬다면 이야기는 다르지만, 우리의 표준 비거리를 계산해도 골프채 번호가 하나 바뀔 때 마다 10야아드의 차이가 생긴다.

그것을 하프 세트로 하면 차이가 20야드가 되는 셈이다. 20야드의 차이를 골프채를 짧게 쥐어서 하프 쇼트하기도 하고, 말하자면 가감 해서 치기 때문에 초보자에게 그러한 기술이 가능한 것은 아니다.

만약에 150야드를 5번 아이언으로 친다면, 160야드는 4번 아이언이 필요하다. 3번 아이언을 짧게 쥐고 쓰리 쿼터 쇼트(하프 쇼트)하기 때문에 풀 쇼트를 갖고 해도 좀처럼 잘 안되는 기술이다. 도구만의 문제가 아니고, 거기에 바람같은 자연 조건이 첨가되기 때문에 더욱

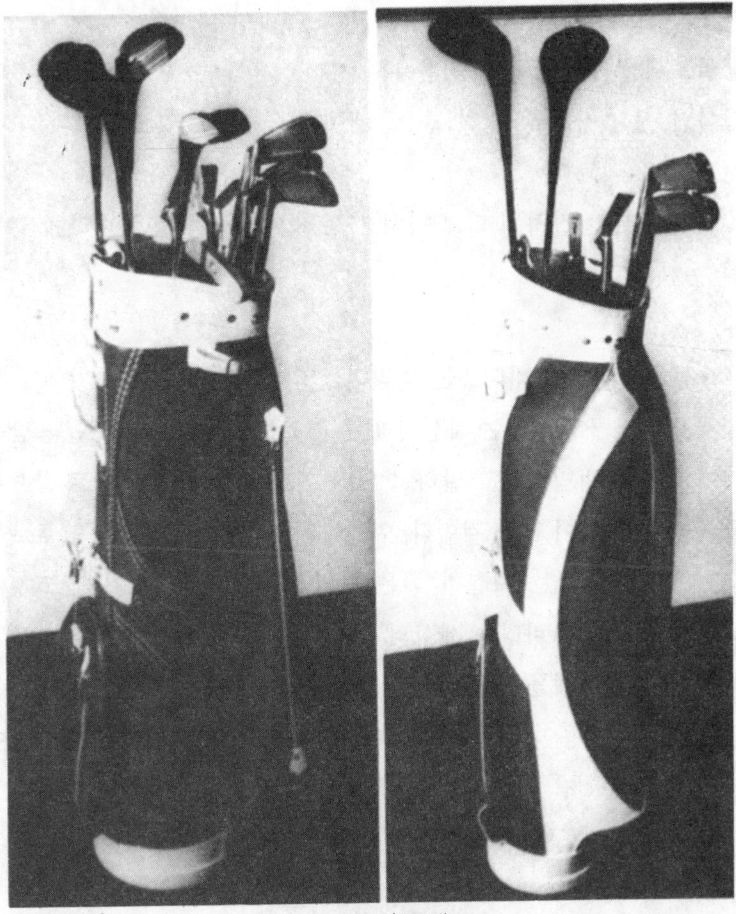

풀 세트   하프 세트

더 기술적으로는 어려워지는 것이다.

하프 세트는 결국 여행자의 편의상 생겨난 세트이고, 그것을 골프 제조업자가 이용한 것에 지나지 않고, 업자의 작전에 그대로 걸려들어갈 필요는 없다.

하프 세트를 구입하고 그것에 익숙해지면 필연적으로 풀 세트를 사도록 짜여 있기 때문에 그만큼 비용도 많이 나간다.

골프채를 구입할 경우 처음부터 자신에게 맞는 풀 세트를 살 수만 있다면, 오래 사용할 수 있고 골프채에 익숙해지는 것도 빠르다. 따라서 숙달도 빠르다.

하프 세트는 잘하게 되고 나서 사는 것이다라는 것을 머리에 염두해 두기 바란다.

●불완전한 어드바이스는 이익이 없다

골프채를 구입할 때는 자신이 배우고 있는 프로로부터 조언을 받는 것이 최상의 방법이라고 말하고 있다. 또한 이러한 방법으로 골프채를 구하는 사람이 많을 것이다. 여러가지 지식을 갖고 있는 프로로부터의 어드바이스는 확실히 좋은 방법일 것이다. 그렇지만, 그것이 최고라고 생각해 버리는 세상의 습관이 우습다.

자신이 골프채를 갖고 싶다고 생각할 경우는 몇 십 만원, 혹은 몇백만원의 비용이 나가기 때문에 어차피 사야 한다면 자신의 몸에 맞는 좋은 물건을 구입하는 편이 좋다고 생각하는 것은 당연하다.

그러나 만약 프로의 조언을 받는다면 그 만큼 투자를 해야 한다. 적어도 자신의 습관 정도를 프로에게 인식시켜 주고, 그리고나서 상담하고 어드바이스를 받지 않으면 그다지 소용이 없다.

한편, 소매점 등에서는 일단 어드바이서가 말하고, 즉석에서 그 사람의 체형 등을 머리에 넣어주고 사게하는 가게도 있다. 사는 것은 본인이다. 사람을 의지하지 않고 자신의 방법으로 손에 넣은 골프채의 기능이라든지 사용법은 구입한 다음 프로에게 차분히 배우는 편이 손쉽다. 자신의 주위에 있는 아마추어가 좋은 조언을 해 줄 수 있는 경우도 있는 것을 잊어서는 안된다.

● 골프채의 라이에 몸을 맡겨서는 안된다

골프채에는 라이라는 것이 있다. 샤프트의 지면에 대한 각도이다. 키가 큰 사람이 사용하는 골프채는 무슨 일이 있어도 기능상 라이는 직각에 가까워지고, 업 라이트로 취할 수 있도록 만들고 있다. 역으로 키가 작은 사람에게는 직각에서 먼 각도가 되고, 플랫으로 취할 수 있도록 만드는 것도 있다.

이 라이가 있지만, 역시 골프채의 길이와 마찬가지로 메드는 드라이버에 의해 정해지고 있다. 골프채를 그립으로 취할 때에 드라이버의 골프채가 소올(밑)을 지면에 딱 붙이고 공간이 없게 할 것은 말할 것도 없다. 그렇지만, 골프채의 끝에 공간이 있는 것은 솜씨에 빈틈이 생기는 것이므로 그만큼 공을 직각으로 히트하지 못하는 것이 된다. 이러한 골프채를 손에 넣는 것은 자체에 문제가 있다.

골프채에서 라이는 모두 정해져 있고, 구입시에는 상점에 있는 사람이 일단 선택해 주지만, 가게 앞에서 골프채로 자세를 취하는 정도로는 좀 이해가 가기 어렵다. 골프채 구입시에는 길이라든가 무게 같은 것 이상으로 라이가 정해져 있는지 없는지를 정확히 조사해 둘 필요가 있다.

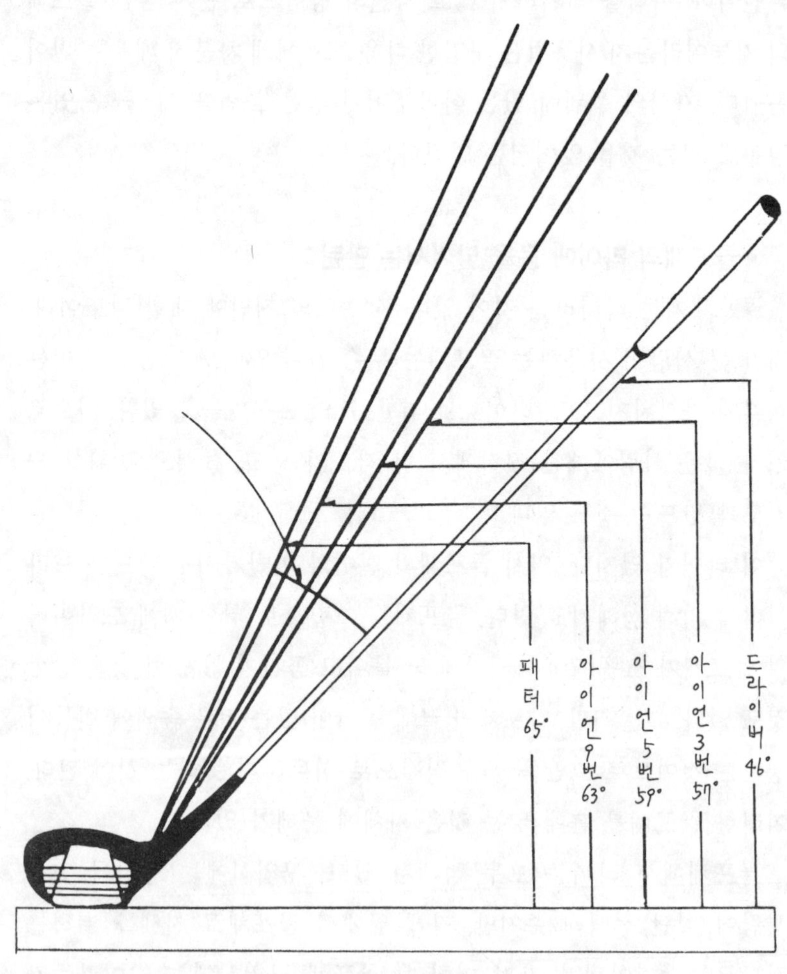

골프채의 라이

중요한 것은 골프에 자신을 맞추는 것이 아니고, 자신의 몸에 골프를 맞추는 것은 불합리하다. 가능하다면, 골프는 그 자리에 있는 기성품보다도 자신의 몸에 맞는 것을 주문하는 것이 이상적이라고 말할 수 있을 것이다.

● 골프채의 길이에 규정은 없다

골프채의 길이는 대개의 겨우 드라이버를 기준으로 해서 아이언이 9번까지 점점 짧아져 간다. 길이를 결정하는 것은 경기자 신장(身長)의 고저, 취하는 자세의 라이 등에 따른다.

그러나, 키가 크다고 해서 긴 골프채가 좋고, 키가 작다고 해서 짧은 골프채가 적합하다는 것은 아니다. 상식적으로 생각하면, 키가 크기 때문에 긴 골프채를 사용한다고 해석을 하지만, 실제는 그 반대로, 키가 큰 사람은 그만큼 팔도 길고, 공에 대해서 자세를 취할 경우 플랫이 되기 때문에 오히려 짧은 골프채가 적합하다. 역으로 키가 작은 사람은 팔도 짧고, 자세가 업 라이트(우뚝 서다)가 되기 때문에 골프채는 긴 것이 적합하다는 것이 일반적인 이론이다.

그런 것을 참고로 해서 골프채를 선택하고 있지만, 자신은 좀 긴 골프채가 적합하다고 생각한다면 그것도 좋다. 그러나 각각의 몸에 맞는 골프채를 선택하는 것이 좋다.

긴 골프채일수록 원호가 크기 때문에 난다고 생각하지만, 키가 큰 사람이 만약 긴 골프채를 잡는다면, 애써서 취한 업 라이트 자세가 플랫이 되고, 그 만큼 원호가 안 그려지기 때문에 공이 날으는 정확도를 잃는다. 역으로 키가 큰 사람이 업 라이트 자세가 된다고 해서 짧은 골프채를 잡는다면, 그 만큼 공은 날지 않게 된다.

자신의 체격에 맞는 골프채를 선택하면 좋다.

　그렇지만 그것을 납득하고 골프채를 자신의 몸에 맞게 한다면 길어도 짧아도 좋다.

● 골프채는 미녀보다 추녀

　둥근 얼굴, 각이진 얼굴, 아래가 볼록한 얼굴, 갸름한 얼굴 등 인간의 얼굴에서는 여러가지의 형태가 있다. 특히, 남성이 여성을 볼 경우, 희망도 여러가지이고, ‘나는 둥근 얼굴이 좋아요’, ‘아니, 갸름한 얼굴이 좋아요’라고 한 이야기도 자주 듣는다.

　프로 골퍼가 드라이버를 선택한 경우도 이것과 아주 비슷한 이야기가 있다. ‘이것은 갸름한 얼굴을 하고 있다’, ‘모가 나 있기 때문에 좋다’라는 말이다.

　프로에게 있어서 골프는 애인, 아니 그 이상의 것이다. 한 번 반하게 되면 끝까지 반하게 된다.

　이와 같이 골프채 헤드에도 여러가지 얼굴이 있기 때문에 골퍼와 골프채의 만남에는 로맨틱한 즐거움이 있다. 그러나 그것은 어디까지나 프로의 기호에 따른 것이지만, 얼굴 형에 따라서 난다, 날지 않는다라는 중요성도 충분히 고려해야 한다.

　어떤 얼굴의 골프채가 날아 오를까. 골프채에는 공 등에서와 마찬가지로 여러가지 규정이 있어서, 페이스의 크기, 헤드의 치수 등 변형하는 것은 간단히 제조할 수 없다.

　그렇기 때문에 특별한 세공은 가능하지 않지만, 가장 많이 날아가는 것은 샤프트의 입에서 골프채 페이스쪽에 걸쳐서 나무가 부푼 상태에 따라 달라진다. 부푼 것이 크면 큰만큼 날아가게 된다. 그러한 골프채는 여성으로 비유해서 말하자면 각이진 추녀이다.

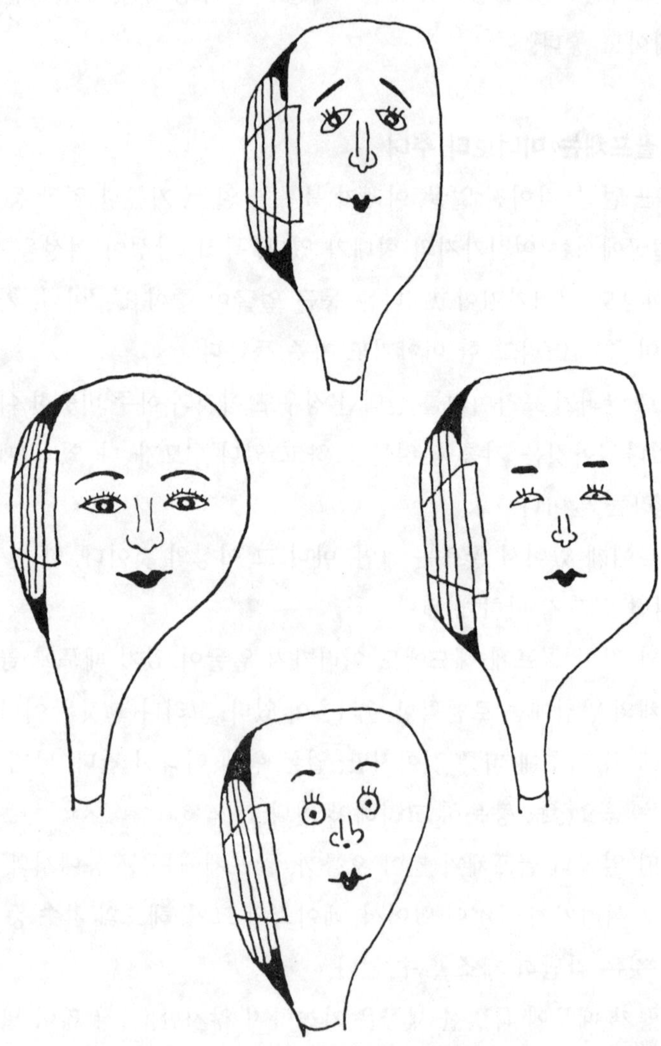

드라이버의 골프채 페이스에도 여러가지가 있다.

한편, 얼굴이 갸름한 골프채는 애기 때문에 날지 않는다. 이른바 미인의 얼굴이다. 아무리 얼굴이 갸름해도 골프채에 한해서는 그다지 인기가 없는 모양이다. 따라서 골퍼는 그다지 얼굴모양과 몸매에 관계하지 않고, 골프에 적절한 애인을 발견하도록 해보기 바란다.

● 명골퍼는 구두보다 징(鋲)을 중요시 한다

예전에는 골프를 할 때오래 입어 낡은 바지를 개조해서 입는 것이었지만, 최근은 컬러 시대에서 패션도 화려한 경향을 띄고 있다. 특히 프로는 붉은 바지라면 붉은 구두, 파랗다면 파란 구두로, 입는 것에 맞춰서 몇 켤레의 구두를 갖고 있다. 또한 아마추어 중에서도 3켤레나 5켤레의 스파이크를 갖고 있고, 눈오는 날은 이것, 산 코스의 경우는 가벼운 구두, 여름은 이것, 겨울은 이것, 이런 식으로 바꿔가면서 신는 사람도 다수 있다. 그 중에는 프로로 착각해서 바지의 색에 맞춰서 바꿔 신는 사람도 있다. 확실히 멋장이는 인간 최고의 사치를 희망하기 때문에 그것이 만족된다면 누구라도 해 보고 싶은 것이다.

그러나, 긴요한 것은 스파이크의 수가 아니다. 스파이크의 생명이라는 것은 구두의 밑부분의 징 상태이다. 신경을 쓸 것은 위보다도 아래, 여성에게서도 상의보다는 하의에 마음을 쓰는 사람이 있는 것같이, 징의 구실은 셀 수 없을만큼 많다. 징이 적으면 스윙의 경우 양다리의 버팀의 효과가 없고, 낭떠러지 등에서는 미끄러지기 때문에 위험하다.

오래되어서 더러워진 스파이크라도 징을 끊임없이 교체하는 골퍼야 말로 물건을 소중히 하는 뛰어난 경기자이다.

● 무게와 비거리(飛距離)는 비례하지 않는다

스스로 아무리 노력해 봤자 거리가 안 나간다, 한 가지 평상시보다 중량이 있는 골프채를 사용한다면 날아갈 지도 모른다라고 생각하는 사람도 있을 것이다. 사실 프로가 사용하고 있는 골프채를 잡으면 무게도 있고, 어떻든 날아가는 듯한 기분이 든다. 자신이 갖고 있는 골프채와 프로의 골프채의 무게를 달아보면 결과는 같은 중량이란 이야기다. 결국 이것이 바란스라는 것이다. 실제로는 3732그램이지만 휘둘러 보면 가벼운 느낌이다. 역으로 휘둘러 보면 무겁지만, 무게를 달아보면 360그램밖에 안된다는 것도 종종 있다.

프로의 골프채 무게는 대개 375그램(드라이버)이다.

너무 가벼워도 안 좋지만, 쥐었을 때 약간은 가벼운 느낌, 무게는 375 그램 정도의 중량을 지닌 골프채라면 이상적이다. 중량이 가벼우면 그만큼 휘두르는데도 편안하고, 무엇보다도 스윙에 스피드가 붙는다. 스피드가 붙기 때문에 그만큼 공도 날아간다. 무거운 골프채는 확실히 날아가는 듯 하지만, 실제로는 날아가지 않고 무엇보다도 피로하다.

● 골프채가 달라도 체공시간(滯空時間)에 차이는 없다

골프채의 로프트는 잘 나가기 때문에 드라이버의 로프트는 11도에서 거리가 가장 많이 나간다. 체공 시간도 가장 길다고 생각하지만, 스푼의 로프트는 17도이기 때문에 그 만큼 공은 상공으로 올라가고, 거리는 나가지 않지만 체공 시간은 마찬가지이다.

이것은 각 골프채의 로프트를 그대로 사용해서 친 경우로, 9번 아이언 이외의 샌드 웨지라든가, 피칭 웨지에서는 바꿔야 할 것이

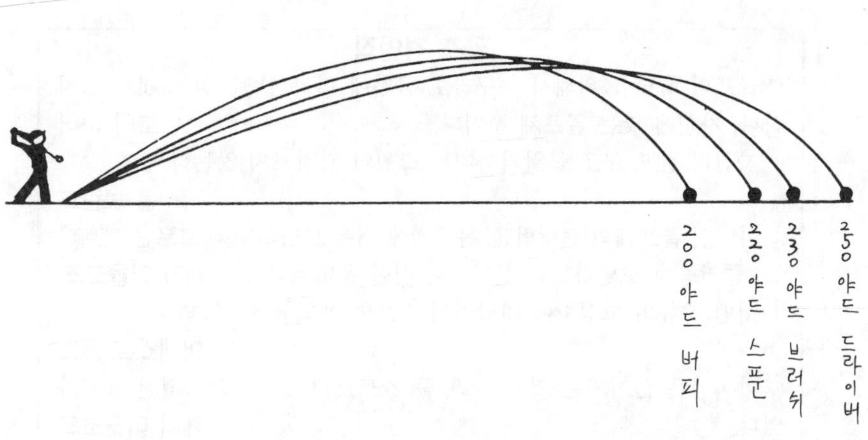

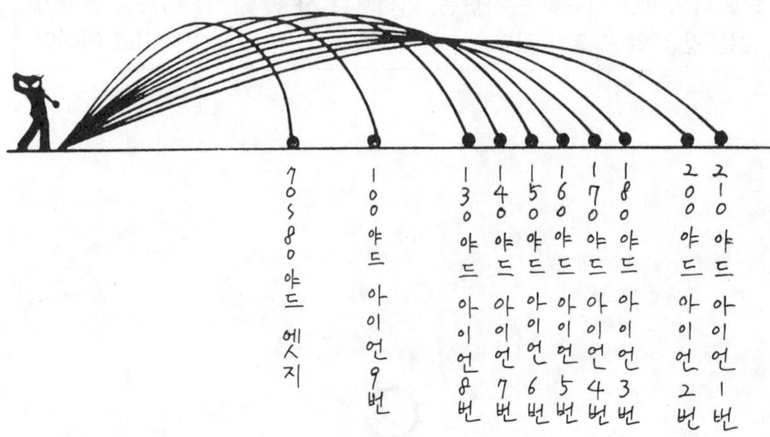

골프채와 비거리

다. 풀 쇼트해도 웨지에서는 필요 이상으로 공이 상공으로 날아올라
가기 때문에 9번과는 바뀐 코오스가 된다. 힘을 들이는 것과, 들이지
않는 것에서 코오스가 바뀌기 때문에 제외하자.

골프 격언집

골프의 숙달을 위해서 누구라도 금전에 따라 살 수 있는 것은 단지 하나, 자신에 맞는 골프채 뿐이다.　　　　　　　　　　토미 아머

자신의 골프 구조를 알기까지는 스윙이 결정되지 않는다.
　　　　　　　　　　　　　　　　　　　　　톰 브란드

아이언 골프채의 선택법은, 목표점에 겨우 도달하도록 고르는 것보다는, 즐거움에 도달하도록 선택하는 것이 올바르다.　　케리 미들코프

어떤 종류의 고상함에 매달리지 않으면 게임을 할 수 없다.
　　　　　　　　　　　　　　　　　　　　어네스트 죤즈

아이언은 짧아지는 것에 따라 풀 쇼트보다 쇼트 쪽이 훨씬 효과가 있다.　　　　　　　　　　　　　　　　　케리 미들코프

골프라는 것은 단지, 골프채를 바로 잡는 것만이 경기가 아니고, 정확한 쇼트와 같은 정도의 머리 동작이 요구된다.　　　　바이런 넬슨

드라이버만 연습하는 사람은, 퍼터보다 사용 횟수가 적은 골프채가 있는 것을 알 필요가 있다.　　　　　　　　　　디크 메이어

3. 효과적인 연습법

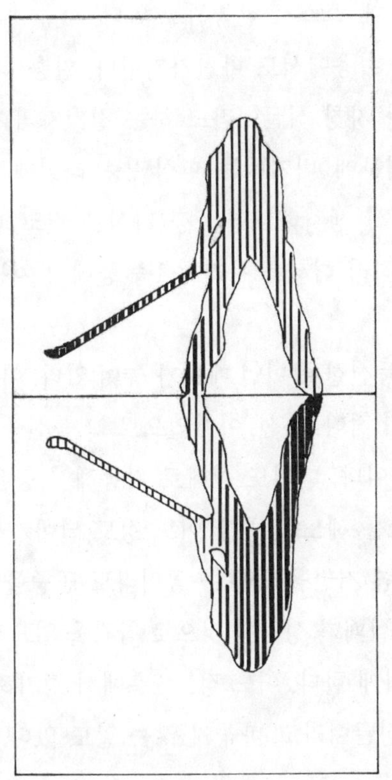

● 위로 치면 팔도 올라간다

골퍼에는 허영으로 치는 사람이 많다. 연습장에서도 그것을 증명하는 재료는 얼마든지 있다. 예를 들면 골프채가 있다. 골프채의 품평회는 없지만, 가격이 비싼 외제를 자랑해서 사용하는 사람도 상당수 있다. 예를 들어 그것이 자신의 체격에 맞지 않는 경우라도, 단지 고가품이기 때문에 스스로 만족하고 있다.

타석(打席)의 사용에서도 마찬가지이다. 일층 타석의 중앙부분은 대개 싱글급이나 자칭 싱글이라고 하는 경기자의 대기 장소로 되어 있다. 그렇기 때문에 비기너는 항상 2층 타석에서 외롭게 쳐야만 한다. 그러나 다시 생각해보면, 2층 타석은 결코 나쁜 조건이 아니다. 비기너는 오히려 허세를 부려서 1층 등에서 치는 일이 없기 때문이다.

2층에는 푹신푹신한 아이언 매트가 놓여 있다. 이용도가 낮기 때문에 비품도 파손이 적다. 우선, 아이언으로 그 푹신푹신한 매트에 공을 놓고 쳐 보는 것이다. 더퍼도 아래로 반동해서 공은 날아 올라가고, 톱이라든가 쵸로를 해도 공중에 어느 정도 날아가서 있어 준다.

1층에서는 가령 지면을 구르는 공이라도 공중을 날으는 것은 2층이 강하다. 결국 실패가 성공한 것으로 착각을 일으키기 때문에, 골프를 쉽다고 이해하게 한다. 어느 정도 2층에서 경기하고 나서 1층으로 내려오면 자칭 싱글이라고 바꾸지 않는 일도 있다.

● 연습에 이론은 없다

본래 연습에 있어서 이론 등이란 말은 있을 리가 없다. 처음부터 드라이버로 연습을 시작하고자, 아이언부터 입문하는 것을 위한 이론

1층보다 2층 쪽이 초보자에게는 연습하기가 쉽다.

등은 존재하지 않는다.

이론을 충실하게 지키려는 것은 스탠스부터 그립, 스윙에 대한
이론이 있어야 지킬 수 있는 것이다.

초보자는
짧은
골프채부터
연습하면 좋다.

이 경우는 연습하는 것을 말하는 것이지만, 연습에서는 이론보다는 무작정하는 편이 오히려 적합하다. 무작정 한다고 해도 결코 공을 오로지 무턱대고 치는 것이 아니고 연습 벌레처럼 충분히 연습을 하는 것이다.

이것은 이론은 아니지만, 처음은 드라이버와 같은 긴 골프채가 아니고, 아이언도 매우 짧은 골프채로 스윙하는 편이 몸의 움직임도 적고, 그 만큼 골프채 헤드에 공이 맞기 쉽기 때문에 빨리 능숙해지는 것이다. 되풀이 해서 점점 긴 골프채로 바꿔 나가면 무작정 치는 연습을 충실하게 하는 것이 이론이라고 말하는 편이 바를 것이다.

초보자의 입문서가 범람하고 있지만, 대개는 드라이버부터 지도하고 있다. 차라리 9번 아이언부터 지도하는 일이 정통하다라고 생각하는 것이 어떨까. 이론이라는 말이 있다면, 그것이 이론으로써 적당하지 않을까.

● 급하면 골프채를 빌리자

연습장에 가서 골프채를 빌려서 사용하는 골퍼는 의외로 많다. 거대한 연습장이 있는 잔디 골프장에서도 이곳에 오는 사람의 20퍼센트 내외가 이용객이라는 것이다. 다만, 빌리는 골프채는 대개 싸구려가 많고, 빌려주는 값에 따라서 이익을 생각하는 연습장은 거의 없다. 다만 골프채를 준비해 놓지 않으면 불편하기 때문이고, 사용하고 나서 정비도 하지 않고, 더러워진 그대로 놓아두기 때문에 정상적인 골프채는 적지만, 이용도는 상당히 높다.

골프채를 구입할 경우, 프로의 어드레스, 선배 아마츄어, 점원등의 조언을 받고 사는 케이스가 많지만, 연습장에서 빌려주는 골프채를 각종 사용해 보고, 자신의 버릇, 골프채의 균형, 길이, 무게 등의 상태를 파악해 구입하는 것도 하나의 방법이다.

골프는 드라이버를 표준으로 해서 정해지고 있는 패턴이 많기 때문에 빌리는 골프채의 드라이버로 시험하고 싶은 경우이지만, 갑자기 크게 휘둘러서 부상을 입을 경우도 생각해서, 처음은 아이언으로 시험삼아 하는 것이 좋다. 아이언에서 서서히 우드로 옮겨서, 나중에는 몸에 익숙해지면 드라이버를 사용하고, 샤프트가 부드럽거나 단단한 것, 그 밖에 그립의 굵기라든가 중량 등을 자신의 몸에 익히고 납득하고 나서 구입해도 늦지 않는다. 서둘러서 구입하는 일은 가능한 한 피해주기 바란다.

● 레슨 과목에 에티켓은 없다

'최근 골퍼의 품위는 저하되었다'라고 말하고 있지만, 예전에는 어떠했을까. 예전의 골퍼에게 물어보면 '예전에도 역시 마찬가지였어요. 다만 골퍼도 골프장도 그 수가 적었기 때문에, 그만큼 눈에 잘 안띄었던 것이지요.'

예전에는 레슨이라고 해도 사람에게 배우지 않고, 자신의 기술을 스스로 연마했던 것이다. 프로는 약간의 말로 어드레스 할 정도이고, 친절하게 가르치는 일은 아마추어의 자존심이 허락하지 않아서 거의 없었다. 또한 에티켓, 매너라면 일단 회사적 지위도 있는 사람이 많았던 만큼 교양이 몸에 붙어 있고 해서 배우는 것은 루울 정도에 지나지 않았다.

그런데, 현대 골퍼의 대다수는 프로에게 친절한 가르침을 받고, 결국은 침식을 함께 해서까지 기술 향상에 협조를 받기 때문에 기술도 향상되지만, 다른 에티켓이나 매너에 대해서는 전혀 모르고 있는 경우가 많다. 에티켓은 루울 북의 제1장에 분명히 명기되어 있는 대로, 골프의 초보이다. 매너는 물론 사회 도덕이고, 어릴 때부터 당연히 몸에 익혀야만 한다. 골프 교실 등에서 에티켓, 매너의 교실이 없는 것도 그 때문이다. 에티켓이라든가 매너는 배우는 것이 아니다.

● 남성은 여성에게 배우고 여성도 여성에게 배워라

레슨을 받을 경우, 남성은 남성에게 받는 것이 좋을까, 여성에게 받은 것이 좋을까, 과연 어느쪽으로부터 배우는 편이 빨리 익숙해질까. 나는 딱 잘라 말해서 여성에게 배우는 쪽이 빨리 익숙해 진다고 생각한다.

연습장을 잠깐 들여다봐도 남성의 코치가 압도적으로 많다. 프로 골프협회의 남자 프로나 여자 프로 내역을 봐도, 여자 프로 골퍼의 수는 남자의 1할 정도에 지나지 않는다.

그렇기 때문에 여성에게 배우고 싶어도 수요에 대한 공급이 조화를 이루지 못하고 있기 때문에 그러한 기회도 적다.

여성 쪽이 동작에 대한 둔함은 다소 있어도, 남성보다 몸이 부드럽고 어떤 동작에 있어 순응성이 제법 풍부하다고 할 수 있다. 스윙도 타고난 커다란 엉덩이를 유효하게 살려서 휘두르기 때문에, 토대는 비교적 단단하고, 불필요한 힘을 쓰지 않고 순수하게 휘두른다.

또한 여자 프로가 탄생하려면 그 과정에 반드시 남성 프로의 가르침이 있을 것이다. 그 경우도 여성은 순수하므로 남이 말한 것을 고분고분 받아서 이해한다. 때문에 스윙도 순수하다.

여성에게 배우는 편이 빨리 숙달한다.

한편, 남성은 여성에게 배우는 편이 오히려 순수하게 알아들을 수 있다.

종래에 만들어진 화려한 스윙을 견본으로, 남성은 여성에게 물러서 납득하는 것이다. 또한 여성도 동성에게서 배우는 쪽이 숙달이 빠르다는 것을 말할 수 있다. 다만, 남성의 묘한 프라이드는 버려야 한다.

● 편리한 것은 숙달을 방해한다

차를 일종의 허영으로 소유하고 있는 사람이 있다. 자택에서 얼마 안되는 거리를 차를 몰고 연습장에 가는 사람이 적지 않다. 차라는 것은 타 버릇하면 습관이 되어 버린다.

최근 플랫 포옴으로 가는데에 에스컬레이트를 많이 설치하도록 되어 있지만, 복잡한 러시 아워에는 에스켈레이터의 입구는 길다란 뱀같은 행렬, 계단은 텅텅 비어 있는 광경을 볼 수 있다. 인간을 돈이 많아지고, 그것을 사용하지 않으면 손해를 보는 것 같은 기분이 되는 것일까.

차가, 역시 이러한 기계 문명의 발달에 의해 점점 더 다리가 약해지는 것을 알고 있을 것이다. 최근 어린이들이 조금 높은 곳에서 뛰어 내리다가 삐기도 하고 골절되기도 하는 일이 많은 것도 기계 문명의 조화라고 할 수 있을 것이다.

그런데 차로 오는 사람은, 커다란 백이나 스파이크를 트렁크에 넣어 운반해 오기 때문에 정말 기분이 상쾌할 것이다. 그러나 쳐보면 하반신이 약해지는 것이 두드러지고, 호쾌한 기분이 전혀 없는 것도 차를 타는 사람의 특징이다.

자전거라든가 도보로 오는 경기자는 그 반대의 케이스가 많다. 치고 있어도 호쾌해서 1일 27호울 라운드해도 피로도는 적은 것 같이 보인다. 골프 뿐만이 아니라 스태미너 만들기는 평소에 유의하도록 하자.

●라운드 때의 동작은 이익 없다

골프채만 휘두르는 동작은 근육을 풀어주고, 몸을 굳지 않게 하는 데 가장 적합한 운동이다. 더구나 안정된 포옴을 지속하는 데에 이 동작이 좋다. 자신의 포옴을 재인식시키는 의미에서도 매일 매일 골프채 휘두르는 동작을 거르지 않는 것이 좋다.

골프채를 휘두르는 것에서도 단지 휘두르는 것만은 의미가 없다. 그립, 스탠스를 한 상태로 실제 라운드하고 있는 기분으로 골프채를 휘둘러야 한다.

골프채만 휘두르는 동작에서 주의할 것은 갑자기 드라이버와 같은 기다란 골프채를 휘두르지 않는 것이다. 긴 골프채는 반드시 몸 전체를 크게 동작해야 할 필요가 있기 때문에 몸이 아직 풀어지지 않았을 때라든가, 갑자가 격한 운동으로 바꾸는 경우는, 큰 동작은 애당초 무리가 있다. 그 보다도 아이언, 그것도 9번이라든가 8번 아이언과 같은 작은 골프채로 어깨를 가볍게 풀어준 다음에 서서히 긴 골프채를 휘두르는 순서가 좋다.

평상시에 골프채만 가볍게 휘두르는 동작을 한다면, 막상 코스에 나가서도 골프채를 휘두르는 동작을 필요 이상으로 할 필요가 없다. 코스에 가서 골프채만 많이 휘두르는 일은 코딩을 무너뜨리는 원인이 되고, 먼저 피로해져 버린다. 라운드 때에 골프채만 휘두르는 동작은 가능한 한 삼가하는 편이 좋다.

● 조잡한 백타보다 신중한 한타

톱 프로는 하루 500개 정도의 공을 친다고 말하고 있다. 그 내용은 가지각색이지만 적어도 300개 이상 치지 않으면 몸이 둔해질 것이다.

최근 연습장에서는 자동 티 업 장치와 같은 편리한 기계가 있다. 결국, 자동 티업 기계는 공을 칠 때마다 한 없이 공이 더 위로 세트되기 때문에 보통의 경우 50개가 한 바구니에 들어가는 시간이 30분에서 40분이던 것을, 기계 도입 후에는 20분도 채 안되어서 다쳐 버리기 때문에 타석의 회전이 빨라지고, 혼잡시에는 상당한 효과가 있는 셈이다.

그런데 이것이 이용자에게는 공을 많이 친 결과가 되고, 비용은 순식간에 많아지고 피로도 증가하게 된다. 이렇게 해서 빨리 능숙해진다고도 할 수 있지만, 그렇지 못한 케이스도 많다, 공은 1개 1개 자신의 손으로 좋은 장소에 놓고, 골프채만으로 몇 번이고 휘둘러 본 다음에 공을 치는 것이 좋다.

코스에 가서도 알 수 있듯이, 한 번에 한 번밖에 칠수 없기 때문에 그 때마다 신중하게 생각하고 쳐야 한다. 연습장에서도 마찬가지이다. 한 구 한 구 신중하게 치는 것이 숙달되는 비결이다. 많이 치는 것은 아니다. 하지만, 타석을 장시간 독점해서 타인에게 폐를 끼치는 일이 없도록 한다.

● 선생을 선생으로 생각하면 오해도 많다

골프는 신사의 스포츠라고 한다. 따라서 아무리 기술적으로 1급이라고 해도 매너라든가 에티켓을 확실히 갖추지 않는다면 일류 경기자라 할 수 없을 것이다. 골프가 대중적이 된 오늘날, 프로중에서도 이러한 마음의 조화를 잃은 뒤죽박죽된 사람도 가끔 눈에 띄인다.

또한 연습장에 가면, 언스탠트 프로로 불리는, 코치로서 활약하는 사람들이 있다. 그들은 확실히 골프의 기술면에서는 아마츄어 보다도 뛰어나다. 그러나 매너라든가 교육 방법이란 점에서는 아직 미숙한 사람도 많다고 생각한다.

친절하게 득이 양양해서 가르치는 일도 좋지만, 배우는 사람의 개인차도 고려하지 않고서 자신의 좁은 경험을 강매하기도 하고, 자신이 스승에게 배운 것을 그대로 절대적인 틀에 박아서 강제로 하기도 한다.

이러한 선생에게 배우면 그 만큼 숙달도 늦어지고, 변변한 일이 없다. 배우는 사람의 체형이나 습관, 결함을 빨리 이해해 주고, 적절한 지도를 해 주기 바란다.

매너도 동시에 훌륭한 선생에게 배우면 골프가 숙달되는데에 효과적인 지름길이라고 알고 있다.

● 티 업하고 연습하면 숙달도 빨라진다

예전의 사람은, 아이언을 마음대로 잘 쳤다고 한다. 그것은 공을 지면에 직접 놓고서 연습했기 때문이라는 것이 그 이유이다.

실내 연습장이라도 옛날에는 땅 위의 타석에서 직접 공을 칠 수밖에 방법이 없었지만, 오늘날에는 아이언 매트도 있고, 그 밖에 여러가

티 업한 상태에서 연습을 시작한다.

지 비품이 있기 때문에 편리 하게 되어 있다. 레슨이라도 옛 프로는 '당연히 땅에 공을 놓고 쳤지만 이것으로는 숙달이 안된다'고 한탄하고 있다. 연습장측도 관리면에서의 고생을 생각하면 매트를 설치하지 않을 수 있다 라고 하지만, 직접 공을 땅이나 잔디 위에 놓고 치지 않아도 숙달하는 방법은 있다.

조건이 나쁜 곳에서 공을 치는 연습을 하면, 숙달하는데는 차이가 없지만, 입문할 경우, 이것은 우선 어렵다는 선입견이 작용해서 숙달하는데 방해가 되는 일도 적지 않다. 거기에는 티 업한 상태에서 나가게 하는 것을 우선 처음에 시험해보는 것이다. 그렇게 하면 대개는 공을 맞칠 수 있고, 더구나 공이 상공으로 날아 올라가 주기 때문에 입문하기에는 예상 외로 쉽다는 기분이 들고, 그것이 숙달하는데 박차를 가하기도 한다.

중요한 것은 마음가짐이지만, 처음은 티 업한 공을 날리고, 서서히 티를 낮게 하고, 마지막에는 매트 위라든가 잔디 위에서 칠 수 있게 하는 편이 골프를 쉽게 익히는 요령일 것이다. 쉽게 익히는 것이 숙달과 관계가 있다.

●공기도 저항이 있다

골프의 연습은 연습장에서만 하는 것은 아니다. 가정에서도 훌륭하게 연습을 할 수 있다.

공의 중심에 골프채 페이스를 맞히는 것이기 때문에 한순간의 일이다. 직각으로 골프채 페이스가 맞으면 공은 곧바로 날아가는 것을 알고 있다. 단지, 공에 대해서 어떠한 방법으로 정확하게 직각으로 골프채 페이스가 맞아줄지 그것이 문제인 것이다. 손목이라든가 팔에

부채에 충분한 저항이 있는 것은 나이스 쇼트

잔꾀를 부려서 맞히는 것과 같은 식으로, 계획적으로 정확히 맞힐 수는 없다. 골프채 페이스와 왼손의 손등이 관계가 있다. 왼손의 손등을 덮으면 골프채페이스도 씌워진다고 할 수 있다.

스스로는 정면으로 치는 듯 하지만, 빠짐없이 골프채 페이스 면이 공에 대해 정확히 맞을지는 스윙 도중의 동작으로는 알리가 없다. 그런데 이러한 것은 실제로 연습장에서 치는 것 보다도, 코스에서 치는 것보다도, 가정에서도 훌륭하게 칠 수 있다.

예를 들면 여름에 시원하게 해주는 부채가 있을 것이다. 그 부채로 그러한 것은 연습이 가능하다. 막대기에 부채를 연결해서 휘두르는 것을 반복한다. 공기는 이때 저항한다. 부채면에 공기 저항을 잘 받는다면 그것을 골프채 페이스로 가정했을 경우, 공기의 저항이 강하면 강할수록 정확하게 골프채 페이스로 공을 맞칠 수 있는 것이다. 결국, 공기라든가 혹의 원인도 되는 것이다. 부채면에서 공기의 저항을 받으면 받을수록 나이스 쇼트로 연결된다고 생각해야 한다. 이러한 것은 가정에서도 간단하게 연습할 수 있는 일이다.

● 문 지방도 그린이 된다

퍼터를 휘둘러 보면 잘 알 수 있겠지만 스윙이라고 할 수 있고, 스윙이 아니라고 할 수 있는 불가해한 것이다. 그러나, 곰곰히 생각해 보면, 확실히 스윙이 되는 것이다. 공을 하나의 원호로 처리해야 하므로 스윙에서는 차이가 없다.

스윙은 즉 원이기 때문이다. 퍼터의 준비를 보면 대개는 퍼터를 똑바로 가깝게 세워서 공을 친다. 퍼터의 로프트라든가 라이를 봐도 알 수 있듯이, 로프트는 거의 없고, 라이도 그다지 없는 것을 알 수 있을 것이다. 결국, 퍼터는 직선을 따라서 움직이게 되는 것이다.

공에 대해 어스레스하고, 비행선에 따라서 백 스윙하고, 공을 친 다음 비행선에 따라 골프를 휘두르는 것이다. 그 경우, 골프가 조금이라도 전후로 움직여지면 커트된 것 같은 상태가 되어 목표에 대해서

문지방에서 퍼트 방향을 정확히 하는 연습을 한다.

셔터를 누를 때 카메라가 흔들리는 것 같은 현상이 생긴다.

골프채가 흔들리는 것을 없애는 방법은 타이밍이 아니다. 연습량과 연습 방법이다. 중요한 것은 마음대로 구사하는 일이고, 이것은 시간만 있다면 해결할 문제이지만, 연습 방법에서 차를 타고 멀리까지 갈 것은 없다. 가정에서도 훌륭하게 할 수 있다.

예를 들면 문지방에 문턱이 있을 것이다. 그 홈에 공을 놓고, 퍼터로 몇 번이고 공을 쳐보는 것이다. 커트하면 공은 홈에서 떨어져서 좌우로 흩어지지만, 퍼터의 헤드를 홈을 따라 평행하게 움직이면 그 만큼 연습이 된다. 퍼터의 강약을 없애고, 방향을 정확히 하는 습관을 훈련한다면 가정에서도 훌륭한 연습이 가능하다.

● 연소시키는 것만이 성냥 개비는 아니다

어째서 여기서 성냥 개비를 문제 삼을까, 이것이 의미가 없을 수는 없다. 결국 스윙의 연습을 하는 데는 무언가 목표가 필요한 것이다.

자신에게 맞는 올바른 스윙을 파악하는 데는 연습밖에 달리 방법이 없지만, 단지 많은 양의 공을 매일 치는 것은 비용이 제법 든다.

예를 들면 연습장에서 공을 치기에 앞서 지금은 어디를 가더라도 대개 공 1개에 40원에서 50원은 한다. 결국 한 바구니에 50개, 들어가면 2000원에서 2500원은 한다. 그것을 100개 친다면 5000원이 획 날아가 버린다. 지친 몸을 이끌고 5000원 들여 연습장에 가는 것보다는 자신의 가정에서 같은 연습을 할 수 있다면 저렴한 것이다. 그 연습이 습관이 되고 이윽고는 실제가 되는 것이다.

여기서 성냥 개비의 예를 꺼냈지만, 성냥 개비 뿐만이 아니다. 담배 꽁초라도 여하튼 목표가 되면 좋은 것이다.

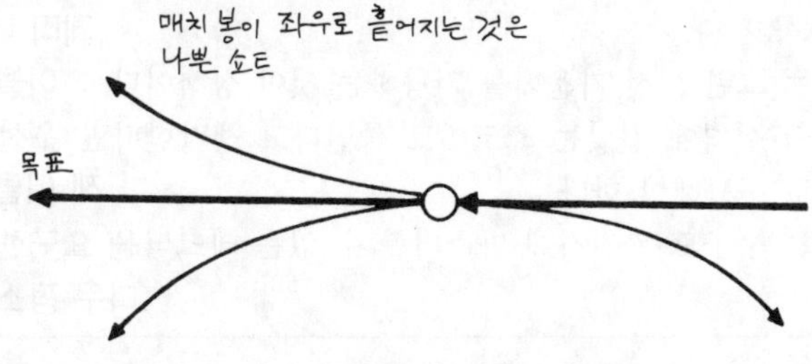

성냥개비로 쇼트를 연습할 수 있다.

성냥 개비는 단지 하나의 목표로써 예를 든 것에 지나지 않는다. 공 대신에 성냥 개비를 놓고 그것을 골프채로 치는 것이다. 성냥 개비가 상대가 되므로 그만큼 멀리 날아갈 수는 없다. 땅위에서 성냥 개비를 세워 놓고, 골프채로 마음껏 그것을 세게 치는 것이다. 훌륭한 스윙이 가능하다면, 성냥 개비는 목표를 따라서 날고, 섣불리 맞으면 좌우로 흩어진다.

아이언을 연습한다면 성냥 개비를 곧장 날리는 것보다도 차라리

비행선의 뒤쪽으로 날려보내는 편이 나이스 쇼트의 효율이 높다. 결국, 백 스핀이 그 만큼 걸리는 증거인 것이다.

다만, 담배를 피우는데 있어 연소시키는 것만이 성냥의 역할은 아니다 라는 하나의 예이다.

골프 격언집

아이언 쇼트의 비거리(飛距離) 판단은 처음에 자신의 웨지에 닿는 거리를 끝까지 확인하고 그것을 기준으로 생각한다.　　게리 경기자

쇼트 게임을 잘 하는 사람은, 롱 게임을 잘하는 사람으로, 승리한다.　　보비 죤스

어드레스에 들어갈 때의 기분은 꼭 파트너와 댄스를 시작할 때의 기분과 꼭 같다.　　게리 네들코프

모르는 그린은 정 가운데를 겨냥하는 것이 상책이다.　　아놀드 파머

자신의 실력에 걸맞는 스코어로 줄인다고 생각한다면 우선 웨지를 마음대로 구사해야 한다.　　잭 니클라우스

골프는 누구도 완전하게 마스터할 수 없는 테크닉을 요구한다.　　다우 핑스터 월드

4. 그립, 스탠스, 어드레스

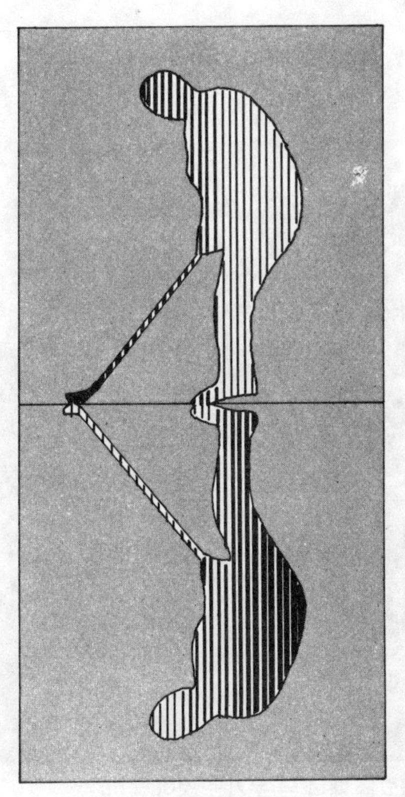

50센티정도 들어 올렸을 때 조금 무거운 것이 좋다.

●잡는 세기는 골프채의 중량에서 짐작한다

그립을 강하게 잡는 것은 어느 정도 힘이 들어갈까. 설명도 여러가지가 있지만, 결정적인 목표가 되는 것은 없다.

천하의 잭 니클라우스는 작은 새를 손으로 잡아 죽지 않을 정도의 세기라고 했고, 캐디로부터 골프채를 받는 순간에 잡는 세기가 좋다고 했고, 처음 꽉 잡고 약간 힘을 뺀 정도가 좋다고 했다. 여러가지 의견이 있다.

작은 새를 죽일지 않을 정도라는 표현은 재미있지만 실용적인 것은 아니다. 또한 캐디로부터 골프채를 받는 순간 잡는 세기가 좋다고 해도 오늘날과 같이 캐디가 존재하지 않거나 4백 등에서 스스로 빼어야 한다.

또한 처음 꽉 잡아서 약간 힘을 뺀 정도 등으로 하는 것은 타인의 필링에 억눌린 것밖에 안된다.

다만 한 가지 재미있는 의견이 있다. '그 물체를 가장 무거운 느낌의 상태로 잡는다'라고 하고 있다. 결국, 드라이버를 골라내서 잡고, 일단은 골프채를 지면에서 50센티 정도 헤드를 들어 올려 잡는다면, 그 물체가 가장 무거운 느낌이 되고, 그것을 지탱할 정도로 잡는 강세가 된다면 드라이버를 막론하고, 아이언도 중량이 각기 다르기 때문에 그 골프채의 무게를 무거운 상태의 느낌으로 잡는다면 이상적이라고 한다. 근거는 없지만 결정적인 의견에 가깝다.

●스퀘어 그립이 전부는 아니다

스탠스의 경우도 마찬가지라고 할 수 있다. 그립에도 흔히 말해서 오버 랩핑, 인터 록킹, 내추럴 등의 종류가 있다. 그렇지만 그것과는

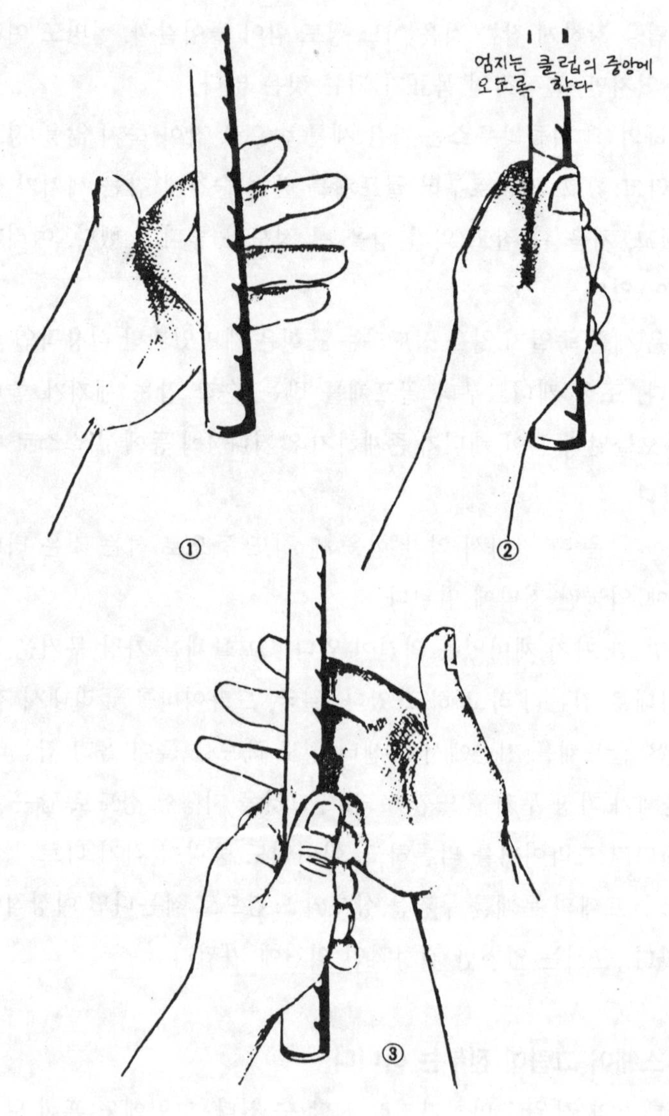

기본적인 그립의 쥐는 방법

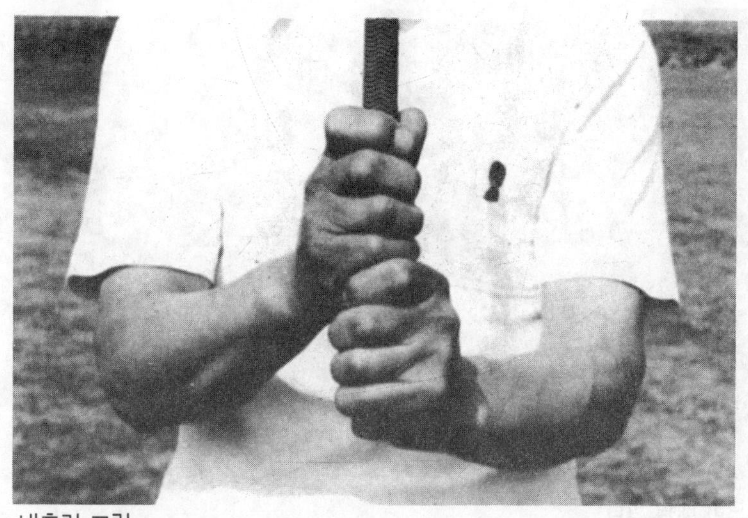

내추럴 그립

다른 혹 그립이라든가 슬라이스 그립이 있다.

오버 랩핑만을 진행하는 사람이 많지만, 오버 랩핑으로는 오른손 잡이일 경우, 오른손의 새끼 손가락을 왼손의 집게 손가락과 가운데 손가락 사이 위로 올라오게 잡는 것이다. 어째서 오버 랩핑으로 잡는 사람이 많은가 하는 문제도 여러가지 있지만 일반적으로 이용하고 있는 사람이 많기 때문이라는 것이 그 이유이고, 어느 것이 최고라고 는 결정해서는 안된다.

스퀘어라든가 혹(오픈), 슬라이스(클로우스)의 그립으로 해도 마찬가지라고 할 수 있다. 결국, 스퀘어로 잡는 경기자가 전세계 골퍼 중에 약 90퍼센트 이상이기 때문만은 아니다.

슬라이스를 많이 한 사람은 오른손을 편 혹 그립으로 한다면 그것 이 나을지도 모른다. 거꾸로 혹으로 한 사람은 오른손을 덮어 씌우게

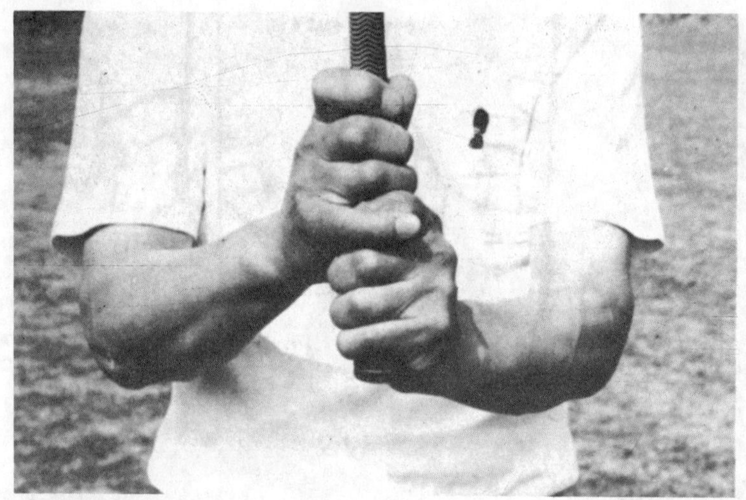

오버 래핑 그립

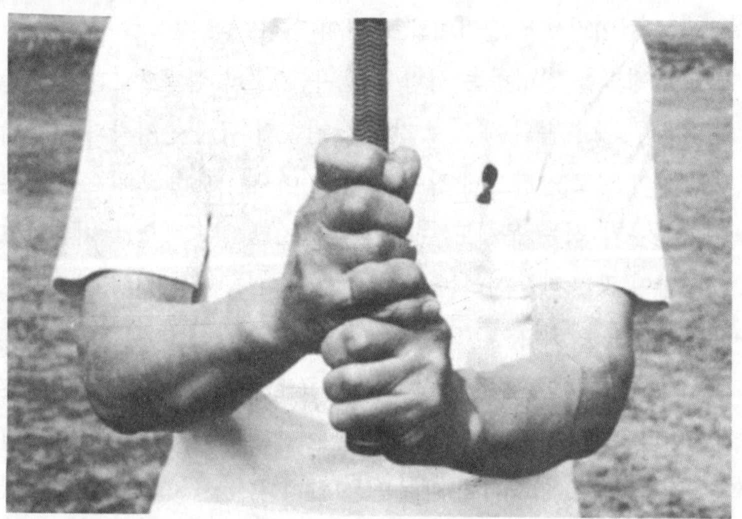

인터 록킹 그립

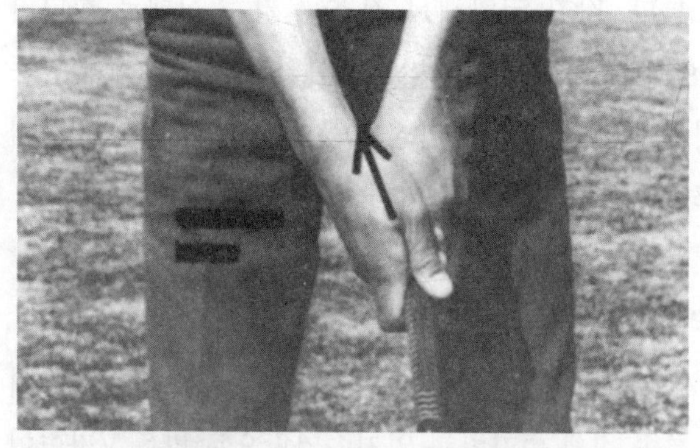

훅 그립

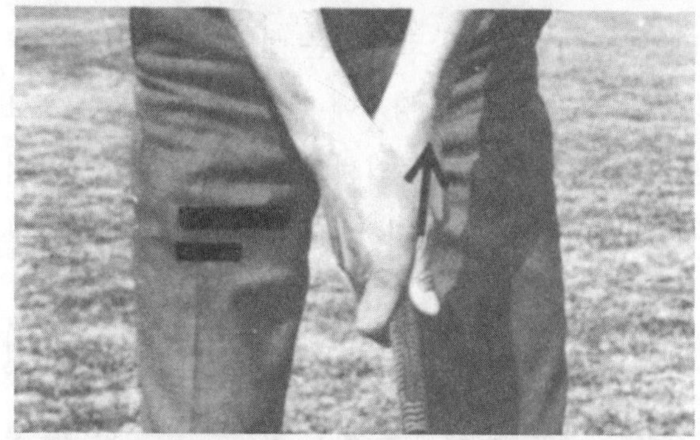

슬라이스 그립

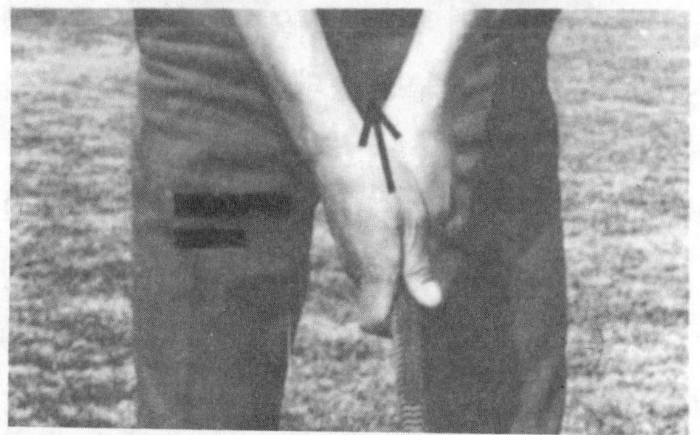

스퀘어 그립

하면 나을지도 모른다. 각자 고안해서 잘 어울리는 상태로 한다면 그것이 비록 스퀘어에 없어도 좋다. 스퀘어 이외라도 정확하게 잡는 것이다. '정확'이라는 의미는 경기자 자신이 몸에 익힌 그립으로, 실제로 제3자가 생각하지 않아도 좋을 것이다.

● 오른손 V자의 방향은 묻지 않는다

그립을 잡는 단계에서 코치를 받으면 왼손은 엄지 손가락을 그립과 평행하게 하고, 오른손 집게 손가락과 엄지손가락으로 만든 V자형이 오른쪽 어깨를 가리키도록 대부분의 코치들은 설명한다.

이것이 정석이라고 하겠지만, 프로 경기에 관전하러 가서 각 프로의 그립을 보면 오른손의 V자형을 주의해서 봐도 반드시 그렇지 않다는 것을 알 수 있다. 결국, 사람마다 편리한 방법으로 휘두르고 있다.

드라이버로는 스트레이트한 공을 치고 싶기 때문에 샤프트가 긴 드라이버를 크게 휘두르고, 또한 옆에서 있는 힘을 다해서 공을 칠 수 있게 잡기 때문에, 임팩트할 때에도 그립이 오른손 손바닥에 평행하게 되도록 잡게 되고, 결과적으로는 오른손의 V자형이 약간 오른쪽 어깨를 가리키는 듯이 되는 것이다.

그런데 프로 중에서는 페이드를 자신있게 하는 사람도 있고, 도로 보울을 자신있게 하는 사람도 있어서, V자형은 일정한 곳을 좀처럼 가리키지 않는다.

페이드 한 사람은 오른손을 약간 덮어 씌워 잡기 때문에 V자는 턱 오른쪽을 가리키고, 도로한 사람은 반대로, V자형은 오른쪽 어깨보다도 바깥쪽을 가리키게 된다.

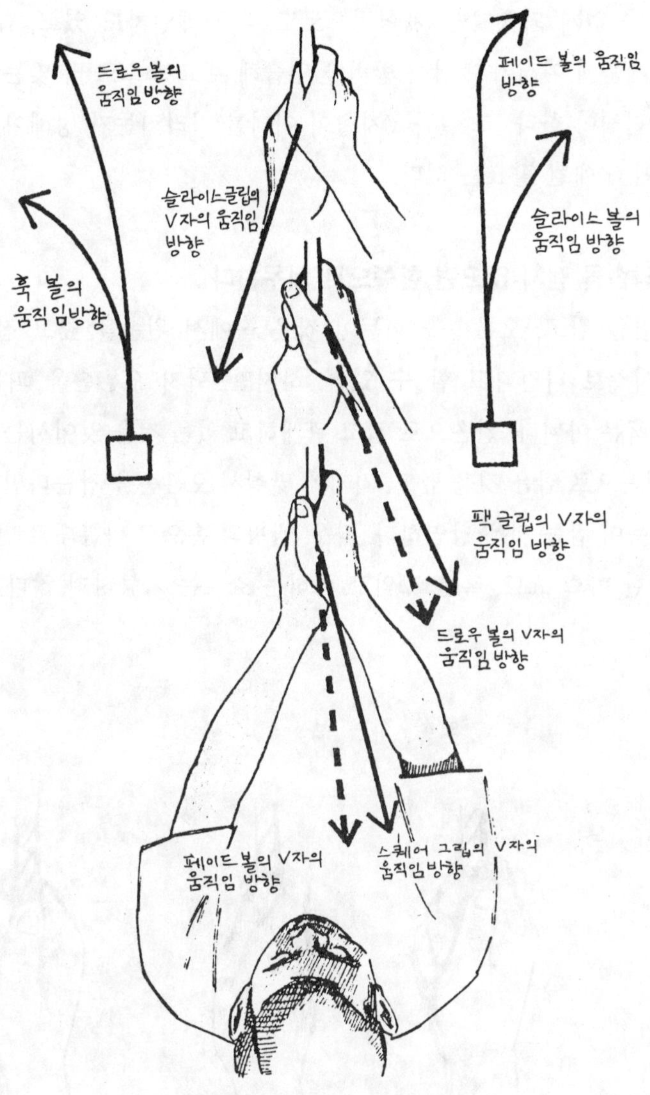

오른손 V자의 방향과 구질(球質)

정통적인 방법으로 잡는다면 V자형은 오른쪽 어깨를 가리키지 않을 수 없게 되겠지만, 체형적으로도 각각 개인차도 있고, 습관도 있기 때문에 여러가지 잡는 방법을 연습해 보고 스스로 딱 맞는 방법을 발견해야 한다. 그 결과 V자형이 어디를 가리키는가 정해야 되기 때문에 구애될 필요는 없다.

● 양손을 뻗지 않으면 한쪽으로 치우친다

그립을 잡고, 오른손을 펴듯이 잡은 훅에서 왼손을 덮고 잡으면 슬라이스로 나간다고 할 수 있다. 하지만, 단지 오른손을 펴는 것만이 훅은 아니다. 왼손으로 잡고 관계하고 있는 것을 잊어서는 안된다. 왼손으로 잡은 것을 덮고, 거기에 맞춰서 오른손을 잡는다면 반드시 펴듯이 잡는 것은 당연하다. 좌우, 쌍방의 손으로 나름대로 만들지 않는 한 미스 쇼트, 혹은 고의로 굽히는 쇼트는 가능하지 않다.

왼손 쥐는 법

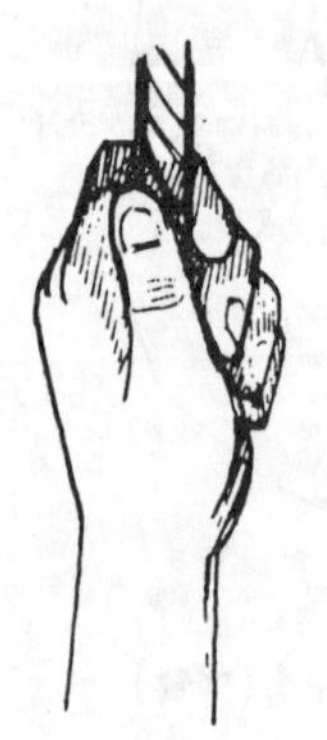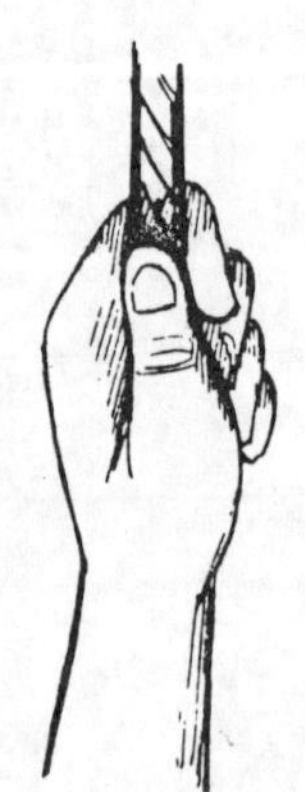

오른손 쥐는 법

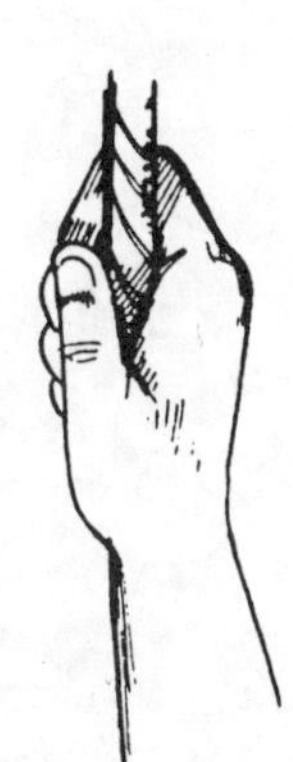

각 그립의 오른손과 왼손의 관계

만약 왼손을 약간만 벌리는 기분으로 잡으면 오른손도 벌리고 잡는 것이 부자연하다. 당연히 오른손은 덮고 잡는다. 덮어서 잡는다면 임팩트 뒤의 폴로우 스루에 걸쳐서 골프채의 반복이 없어지기 때문에 슬라이스가 된다.

●손톱도 공을 날리는 역할을 한다

손톱에 먼지라든가 때가 끼어서 까맣게 된 손으로 식사를 하고, 스코어를 확인하는 광경을 자주 본다. 에티켓이라든가 매너를 존중하는 신사적인 스포츠로서는 위와 같은 몸가짐은 그다지 탐탁하지 못하다.

골프 하러 하기 전날에는 목욕탕에 가서 손톱을 깨끗하게 자르고 몸가짐을 바로하고, 다음날 아침은 회사에 출근하기보다 먼저 부랴부랴 골프장으로 향하는 것이 원칙이지만, 평상시 손톱같은 것은 아무

손톱도 미묘한 영향을 준다.

튼 생각지 않았겠지만, 실제로는 손톱도 공을 치는데 있어 조금은 역할을 한다라는 사실을 모르는 사람이 많을 것이다.

예를 들면, 손톱이 자란 그대로 연습을 하고 있는 사람이 손톱을 짧게 자르고 골프채를 잡는다면 어찌 될까. 평소와 달라졌다는 생각이 들지 않지만, 그립을 손가락으로 붙잡는 것이 잘못 된 것이다. 오른손 새끼 손가락의 손톱이 자란 사람이 있지만, 오버 랩핑으로 쥔다면 아마도 새끼 손가락의 손톱이 왼손의 가운데 손가락과 집게 손가락의 사이에서 글러브가 걸리는 느낌이 들 것이다. 만약 새끼 손가락의 손톱을 자르고 했다면 손가락이 항상 미끄러지는 기분은 들지 않을 것이다.

야구의 투수로 오른손 손톱을 좋지 않게 생각하고, 손톱을 자르면 좋다고 생각하지만, 손톱으로 공을 걸기 때문에 변화구라든가 공의 스피드가 생기는 것이다.

평상시에도 손톱을 짧게 자르고 골프채를 잡는다면 좋지만, 평상시와 다른 방법을 취한다면, 그것이 비록 손톱 하나일지라도 필링을 손상시키는 원인이 된다는 것을 잊어서는 안된다.

● 스탠스는 어깨 넓이가 아니라 보폭에 맞춰라

스탠스를 배울 경우, 그 넓이에 대해서 여러가지 의견이 있다. 어깨 넓이가 좋다라든가, 골프채를 휘두르는데 가장 안정된 넓이가 좋다, 보폭이 좋다라고 말하고 있지만, 그 중에서 가장 적당하다고 생각되는 것은 보폭이다.

어깨 넓이라고 한다면, 인간의 체격에는 개인차가 있기 때문에 키가 작은 사람이라고 해서 어깨 넓이가 좁다라고 단언할 수 없고,

키가 큰 사람이라도 좁은 사람이 있다.

골프채를 휘두르는데 가장 안정된 넓이라는 것도, 안정도 마저

스탠스는 보폭에 맞게 한다.

이해하지 못하는 사람에게는 이해가 가지 않을 것이다. 더구나 안정이라면 넓을수록 안정이 되기 때문에 사람에게 맞는 넓이는 매우 찾기 힘들다.

그러나 보폭은 어떨까. 키가 작은 사람에게 지지 않겠다고, 본능적으로 넓은 폭으로 걷고, 키가 큰 사람이라면 콤파스가 길기 때문이라고 해도 극단적으로 넓게 할 수는 없다. 한창 걷고 있을때, 뒤에서부터 어깨를 두드려서 뒤돌아봐도 어느새 자신은 몸에 맞는 안정된 보폭으로 뒤를 돌아볼 것이다. 서서 소변을 볼 때 무의식 중에 가장 안정된 넓이를 취하는 것과 마찬가지이다.

때문에 스탠스를 취할 경우에도, 거의 저항없이 할 수 있는 것이 아닐까. 보폭이 절대로 좋다고 하는 것은 아니지만, 적절한 표현으로서 이해하기도 쉽다.

● 스퀘어 스탠스만이 만능은 아니다

기본은 스탠스라고 하더라도 스퀘어이어야 한다, 등으로 자주 말하고 있다. 그렇다면 클로우즈라든가, 오픈 등의 각종 스탠스가 생길리가 없다.

반드시 스퀘어가 최고라는 것은 아니다. 스퀘어에는 세 종류가 있기 때문에 어느 것을 이용해도 좋다. 스퀘어 스탠스에서도 슬라이스하는 사람이 있는가 하면, 혹 하자마자 곧장 날리는 사람도 있다.

오픈에서도 클로우즈에서도 마찬가지이다.

다만, 누구라도 입문 당시 처음에는 스퀘어를 향상시키고, 스퀘어가 최고라고 생각하지만, 그 사이에 고안해서 오픈이라든가, 클로우즈로 수정해도 좋을 것이다.

누군가 클로우즈로 하기 때문에, 누구누구가 오픈으로 하고 있기 때문에 자신도 받아들여 보자라는 식의 흉내는 그만두고 싶지만,

스퀘어 스탠스

스탠스가 목적이라는 점에서 스퀘어가 무너졌다고 해도 그것은 결코 나쁜 것은 아니다. 중요한 것은 어떤 스탠스라도 자신에게 익힌다면 그것으로 상관 없는 것이다.

그것이 결국은, 자신의 골프를 확립하는데 관계가 있다.

클로우즈 스탠스   오픈 스탠스

● 목표는 구도(球道)를 현혹시킨다

스탠스는 결정하기 전에 누구든지 한결같이 목표를 응시한다. 그래서 목표를 정하는 것이지만, 쳐도 쳐도 잘 얽히지 않는 것이 골프이다.

야구는 골프의 미스 쇼트, 결국 오른쪽으로 떨어지기도 하고, 왼쪽으로 떨어지기도 했던 공은 땅보울로 야수의 사이를 빠져나간다면 깨끗한 히트로 연결되지만, 골프에서는 겨냥한 대로 공이 공기를 가르고 날아가지 않는 일에는 나이스 쇼트로는 안된다.

스스로는 스탠스를 정확히 고정시키려고 해도 공은 뜻대로 목표대로 날아가 주지 않는 일이 자주 있다. 스탠스를 정확하고 완전하게 할 수 있게 된다면 페이 웨이의 벙커라든가 OB 등은 하지않을 것이다. 결국, 시선만 목표를 보고 있고, 스탠스는 목표에 절대로 충실하지 않는 것이다. 루울 위반이 되지만, 골프채를 아래쪽으로 놓고, 가장자리 부분을 목표로 해서 거기에 맞게 양쪽 다리로 준비자세를 취한다면 완전하겠지만, 코스에서는 이 방법은 불가능하다.

눈으로 목표를 파악하는 것도 습관이다. 이 경우, 스탠스는 무시하고 안목을 기르는 것도 하나의 방법이라고 한다면, 평소에 목표에 대해서 정확한 스탠스를 취하는 연습을 되풀이 하는 것도 하나의 방법이 된다. 그렇지만, 목표 등 한 점을 정하지 않는 편이 오히려 자유롭게 대담한 쇼트가 가능할 듯하다.

● 손톱끝을 경시해서는 숙련자는 생기지 못한다

스탠스를 취하고, 공에 대해서 자세를 취할 때 발톱끝을 벌리고 있는 사람이 많다. 흔히 안짱다리라고 하는 동양인에게서 대표적이지

양발 발톱 끝을 벌렸을 때의 스윙

양 발 발톱 끝을 벌린 어드레스

만, 발톱 끝을 벌리거나 닫는데에 따라서 스윙에서는 미묘한 차이가 생겨나는 것이다.

예를 들면, 양쪽 다리의 발 끝을 벌리고 스퀘어 스탠스로 자세를 취할 경우, 백 스윙은 커지고, 폴로우 스루도 조금은 커지지만, 모두 커지기 때문에 몸이 많이 흔들릴 두려움이 많다. 결국 커다란 스윙은

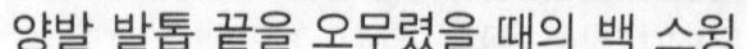

양발 발톱 끝을 오무렸을 때의 백 스윙　　양발톱을 오무린 어드레스

매우 훌륭한 솜씨이지만, 그것을 떠받치는 중심이 움직이는 상태에서는 안정된 공을 칠 수 없다.

　왼쪽 발 끝을 오무리고, 오른쪽 발 끝을 벌려, 백 스윙이 커지고, 임팩트 다음은 적게 휘두르는 것에 그치기 때문에 스윙의 원호가 반원이 되므로, 공은 확고하게 나가지 못한다.

그러나, 오른쪽 발 끝을 오무리고, 왼발 끝을 벌리면 백 스윙은 일정한 장소에 머무르기 때문에 스타트해서 임팩트 다음은 커다란 원호를 그리고, 피니시에 이르기 때문에 이상적인 스윙이 된다. 발 끝을 벌리는 자세는 오른쪽 발을 벌리면 오른쪽 허리를 돌리기 쉬워 지고, 왼쪽발 끝을 벌리면 왼쪽 허리를 돌리기 쉽고, 결국은 회전하기 쉬운 역할을 한다.

이렇게 자세하게 설명하는 것이야 말로 배우는 측도 납득이 쉽게 갈 것이다. 고작 발끝이라고 생각하지 말고, 발 끝이 지닌 의미를 한 번 더 생각하는 것도 필요할 것이다.

● 어드레스에 이론은 없다

그립이라든가 스탠스, 공의 위치 등이 정해지면, 이번에는 공을 칠 준비를 해야 한다. 사실 이것이 어드레스하는 것이다.

어드레스는 골프채를 잡고, 공에 대해서 칠 준비 자세를 하는 것을 말한다. 어드레스를 직역한다면, 수신명이라든가 주소라는 의미도 되지만, 달리 응용하면 상대에 대해 이야기를 건다라든가 소리를 지른다라는 의미도 되기 때문에, 영어로는 재미있는 의미가 된다. 결국, 상대방과는 공에 관해서 '대체로 나의 공은 어디로 가는 것이 다'라고 묻는 의미도 있기 때문에 역시 이론으로서 정하는 것은 피해 야 한다.

공이 어디로 간다면 앞은 목표가 된다. 목표에 대한 준비 자세에 따라서 버릇도 달라질 것이다. 슬라이스 자세로 하는 사람일 경우 페어 웨이 중앙을 겨냥하게 된다면 공은 오른쪽 러프로 돌입하게 되고, 훅 자세인 사람일 경우에는 그반대로 생각하게 된다. 타인이 중앙을 목표로 한다고 해서 자신은 슬라이스 자세가 있음에도 불구하고, 같은 장소를 겨냥한다면 공은 혹이라든가, OB가 될 것이다. 어드레스라는 것은 공을 목표로 정확하게 자신의 습관을 살려서 치려는 준비 동작이라는 것을 잊지 말고, 더구나 낮추는 자세를 취해야 한다.

● 항문이 위로 향하면 어드레스는 안정

공에 대해서 골프채를 준비한다. 이 상태가 어드레스이다. 코치에게서 어드레스의 중심은 양 다리의 발바닥 장심에 두면 안전하다고 배웠다. 중심을 어디에 둘지를 결정하기 전에 중심이라는 것에 그다지 구애하지 않는다는 것을 머리에 미리 염두해 둔다. 중심등이라는 것을 몸의 한 부분에서 결정해 두는 것이 원래 무리한 것이다.

어드레스는 골프채를 잡기 위한 토대 마련이지만, 그 토대를 확실히 하기 위해서, 일단은 몸의 중심을 어디든 사람이 납득하는 장소에 둘 수 있도록 결정하는 것에 따라 정의하는 것에 지나지 않는다. 거기서 양다리의 발뒤꿈치라고 한다면 발톱 끝을 떠올리게 되고, 발톱 끝이라고 한다면 발뒤꿈치를 떠올리기 때문에 발바닥 장심이라고 해두어도 아무것도 모르겠지라고 그렇게 설명했을 것이다. 그렇지만 그것은 무책임하기 짝이 없는 정의이다.

중심을 어디에 둘 것인가는 실제로 골프채를 잡는 사람이 결정해야 하는 것으로, 예를 들어 발바닥 장심에 둔다고 해도 그것은 의식해서 할 수 있는 것이 아니고, 그저 느낌으로 둔 것에 지나지 않기 때문이다. 다만, 몸을 안정시키는 정도로 억지로 발바닥 장심에 중심을 두려고 한다면 중심은 쉽게 잡힐 것이다.

바른 어드레스

나쁜 어드레스

약간은 좋지 못한 표현이지만, 항문을 위로 향하게 하려는 준비자세가 양 다리의 무릎을 구부리고, 긴장을 푸는 동시에 몸도 안정된다고 할 수 있고, 그러한 방식이 납득하기가 쉬울 것이다.

● 공을 움직이지 말고 다리를 움직여라

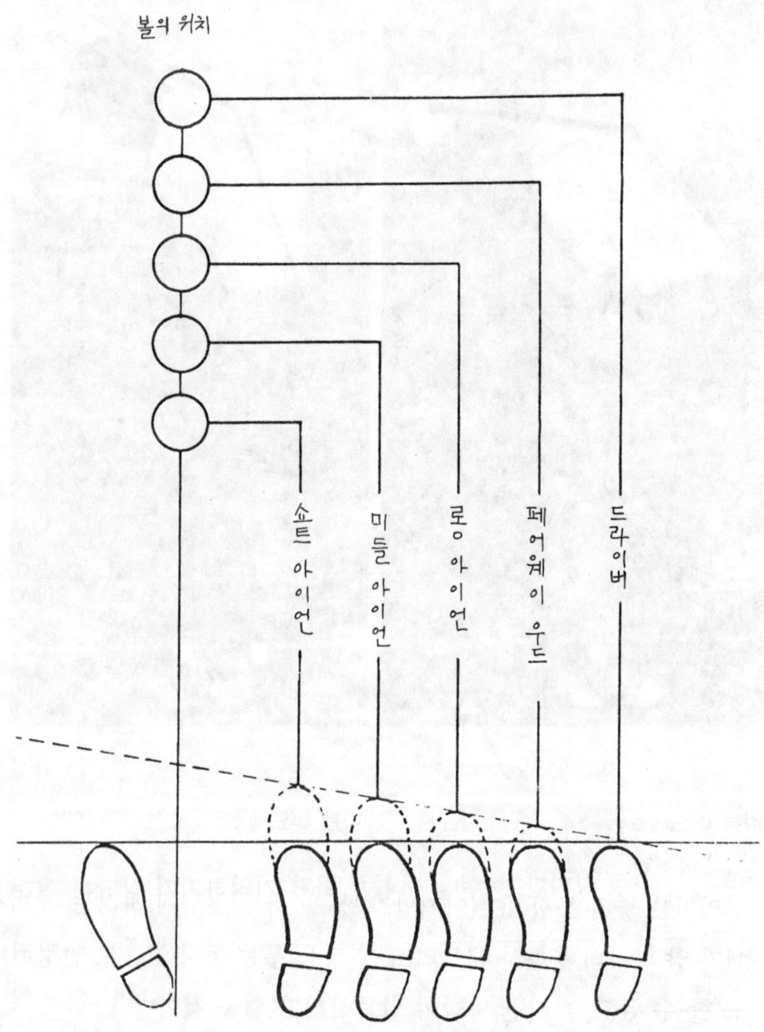

어드레스에서는 공을 움직이지 말고 발을 움지인다.

일반론으로서 어드레스 경우의 공의 위치는 드라이버의 경우는 왼쪽 발뒤꿈치의 선상에 공을 놓는다, 그 다음 골프채가 짧아짐에 따라서 공은 몸의 중앙에 오고, 오른쪽 다리쪽으로 모이는 것이 가장 중요하다고 할 수 있다.

골프채에 따라서 공의 위치를 바꾼다는 것이 잘못이라는 것이 아니다. 더욱 그렇게 생각하지만 그것을 납득하는 측에서는 이정도로 이해하기 어려운 표현은 아니다. 그 정도로 기억하기 어렵고, 몸에 익히기 어렵다는 것이다. 그렇다면 어떻게 하면 좋을까.

드라이버는 티 업해야 하기 때문에 골프채 헤드가 한 번 지면에서 떨어져서 페이스가 위로 향하게 되었던 시점에서 골을 받아들이기 때문에, 왼발 발뒤꿈치 선상에 공을 두는 것은 대단히 자연스럽고 당연한 것이라고 말할 수 있을 것이다.

그러나 지금까지는 골프채가 짧아졌어도 그 위치를 바꾸지 않고, 공에 대해서 오른발을 왼쪽으로 접근시키는 편이 훨씬 쉬운 동작이었고, 이해하기도 쉬웠다. 골프채가 짧아지면 짧아질 수록 몸의 중심이 왼쪽으로 기울어지기 때문에 공의 위치를 바꾼다는 것과 이치는 같다.

물론 공은 골프채가 짧아짐에 따라서 그 길이에 맞을 수 있게 몸에 접근 시킬 수 있지만, 표현을 어렵게 하면 기억하기가 상당히 어려운 것이다.

● 머리를 움직이지 않고서 스윙은 할 수 없다

어드레스의 시점에서는 공에서 눈을 떼지 않도록 여러분은 주의를 해야 할 것이다.

그렇지만 헤드 업을 너무 지나치게 의식하면 스윙은 뒤죽박죽 엉망이 되는 것이 고작이다.

공에 대해 응시하고 백 스윙에서 다운, 임팩트에 이르기까지 한 순간의 동작과 공에서 눈을 떼지 않으려고 한다면 몸의 회전은 멈출 것이고, 몸의 왼쪽 사이드만 말의 힘을 의지해서 칠 수밖에 달리 할 수가 없다. 머리가 좌우로 더욱 움직인 결과가 되고, 몸의 회전보다도 좌우로 움직이는 소위, 스웨이라는 무서운 병에 걸릴 위험성이 생기는 것이다.

머리를 움직이지 않고, 커다란 스윙이 가능하다면 해보는 것도 좋다, 똑바로 서서 머리만을 좌우로 움직여 보면 이해할 수 있다고 생각하지만, 머리는 양쪽 어깨에 대해서 80도 정도밖에 회전할 수 없다. 이것은 의학상으로도 증명되어 있지만, 만약은 머리가 90도 이상으로 움직인다면 다소 고정하지 않고서는 어찌해도 안된다. 80도 이내로 머리를 움직일 수밖에 없다면 다소 머리를 움직여도 나쁠 것은 없다. 바로 위에서 사진을 찍어보면 잘 이해가 되지만, 어떤 프로 골퍼라도 절대적이라고 할 만큼 머리를 움직인다. 극단적으로 움직이지 말라는 것에서 절대 움직이지 말라라는 지도는 매우 의문일 것이다.

가능하다면 머리는 움직이지 않는 편이 좋지만, 어드레스에서 공을 보는 방법을 더욱 연구해야 한다. 공을 왼쪽 눈으로 본다고 하면 어드레스에서 왼쪽 눈이 아래로 향하고, 얼굴은 오른쪽 어깨 쪽을 향하지만, 오른쪽 눈으로 보려고 하면 반대로 얼굴은 왼쪽 어깨로 향한다. 머리의 움직임을 줄이기 위해서는 공을 보는 일이다. 오른쪽 눈으로 공을 보면 백 스윙에서 몸의 움직임으로 머리

오른쪽 눈으로 히트 면을 본 어드레스

오른쪽 눈으로 히트 면을 볼 때의 어드레스

왼쪽 눈으로 히트면을 볼 때의 스윙

가 따라가는 효율이 높고, 왼쪽 눈으로 공을 보면 처음부터 머리가 오른쪽 어깨로 향하기 때문에 백 스윙을 해도 머리는 움직이기 어렵다.

헤드 업은 스윙을 하는 위에서 금기이지만, 머리를 움직이는 것에 구애되면 대성하지 못하는 것은 사실이다.

● 히트면을 보지 않으면 안 본 것과 같다

지금 어드레스를 하고, 목표를 정한 다음 칠 때에 실제로 치는 상대, 결국 공을 보고 있지 않으면 맞을 리가 없다.

공을 잘 봐, 공에서 눈을 떼지 말아라 라는 것은 비기너 시기에는 누구라도 사람이기 때문에 경험이 있을 것이다.

그런데 공의 어디를 봐라하고 지적해서는 안된다. 코치는 단지 공을 보라고 밖에 말할 수 없다. 공을 보고 있으면 절대로 성공한다고 믿어 버리기 때문이다.

예를들어 공을 응시했다고 했을 때 공의 꼭대기, 결국 놓아둔 공의 최상부를 보고 친 결과는 어떻게 될까. 아마 10구 치는 동안 몇 할은 톱하고 있을 것이다. 놓아 둔 공을 위에서 친다면 그것으로 충분하지만, 원호 안에서 공을 처리해야 하기 때문에 임팩트의 경우, 골프채 페이스 중심부에 접하는 공의 부분을 보지않고서는 아무것도 안된다. 시선에서 공을 떼지 않도록 공의 각인을 바로 위로 해서 표시로 한다는 생각도 좋겠지만, 그것을 한다면 골프채에 맞는 위치에 표시를 하고, 그것을 응시할 수 있다면 가장 이상적이다라고 말할 수 있다.

골프 격언집

골프 스윙의 원리는 단순하지만, 복잡하게 하면 할수록 확실한 플레이에서 멀어지고, 결정적인 순간에 실패를 초래하게 된다.

케리 미들코프

타이밍과 훅 워어크가 중요한 것은 모든 스포츠의 공통이지만, 골프도 예외는 아니다.

토미 아마

자동차의 운전은 전진보다 후퇴쪽이 어렵지만, 골프에서도 백 스윙이 어렵다.

아놀드 파머

공은 골프채를 휘두르지 않는한 움직이지 않지만, 한 번 친 공의 방향을 바꿀 수는 없다.

베버 자하리어스

어떤 쇼트도 그 직전까지는 뭔가 실패가 당신을 기다리고 있다.

죠지 호튼

빠른 스윙은 타이밍을 좋게 하고, 느린 스윙은 몸의 균형을 무너뜨린다.

죠니 레포르트

나는 평소 라운드 최초의 드라이버 쇼트에는 충분한 시간을 들여하고 있다.

월터 헤겐

골프에서는 자세가
무엇보다 중요하다

5. 스윙(우드, 아이언, 퍼터)

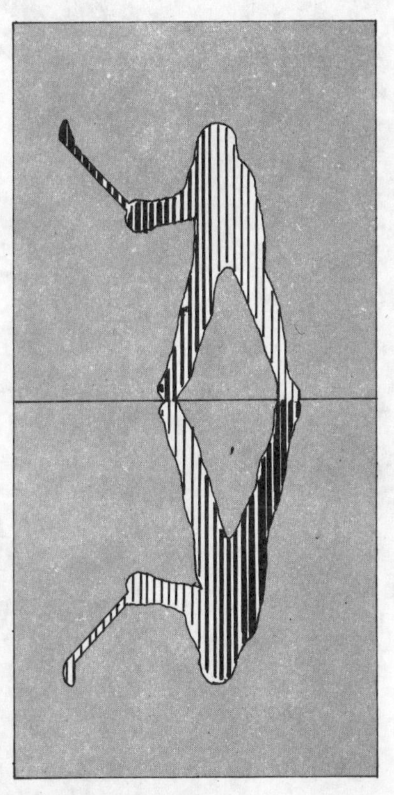

• 아류보다 우수한 포옴은 없다

어째서 더욱 아류라는 것을 중요하게 하지 않는 것일까. 처음에

골프채를 휘둘렀을 때의 기분을 상기해 보자. 매우 순수하게 다소곳했을 것이다. 남에게 배우지 않고, 다만 보고, 흉내내서 골프채를 휘둘렀을 것이다.

그것이 많이 해오는 동안 사람들의 어드바이스에 귀를 기울이고, 슬럼프에 빠지면 손과 발의 동작을 교정시키고, 최초의 순수한 기분은 전혀 없어지게 되고, 다른 사람들과 같은 포옴으로 변모해 버린 것일 것이다.

포옴은 개성이 필요하다. 사람의 눈에 아름답게 비치는 포옴을 하는 사람은 거의 없다. 프로 골퍼를 봐도 한 세기를 휩쓴 종촌인길(中村寅吉) 프로는 2단 모션과 같은 스윙에서 언뜻 보기에도 일본인의 독특한 형이다. 페어를 조성한 일본의 소야광일(小野光一) 프로는 양무릎을 좌우로 구부리는 풋 워크만의 포옴을 내놓는 누구도 조금도 담지 않은 포옴을 보이고, 그것으로 성공하고 있다.

포옴 타인에 의해 조성된 것이 아니고, 그들 자신이 개발한 것이다. 바꿔 말하면 아류의 완성이라는 것이다. 아류로는 그만큼 훌륭한 것이다. 아류야말로 단순한 것이고, 나는 이것을 단순 아류라고 부르고 있다.

● 구호를 맞추는 것 보다 좋은 어드바이서는 없다

타이밍이라는 것은 골프에 한하지 않고 필요한 것이다. 화술에서도 타이밍이 나쁘면 오해를 초래할 수도 있듯이, 골프에서도 타이밍이 나쁘면 미스 쇼트의 최대의 원인이 된다.

타이밍을 잡는 것은 어디까지나 자신이다. 스스로 자신의 몸에 익히지 않고서는 쉽게 몸에 익히지 못한다. 이 타이밍을 가장 빨리

드라이버의 경우는 1, 2, 3, 4로 스윙의 형태를 만든다.

몸에 익히기 위해서 여러가지의 것을 생각할 수 있다. 게리 플레이어는 백 스윙에 들어갈 때에 오른쪽 무릎을 약간 안쪽으로 들어가게 한 후 시작하고, 잭 니클라우스는 백 스윙에 들어갈 때에 머리를 약간 오른쪽으로 기울인 다음 움직인다. 잠깐 버릇과 착각하지만 이것은 타이밍을 잡는 법이다.

아마추어의 타이밍 잡는 법으로, 가장 좋은 방법이라고 생각할 수 있는 것은 구호이다. 하나, 둘, 셋하는 템포로 구호를 맞춘다. 체조와 같은 방법인 것이다.

결국, 드라이버라면 어드바이스해서 백 스윙으로 들어갈 때에 하나, 백 스윙의 톱에서 둘, 다운 스윙에서 임팩트에 걸쳐 셋, 그리고 최후의 피니시에서 넷이라고 한다면 하나, 둘, 셋, 넷에서 스윙이 끝나고, 하나의 타이밍의 방법으로서는 이치에 맞는다고 할 수 있다.

아이언의 경우는 골프채가 짧아진 대로 천천히 백 스윙은 하나, 다운 스윙에서 임팩트에 걸쳐서 둘, 피니시에서 셋으로 한다면 타이밍을 파악할 수는 없을 것이다.

●잡고 휘둘러 만끽할 수 있는 골프의 묘미

드라이버라는 골프채는 14개의 어느 중에서도 가장 길고, 가장 거리를 필요로 하는 골프채이다. 이 골프채를 잡는다면 마음껏 휘두르고, 그런대로 충분히 거리가 나가지 않으면 드라이버를 잡는 의미는 없다.

거리가 나가는 것만으로 방향을 정하기 어려운 것도 이 골프채의 특성이다. 때문에 방향이 정확하다면 이 골프채의 묘미를 더욱 만끽

할 수 있을 것이다.

짧은 미들 호올은 대개 페어 웨이가 좁고, 벙커 등에서 가아드되지만, 드라이버로 가감해서 치지 않고서는 자주 실패한다. 그러한 호올이라면 다른 골프채, 결국 스푼이라든가 백 피로 힘껏 휘두르면 좋다.

보통 골프장은 18호올이라면 4개의 쇼트 호올을 제외하면 드라이버는 단지 14회밖에 사용할 수 없다. 때문에 그 14회라는 작은 기회를 아낌없이 맞이하기 위해서도 사양말고 힘껏 휘두르는 것이 좋다.

드라이버를 막론하고 말을 들이지 말라라는 것은 몸의 특정한 부분에 힘을 들이지 말라라는 것으로 골프는 드라이버에서 시작해서 드라이버로 끝나는 정도의 생각을 갖고, 힘껏 휘두르는 편이 묘미도 있고, 후회도 남기지 않을 것이다.

● 빨리 치는 잘못의 원인, 공은 머물러 있다

골프는 야구와 같이 날아 오는 공을 기다린 후 치는 것이 아니다, 공은 일정한 장소에서 정지해 있다.

종종 맞는 것과는 상관 없이 빠른 스윙으로 함부로 공을 치는 사람을 보지만, 그러한 사람들을 보면 타이밍 등은 생각하고 있지 않는 것이다.

연습장 출신의 아마튜어는 빨리 치는 사람이 많다고 할 수 있다. 그것도 같은 연습장에서도 사람이 자주 들어가서 인기있는 연습장 출신자를 많이 본다. 혼잡한 연습장에서는 기다리는 사람도 많고, 그 만큼 플레이어 자신이 빠르게 예정 수를 치고, 기다리는 사람에게 폐를 끼치지 않도록 한다는 것밖에 되지 않는다. 또한 최근에는 자동

티 업 기계가 되어 공을 세트하는 수고를 들이지 않게 된 일도 있다.

서둘러 치면 타이밍이 무너지는 것이 골프로, 이는 정신적 스포츠인 것이다. 골프장이라면 한 구 한 구 반드시 생각하면서 치게 마련이다. 그것을 연습장에서 빠르게 치고 있으면 어느 사이에 그것이 버릇이 되고, 골프장에서도 빨리 치게 되고, 다만 한구가 생명의 플레이에 지장을 초래할 염려가 충분히 있다. 연습장에서도 한 구 한 구 정중하게 천천히 생각하면서 치는 것이다.

연습장에서도 공은 한 개 50원에서 60원도 하는 것이다.

● 티 업의 높이는 손가락으로 짐작한다

티 업의 높이에도 개인차가 있다.

티의 길이에 대한 운운은 여기에서는 다루지 않겠지만 티 업의 높이를 재는 목표로서는 어떠한 것이 있을까 알아보기로 하자.

대개는 집게 손가락과 가운데 손가락으로 티를 끼우고, 엄지 손가락의 볼록한 부분으로 공을 떠받치고 티 업을 한다. 하지만, 기호에 따라 높이를 고정하려면 어떻게 할 것인가.

티 업한 다음 옆에서 살짝 높이를 들여다 보는 사람. 처음부터 티에 표시를 해 두는 사람, 그 이상은 눌러서 박지 않는 듯한 티를 사용하는 사람 등등, 여러가지 유형을 볼 수 있다. 이 정도의 계량밖에 없다면 좀 잘못 되어도 미스 쇼트로 이어지는 드라이버 쇼트에서는 불안정할 수밖에 없다.

쉽게 이해하는 계량으로서는 손가락을 사용하는 것을 들 수 있다.

오른손의 집게 손가락과 가운데 손가락 사이에 티를 끼우고, 엄지

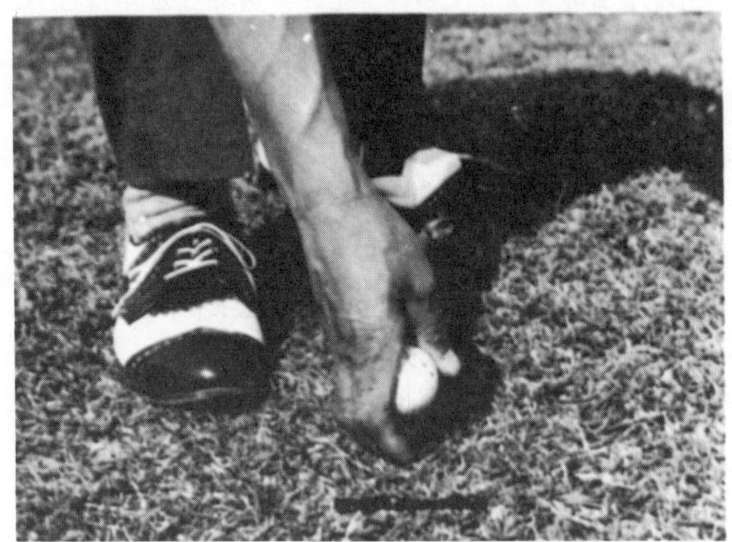

가운데 손가락의 제1관절이 흙 또는 잔디에 닿는 것은 얕은 티

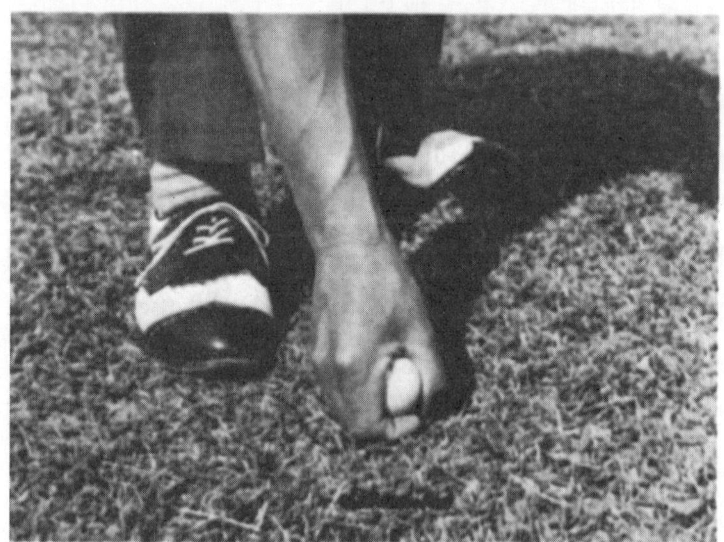

가운데 손가락의 가운데 관절이 흙 또는 잔디에 닿는 것은 깊은 티

손가락으로 공을 받치면서 티 그라운드에 꽂지만, 그 때 가운데 손가락의 바깥 부분이 잔디에 어느 정도 닿는지, 손가락의 어느 부분이 잔디에 닿는지, 혹은 땅에 닿는지를 자기 나름대로 알아 두면 어떤 경우에도 자신의 기호대로 일정한 높이가 유지될 것이다. 하나의 메드가 된다.

• 경사가 없는 티 그라운드는 없다

평탄한 곳에서 연습하지 않으면 익히기 어렵고, 평탄한 장소가 기본 등이라고 말할 수 있고, 연습장 등에서는 스탠스와 매트가 평탄하지 않으면 손님이 좋아하지 않은듯이 타석에서는 열심히 생각한다.

그런데 평탄하다고만 생각하고 있는 연습장의 타석도 실은 배수 등의 문제로 평탄하지 않을 수도 있다. 타석에 차양이 있다 해도 비는 타석에 마구 내리고, 웅덩이가 생기면 관리상 좋지 못하기 때문에 대개는 타석 뒤쪽에 배수 설비가 되어 있다. 이렇게 되면 앞부분이 올라가게 되는 셈이고, 치는 경우는 앞이 올라간 상태가 가장 치기 쉽고, 숙달시키기는데(비기너는 특히) 좋은 조건이라고 말할 수 있다.

이것을 역으로 타석 앞에 흐르는 배수구를 설치한 경우는 앞이 내려가게 된다. 앞부분이 내려가면, 프로라고 해도 바이스 쇼트가 나오지 않을 만큼 매우 어렵기 때문에 아마츄어는 도저히 무리이다.

골프장의 티 그라운드는 어떨까. 이것도 설계가에게 질문해보면, 6에서 8도 정도의 경사가 진다고 한다. 물론 배수를 고려한 것이다. 때문에 정확히 말하면 매우 평탄한 티 그랜드는 무리이므로, 하수부 코스가 아무리 평탄하다고 해도 우선 배수가 제일이라는 것은 반드시 경사가 있어야 한다는 것이다. 경사도 앞부분이 올라가기 때문에

티 그라운드는 배수를 위해 경사져 있다.

쇼트의 경우는 가장 쉬운 상태라는 것은 틀림 없다.

● 키가 작아도 업 라이트는 가능하다

업 라이트와 플랫, 이것은 골프채를 어드레스할 때 지면과 샤프트의 각도이다. 업 라이트는 골프채가 세워져 있는 것이고, 플랫은 누워 있는 것이다.

이 둘중 어느쪽이 좋을까라고 한다면, 업 라이트일수록 공을 정확히 날리기에는 이상적이라고 할 수 있다. 플랫이 나쁘다는 것은 아니다. 업 라이트 쪽이 이익이라는 것이다.

퍼트를 보자. 퍼트는 휘둘렀을 경우 원이라기보다는 거의 직선에 가깝다. 결국 골프채 헤드의 궤도가 직선에 가깝기 때문에 공을 쳐서 굴려도 공은 그리 크게 빗나간다는 것이 아니다. 그 작은 컵의 오른쪽이나 왼쪽으로 약간 빗나갈 뿐이다.

그러나 쇼트의 경우 기다란 골프채보다도 쇼트 아이언과 같이 짧은 골프채로는 업 라이트 자세가 되고, 골프채의 각도는 퍼트와 같이 직선에 가까워지기 때문에, 커다란 슬라이스도, 훅도 아무것도 아니다. 결국 스윙은 원이 된다고 할 수 있지만, 플랫보다도 업 라이트 쪽이 그만큼 원도 직선에 가까워지기 때문에 쇼트가 오른쪽으로 닿게 되고, 왼쪽으로 닿는 차이가 적어지는 것이다.

키가 적은 사람은 기다란 골프채를 잡으면 당연히 플랫 자세가 되지만, 다시 고안 하면 업 라이트를 준비할 수 있다. 결국, 스탠스를 클로우스하고, 비행선에 연결해서 골프채를 끌어당기면 업 라이트에 가까워질 것이다. 중요한 것은 궁리하는 일이다.

플랫의 준비 자세. 업 라이트의 준비 자세

● 타이밍의 전주곡

티 그라운드에 서서 어드레스한 다음, 몇 번이고 워글을 생각하는 사람을 자주 발견한다.

'그렇게 몇 번이고 해서 시간 걸려서 할 수밖에 없다'라든가 '그 녀석은 초보자이기 때문에 하는 수 없어' 등의 말로 비난하는 일도 종종 있을 것이다.

그러나 워글은 무용이나 춤 등에 있는 간격이라고나 할까. 공을 치기 위한 중요한 의미를 지니고 있다. 간격이라는 것이 된다면 스포츠에도 간격이란 것을 있는 것이다.

간격에도 여러가지 종류가 있지만, 워글은 손목을 부드럽게 하게 하는 의미 뿐만이 아니라 워글은 하고 있는 중간에 잡념을 버리고, 공을 치기 위한 집중력을 양성하는 등, 지금은 무풍이다. 약간 낙하점이 좁은 듯하다 라는 등 코스의 상태라든가 쇼트의 종류, 자연 현상 등을 생각할 필요가 있다. 이 정도의 여유를 갖고 워글한다면 의미도 있고, 전문가의 대부분은 그러한 이유에서 워글을 하는 경우가 많다.

아무런 의미도 없고, 골프채를 이따금씩 움직여도 의미는 없다. 그러나, 초보자는 초보자 나름대로 무언가 의미가 있어 하는 것은 아닐까.

● 비행거리는 품의 넓이에 비례한다

씨름에서도 강한 힘을 지닌 선수일수록 품이 넓다고 할 수 있다. 품이 넓다는 것은 그 만큼 몸이 안정되어 있고, 힘을 발휘할 수 있는 것으로 연결된다.

품이 넓은 스윙

골프에서는 오른쪽 사이드의 품을 넓게 취하면 다운 스윙에서 그
만큼 힘을 모을 수 있고, 순발력이 배로 증가된다. 그러면, 어찌해야
오른쪽 품을 넓게 취할 수 있을까. 어드레스에서 준비를 취한 경우에

양 무릎을 구부리고, 허리를 뒤쪽으로 정확히 한다면 옆구리가 넓어진다. 다만 여기서 조금 궁리를 해서 한다면 더욱 넓어진다.

결국 스퀘어 스탠스로 준비를 하는 사람이 클로우스 스탠스로 바꿔 보면 알 수 있다. 단지, 백 스윙할 때에 오른쪽 허리가 뒤쪽으로 끌리기 때문에 인 사이드로 휘둘러 올리기 쉽기 때문에 백 스윙도 스퀘어 스탠스에서 휘둘러 올릴 때의 상태를 지속하지 않으면 의미가 없어진다. 결국, 사이드에서 휘둘러 올리면 그 만큼 임팩트 다음은 아웃 사이드로 휘두른 결과가 되기 때문에 스윙도 플랫에서 훅의 원인이 된다.

클로우스 스탠스에서 백 스윙을 약간 아웃 사이트로 휘둘러 올릴 듯이 자세를 만들면 평소에 플랫으로 준비하는 사람이라도 상당히 업 라이트한 자세가 될 것이다. 업 라이트란 것은 스윙에서 원호가 직선에 가까워지고, 그 만큼 공의 방향이 분명해 지고, 오른쪽 옆구리 품이 넓어진 만큼 오른쪽 사이드에서 힘을 모을 수 있기 때문에 힘도 배로 증가하는 것이다.

지금까지의 포옴을 무리하게 수정하려는 것은 아니지만, 시험삼아 한번 개조해 보는 것도 그 차이를 알 수 있기 때문에 어떻게 고안해야 하는가 하는 점에 대해서도 공부하게 될 것이다.

● 스윙의 대소는 길고 짧은 못치는 것에 지나지 않는다

커다란 스윙이라는 것은 드라이버라든가 페어 웨이 우드와 같이 기다란 골프채라면 당연히 묘사되는 원호는 커지는 것이 도리이다. 긴 골프채로 작은 스윙을 할 수 있다고 생각할 수 있지만, 그러한 것은 아무리 재주가 있는 사람이라도 가능하지 못하다.

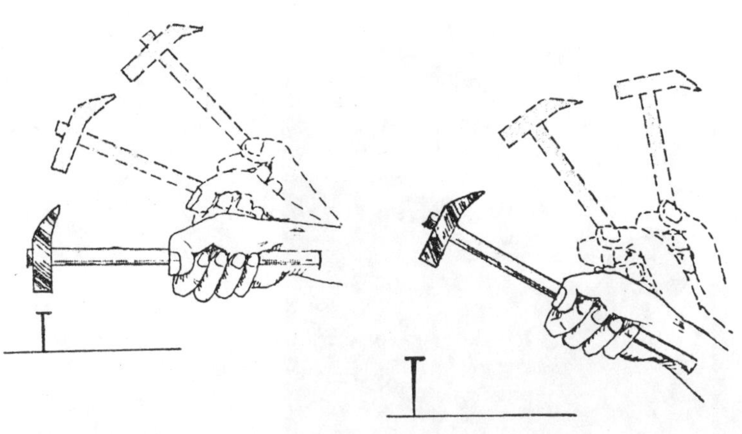

　다른 사람의 스윙을 보면, 스윙을 작게 하고 있는 듯이 보이는 것이다. 이것은 팔이 길기 때문에 골프채가 짧게 보이고, 허리만을 보고 있으면 그러한 착각에 빠지게 되는 것이다. 하지만, 실제로는 폴로우 스루를 크게 하고, 그 묘사된 원호는 상당히 큰 것이다.

　작은 스윙을 할 수 있다는 것은 오른쪽 옆구리를 좁히고 백 스윙을 하고, 허리보다도 어깨의 회전을 천천을 하면 골프채를 올려 치는 것이 되고, 그렇게 말하면 드라이버 등의 커다란 골프채로는 칠 수 있는 것이 아니다.

　긴 골프채는 멀리 공을 날리는 것이 목적이기 때문에 몸전체의 동작, 소위 커다란 회전으로 스윙을 크게 한다면, 동양인과 같은 작은 사람에게는 공은 날아가 주지 않는다. 스윙을 크게 하기 위해서 동작을 느리게 하면 커다란 동작이 되기 때문에 옆에서 보기에는 너무 커지는 듯하게 보인다.

어느 프로 선수의
우드의 쇼트

　우리는 평상시의 경험에서 쇠망치로 긴 못을 치는데 작은 동작으로
는 잘 안되는 것을 알고 있다. 긴 못은 커다란 스윙으로, 작은 못은
작은 스윙으로 치지 않으면 이치는 맞지 않는다.

• 옆구리를 고정하면 골프채는 휘두르지 못한다

일정한 스윙을 하는데는, 옆구리가 아주 벌어진 상태에서는 스윙의 궤도가 일정하지 않다. 이러한 것은 누구라도 실제로 골프채를 휘둘러 보지 않아도 상식적으로 알 수 있다.

스윙이란 것은 원이고, 그 원도 드라이버의 경우는 골프채가 길어서 원은 크고, 더구나 원호도 수평에 가까워 지고, 임팩트에서의 공에 대한 접점도 좁아지기 때문에 일정한 궤도를 그릴 수 있는 것은 중요하다.

때문에 가능한 만큼 옆구리는 단단하게 굳힌 쪽이 좋은 이치가 된다. 인간의 몸이란 것은 몸의 부분적인 것을 자유로 선택해서 교정할 수 있는 것이 아니다. 일정한 원을 그리기 위해서 오른쪽 옆구리를 고정하라고 지적하면, '예, 그렇습니까' 등으로 오른쪽 옆구리를 고정하고, 그것만 염두한 나머지 몸이 생각과 같이 움직여지지 않는 것이다.

오른쪽 옆구리를 고정하는 것만으로 커다란 원호가 가능해지고, 어떠한 때라도 골프채가 일정한 궤도를 지난다면 변명할 말은 없지만, 일부분의 근육이 다른 부분에 영향을 주는 일이 많고, 동시에 아픔도 커진다. 아픔도 기분에서 생길 수 있다고 할 수 있듯이 기분만으로 옆구리를 고정시킬 수 있다면 홀가분하겠지만, 가능한 한 단단히 고정시킨 상태로 어찌해야 좋을지를 고안하는 것이 중요하다. 어드레스의 시점에서 오른쪽 팔꿈치를 구부리고, 왼쪽 팔꿈치를 몸의 안쪽, 결국 중심부 근처에 오도록 구부리는 것에 따라 자연히 옆구리가 단단하게 굳어지는 것이 아닐까. 그래서 옆구리가 굳어지지 않는 것은 비정상적인 것이다.

옆구리를 너무 고정시키면 몸을 움직이지
못하게 된다.

옆구리를 너무 고정시킨 어드레스

● 콕과 리스트를 혼동하지 말아라

정확한 공을 치는 일은 몸의 큰 부분 중에 단지 하나, 예를 들면 손목이 너무 사용되든가, 손가락 하나의 움직임이 미묘히 영향을 주는 것이다.

예를 들어 손목의 콕에 관한 것이지만, 관서 지방에 있는 프로 골퍼가 콕을 사용하지 않고 보다 정확한 공을 치는 것에서 노 콕 타법이라는 새로운 기술이 생겨났다. 이후 콕을 사용하지 않는 편이 보다 공을 정확히 칠 수 있다라는 묘한 유행이 생겨났다.

그런데 이 프로의 연속 사진을 자세히 보면 콕을 사용하고 있는 것을 뒤에 알았다. 그것은 콕과 리스트를 혼동해서 잘못 생각한 것이다. 콕이란 것은 엄지 손가락을 스냅하는 방향이 아니고 팔꿈치 안쪽 방향으로 움직이는 동작이다.

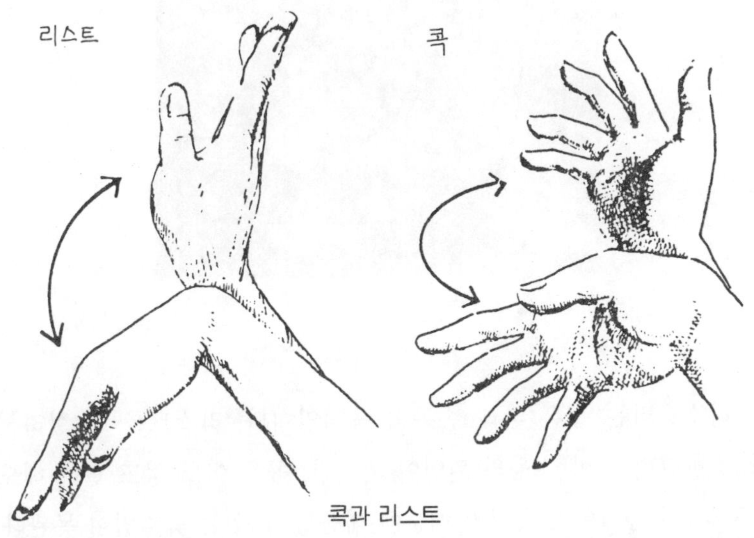

콕과 리스트

리스트라는 것은 본래 손목의 움직임이다. 리스트를 잘 살려서 스윙한다면 오버 스윙의 원인이 되지만, 콕은 어느 정도 한다 해도 45도밖에 움직이지 못하기 때문에 대응할 수 있는 움직임이 못된다.

이 프로는 사진으로 보면 확실히 커다란 스윙은 아니지만, 그만큼 콕을 충분히 사용해서 치고 있다. 프로 골퍼 중에서도 콕을 사용하지 않는 사람은 아무도 없다.

● 힘은 빼거나 넣거나 하는 것은 할 수 없다

드라이버에 한하지 않고, 몸의 특정한 부분에 힘을 주는 것은 금기이다.

바꾸어 말해서 아이언이라고 해서 골프채 헤드의 무게를 이용해서 공에 대면 힘을 넣지 않아도 틀림없이 공은 날아가 줄 것이라고 생각하지만, 거기에 힘이 가하지 않으면 공은 날아가지 않는다.

그러나 또한 힘을 들여도 문제는 있다. 사람이기 때문에 '힘을 주는 거예요'라고 한다면 더욱 힘을 주는 것처럼 보일 것이다. 스스로는 마음껏 힘을 가득 넣어 휘두르는 것이지만 타인이 보면 힘이 들어가지 않은 것처럼 보이는 스윙이나 말로, 사실은 이상적이다.

프로 골퍼의 스윙을 보면 힘이 들어가지 않고 휘두르는 것으로 보이는 경우가 많다. 그렇지만 공은 상상 이상으로 날아가 버린다. 프로의 경우는 단련에 따라서 몸의 근육 그것이 이미 공을 쳐도 좋도록 되어 있는 것이다. 때문에 아마츄어는 도달하지도 못하는 거리를 아이언으로 가볍게 쳐내는 것이다.

스스로는 힘을 들이지 않는데도 타인이 보기에는 힘을 준 것으로 보이는 단계에서는 아직 숙련까지는 길이 조금 멀다. 힘을 가득 넣어서 치고 있어도 힘을 주지 않은 것처럼 보이는 포옴에 가깝게 되면 될수록 숙달의 고개로 올라간다고 생각해도 좋을 것이다.

● 롱 아이언은 페어 웨이 우드와 닮기도 했다

프로 골프 중에서도 롱 아이언(1, 2, 3번)을 가장 숙련하고 있는 사람은 적은 수이다. 그만큼 어려운 골프채이다.

요즘에는 우드 5번이라든가 6번이라는 편리한 골프채가 출현했고, 롱 아이언의 대용으로서 편리하게 되어 있지만, 롱 아이언이 어째서 필요한 장면으로, 그것을 우드로 대용해서 성공한 일은 그다지 없다고 할 수 있다.

롱 아이언은 골프채 헤드가 가볍고, 로프트는 3번 아이언으로 2 3도, 1번 아이언으로는 15도밖에 안되고, 샤프트가 길다. 기술적으로는 쉽지 않지만, 공포증에 걸릴 만큼 어렵지는 않다.

로프트가 아닌 골프채일수록 몸 전체를 사용해야 칠 수 있다. 때문에 손끝에서 세공하기도 하고, 다른 아이언과 마찬가지로 잔디를 깎기도 하고 치기도 하는 것은 아무리 연습을 많이 해도 치지 못하는 것이다. 골프채 헤드가 가볍기 때문에 공을 때리면 순식간에 잔디의 저항으로 공은 날아가지 않고, 생각지 않은 미스 쇼트로 이어지게 되는 것이다.

롱 아이언은 틀림없는 아이언이지만, 판단으로는 페어 웨이 우드와 같다. 따라서 잔디를 깎지 않고 페어 웨이 우드 만큼 때리지 말고, 몸을 충분히 사용해서 큰 회전으로 휘두르는 기분이 중요하다.

● 진자 맞히는 쇼트 아이언

쇼트 아이언은 7번부터 9번 아이언, 그밖에 웨지라든가 다이나마이터 등의 특수한 골프채까지가 포함되지만, 어떻든 짧은 거리를 겨냥하는 성질의 골프채이기 때문에 풀 쇼트를 할 필요는 없다.

야구는 허리, 어깨, 팔을 크게 움직여서
손목의 스냅을 충분히 사용해서 던진다.

고리 던지기는 허리나 어깨, 팔의
동작을 크게 하지 말고 손목을
약간만 사용한 스냅만을 한다.
이것이 쇼트 아이언을 치는 요령

야구와 고리 던지기에서는 손목의 사용 방법이 다르다.

결국, 일정한 목적지에 공을 옮기는 역할을 하기 때문에 어린아이가 좋아 하는 고리던지기 놀이와 같은 것이라고 생각하면 좋다. 고리던지기는 그 작은 둥근 고리를 떨어진 위치에서 막대에 던지는 것이기 때문에 매우 치밀한 게임이다.

손목의 스냅만으로 팔이나 허리, 어깨 등은 거의 사용하지 않는다. 또한 이러한 것들을 사용해서는 던질 수 없다. 유리 구슬 놀이도

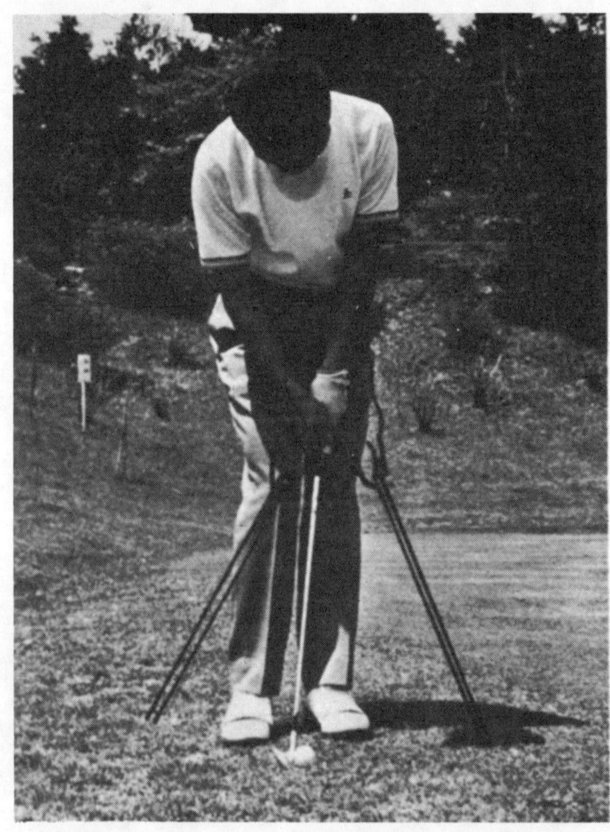

쇼트
아이언에서는
겨드랑이를
고정시키고
팔만을 휘두른다.

같은 이치이다.

때문에 쇼오트 아이언으로는 신체의 커다란 움직임을 막기 위해서 중심을 좌우로 많이 흔들고, 백 스윙에서도 오른쪽 사이드가 회전하지 못하도록 몸을 고정시키고 팔 안이 시계의 추와 같이 운동이 가능한 상태로 해야한다. 그렇게 된다면 백 스윙은 작아지고, 크게 휘두르려고 생각해도 휘두를 수 없다.

골프채 중에서 샤프트가 가장 단단한 것도 짧은 아이언이다. 골프채가 짧아지면 짧아질수록 골프채 헤드도 무거워지기 때문에 골프채의 무게로 공을 옮기는 느낌이 요망된다. 로프트도 크기 때문에 공에 맞는 순간에도 지면의 충격이 거의 없기 때문에 헤드로 스무스하게 공에 맞아 줄 수 있다. 작은 휘두름이라도 휘두른다는 기분을 지녀서는 안된다.

● 멈추지 않는 것은 그린에도 책임이 있다

백 스핀이 걸리지 않고 공이 그린 위를 런 하고, 그린 오버하는 것이 좋다. 아이언 골프채라도 롱 아이언, 결국 골프채가 길면 길수록 로프트는 작고, 골프채가 가볍기 때문에 백 스핀은 걸리기 어렵다.

하지만, 일단 미들 아이언, 쇼오트 아이언이 되어 주면 홀가분하게 칠 기분이 안나게 되어 대개는 그린에서 정지하게 된다. 이것은 팔이 좋고 나쁜 상태에 있는 것이 아니고, 골프채의 기능에 있는 것이다.

그런데 정확하게 치려고 해도 정지하지 않는 경우가 있다. 골프채의 페이스와 공의 사이에 불순물, 결국 빗물이라든가 잔디 풀이 끼는 등으로 스핀은 걸리지 못한다. 거칠게 친 경우라든가, 비오는 날에 스핀이 걸리지 않는 것이 그 증거이다.

그린도 약간은
경사가 져 있다.

그 밖에 그린에도 일단은 책임이 있는 경우가 있다. 그린은 대개 공의 진행 방향으로 경사가 져 있다. 소위 앞으로 내려가 있다. 이것은 배수를 위한 것도 있지만, 그린 오버를 방지하는 의미도 있다. 그 때문에 각도가 알맞은 공이라도 그린이 받아들이기 때문에 멈추는 것이지만, 그린이 아주 평탄한 경우나 반대로 경사가 져 있는 경우가 있다. 때문에 오른쪽으로 경사가 져 있으면 슬라이스 공을 쳐도 멈추

그린 주위의 얕은 벙커에서는 퍼터로 겨냥하는 것도 좋다.

지는 않고, 뒤쪽으로 경사져 있으면 물로 정지하지 않는다.

치기 전에 그린의 경사를 계산할 정도의 여유가 요망된다.

● 오버하는 것보다 쇼트가 좋다

18 호올을 라운드해 보면 그린 오버를 했던 회수가 많은 사람일수록 스코어가 나쁘다는 것을 알아차리지 못하는 사람이 많다. 짧은 시야로 공격하는 사람은 의외로 스코어가 좋다.

이것은 골프채의 선택에도 원인이 많지만 우선 ·째 스스로 골프채의 표준 비거리(飛距離)를 인식한다. 캐디부터 그린까지의 거리를 두고, 백에서 골프채를 꺼내는 일은 누구라도 하는 일이지만, 실제로 자신의 비거리를 이해하는 사람은 몇 명 정도 될까. 이해하는 듯 하지만 그린에서 오버하기도 하고 짧게 하기도 한다.

둘째로, 오버는 위험하다고 생각해야 한다. 왜냐면 그린을 겨냥해도 오버는 공이 정지한 위치가 확인될 수 없고, 그린의 뒤쪽이 어떤 상태인지 보이지 않기 때문이다. 결국, 시야에 들어 오지 않아서 불안하다.

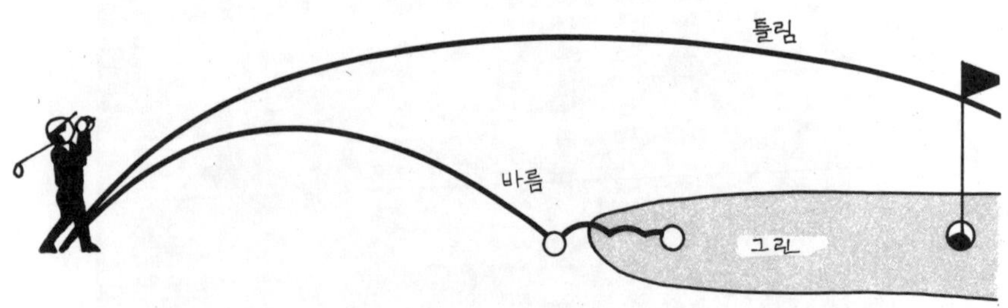

세째로는 그린의 패턴에 따른 문제이다. 그린은 대개 바로 앞을 향해서 경사져 있다. 때문에 바로 앞을 공격하는 편이, 다음 타의 퍼트로 올라가는 라인의 가장 쉬운 위치부터 공격하는 것이 이익이다. 오버하면 역경사의 그린을 겨냥하기 때문에 공은 정지하기 어렵고, 제방이 차츰 올라가는 경우가 많기 때문에 공의 낙하점이 보이지 않는 것이다.

지형을 모두 알고 있는 코스라면 좋지만, 알지 못하는 코오스에서의 경기는 그린 오버를 못하는 것이 스코어 메이크의 열쇠가 된다.

● 포대 형태의 그린에서는 겨냥해라

포대 형태의 그린, 결국 그린만이 높아지고, 주위는 깊은 벙커라든가 경사면이 있는 그린이다. 산악이라든가 언덕 코오스에는 어느 곳도 그린이고, 물론 공격할 경우는 짧은 것은 말할 것도 없고 오버해도 사이드에서 벗어나도 차타로 그린을 겨냥하는 데는 어떻든 쳐올리게 되기 때문에 어프로우치할 경우는 러닝이나 피치 앤드 런에서는 바로 앞에 벙커나 경사면에 먹힐 염려가 충분히 있다. 이러한 상태

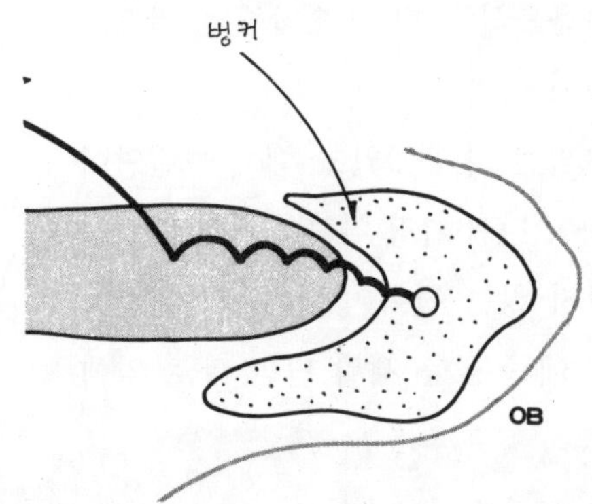

오버하는 것 보다 쇼트 기분으로
겨냥해라

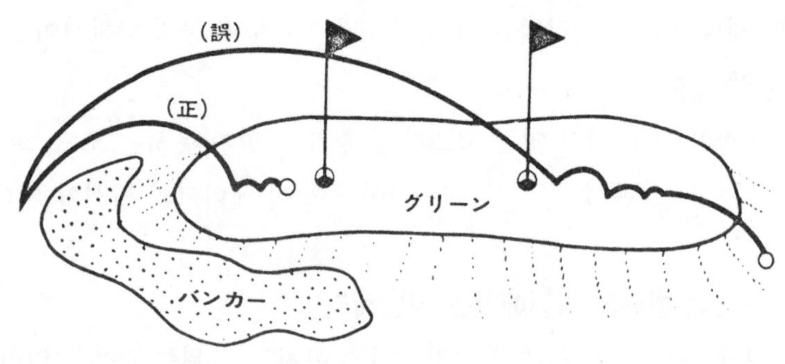

포대 형태의 그린에서는 러닝 쇼트나
피치 앤드 런에서는 바로 앞이 벙커에
걸리게 한다. 이 경우 피치 쇼트에서
로프트를 충분히 살려 백 스핀을 건다

포대 형태 그린에서는 직접 핀을 겨냥하지 말고 쇼트 자세로 한다.

에서는 피치 쇼트 이외에 공격 방법은 없다. 피칭 웨지라든가 샌드 웨지를 사용해도 로프트를 충분히 살려서 피시로 쳐야 한다. 백 스핀이 걸린 듯한 타법으로 해야 한다.

이렇게 할 때에 아마츄어는 실패한다. 즉, 목표를 직접 깃대로 잡기 때문이다. 그러므로 핀 옆에서 바운드하고 다시 오버했던 퍼트로 불필요한 스트록을 무의식 중에 하기 쉽다.

포대 형태 그린의 특징은 오버를 막는 의미도 있고, 대개 그린면이 바로 앞에 경사져 있다. 핀을 오버하면 다시 가장 어려운 퍼트로 치는 것이 되기 때문에 오버 만큼은 하지 않는 편이 좋다. 핀의 위치에 따라서도 달라지지만 핀의 바로 앞에 목표를 세워 면의 바로 앞에 공을 정지해 주기 바란다.

• 얕은 벙커에서는 퍼터가 배우자

벙커 모래의 종류에 따르지만, 부드러운 모래의 경우는 모래에 공이 반 정도 묻히기 쉽기 때문에 그러한 경우는 익스프로젼 쇼트에서 탈출할 수밖에 없지만, 단단하고 묵은 하천의 모래와 같은 경우는 다이렉트로 벙커에 들어가도 공이 모래에 반정도 묻은 경우는 적기 때문에 공만을 직접 치는 그린 쇼트 쪽이 훨씬 효과적이다. 자주 하천 부지에서 볼 수 있는 턱도 낮고, 얕은 벙커의 경우 무리할 것은 없다. 턱의 위는 곧 그린이고, 턱에는 잔디도 짧으므로 샌드 웨지에서 익스프로젼을 해서 실패하고 있는 사람을 발견하지만 특별히 샌드 웨지를 자신있어 한다면 다르지만, 가능하면 로프트가 적은 골프채로 러닝을 하든지, 모래 위를 굴려서 퍼터로 겨냥하는 방법도 받아들여야 한다.

벙커를 공이 통과하기까지 라인의 모래 상태가 다소 어려워도 대개는 성공한다. 공을 직접 치고, 퍼터의 소올은 모래를 문지르지 않는 것이 중요하다. 백 스핀의 반대이다. 오버 스핀을 걸치는 듯한 타법이 바람직하다.

벙커에서는 발판을 안정시키기 위해서 양 다리를 모래에 묻지만, 이런 때에 모래가 부드러운지 딱딱한지를 판별하면 퍼터를 사용할지 웨지를 사용할지, 골프채의 선택도 결정하게 된다.

• 계란 프라이드는 흰자와 함께 먹어라

벙커의 모래는 하천 부지 코스를 제외하고는 하천 모래는 사용되지 않는다. 대개는 가볍고 부드러운 모래가 많이 사용된다.

공이 페어 웨이를 넘어뜨려서 벙커에 들어갈 경우는 신경을 쓸

프로의 벙커 쇼트의 연속사진

것도 없지만, 캐리로 직접 벙커에 들어간 경우는 공이 모래에 파묻히고, 공이 반정도 묻혀 버린다.

공알, 결국 계란을 구운 듯한 상태가 되기 때문에 공알이라고 하지만, 계란 구이에서도 노란자 부분만을 꺼내서 먹으려 하면 반드시 주위에 있는 흰자가 붙어나온다.

같은 모양으로 구운 계란이 된 공을 칠 경우는 공만을 쳐도 적당하게 모래도 함께 날아올라가지 않으면 부자연스럽다.

좌우로 충분히 웨이트를 두고, 다리를 모래에 묻고, 무릎을 내리고 몸을 안정하고, 모래와 함께 공을 쳐 낼때 때리는 쇼크로 충분히 견디는 만큼 몸의 자세를 만드는 것이 중요하다.

공알은 공이 모래에 박혀서 공 주위는 모래 산이 된다. 결국 공 바로 앞의 모래 산과 함께 공을 칠 수밖에 방법은 없다.

어드레스에서는 공에 직접 겨냥하는 것을 결정하는 것이 아니고,

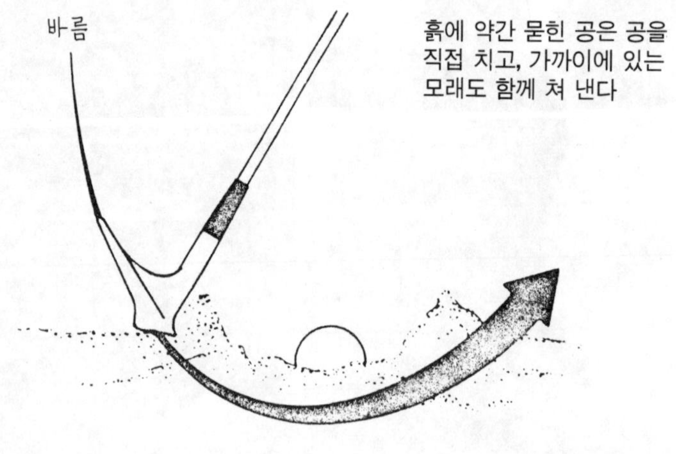

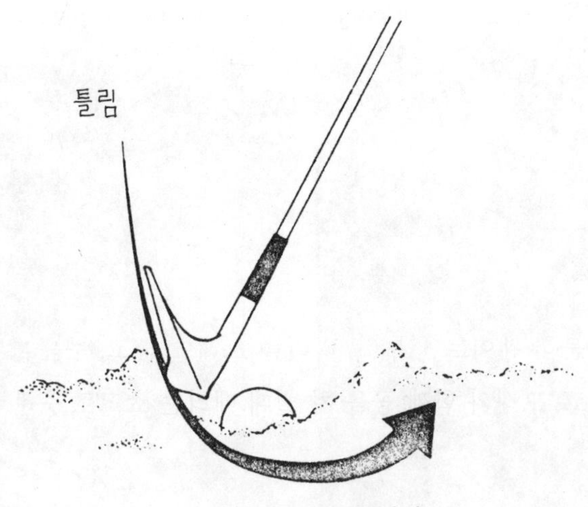

공의 우측이 모래 산을 공이라고 생각하고 준비한다면 그 모래 산에 일단 골프채가 박히고 공과 함께 치는 것이 가능하다. 단지 공에는 백 스핀이 걸리지 않기 때문에 핀의 바로 앞에서 런 시키듯이 처음부터 공의 낙하점을 계산해야 한다. 생각하는 것에 따라서는 참으로 쉬운 쇼트가 될 수 있다.

●턱에 맞게 치는 방법

벙커의 턱에는 여러가지 종류가 있다. 페어 웨이 벙커는 턱도 비교적 낮고, 다소 톱해도 올라가 준다.

그런데 그린 주위의 벙커는 복잡하다. 극단적으로 턱이 높은 것, 깊어서 그린면도 보이지 않는 벙커, 턱이 낮은 것, 공의 낙하 지점

■ 턱이 앞에 있을 경우 쇼트의 연속사진

■ 턱이 뒤에 있을 경우 쇼트의 연속사진

상태도 턱의 상태에 따라서 여러가지로 변화가 생긴다.

턱이 높아도 낮아도 벙커의 중심에 공이 들어간 경우는 별 문제는 없지만, 턱의 주변에 공이 정지한 경우는 약간은 걱정이 된다. 무엇이든 처음에 어렵다고 생각한다면 어찌할 수 없지만 벙커 이외의 트러블 쇼트와 조금도 변하지 않았고, 어디까지나 응용한 것이다.

공의 앞쪽이 턱이라면 웨이트를 왼쪽 다리에 충분히 두고, 낮은 백 스윙으로 임팩트한 다음 극단적으로 왼쪽 팔꿈치를 들고, 앞쪽의 턱에 골프채가 걸리지 않도록 하면 좋고, 업 힐 라이의 쇼트를 생각하면 문제될 것이 없다.

공의 뒤쪽이 턱일 경우는 골프채가 턱에 걸리지 않도록 백 스윙은 매우 높게 올리면 좋다. 한 번 공에 대해서 준비 자세를 하면 워글을 해서, 스윙의 원호를 계산할 것을 생각해 주어야 한다. 또한 발판이 벙커 안에 걸리기도 하고, 턱의 위에 걸릴 경우 등도 경사면에서 쇼트하는 방법을 취하면 좋다.

● 피치와 칩은 종이 1장 무게

피치 쇼트와 피치 앤드 런(칩)은 공을 높이 날아 올리는 것과 어느 정도 올리고 나머지를 런 시키는 것의 차이밖에 없다.

페이스에 있는 로프트를 충분히 혼용하는 피치는 헤드의 무게를 이용해서 쳐야 한다. 다만 치는 것이 아니고, 페이스에 붙어있는 홈을 어떻게 살릴지도 정한다. 이렇게 한 쇼트는 피칭 웨지나 샌드 웨지가 적당하다.

이 골프채는 특히 페이스가 크고, 면이 넓고, 로프트도 있기 때문에 이들을 충분히 이용할 것이다. 페이스의 홈 아래 부분에 공을 포착하

피치 쇼트

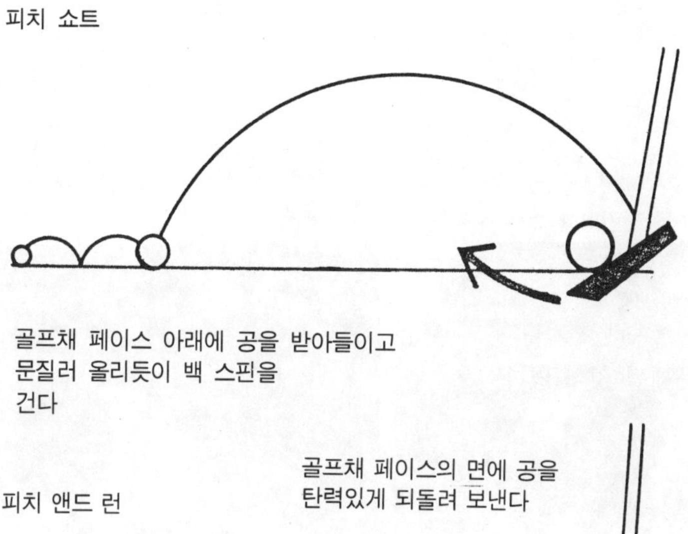

피치 쇼트와 피치 앤드 런

고 위에 홈까지의 사이에 공을 문질러서 백 스핀을 거는 것이다.

　피치 앤드런을 할 때 역시 사용 골프채는 피치 쇼트와 같아서 피치보다도 공이 페이스를 문지르는 시간을 짧게 하면 좋다. 거기에는 손목과 골프채 헤드가 같은 위치에서 임팩트하고, 공을 헤드로 반복해서 튀기면 좋다. 어드레스에서도 페이스를 셔트하면 그같은 동작은 가능하다.

　역으로 피치 쇼트에서는 페이스를 오픈으로 준비하면 공을 튀기는

■피치 앤드 런의 연속사진

턱이 뒤에 있는 경우

턱이 앞에 있는 경우

것보다도 문지르는 경향이 강해진다.

페이스의 위를 공을 문지르듯이 나갈지, 페이스 중심의 일부 만으로 튀겨낼지의 차이로 결정되므로 그 차이는 종이 한 장의 무게라고 하는 것이다.

●골프를 이해

야구에서도 다운 스윙이라는 언어가 있지만, 배트를 업 스윙으로 치면, 홈런이나 큰 타격이 나올 수 있다고 생각이 들지만 다운 스윙에서도 홈런이 나올 수 있다. 배트의 중심에 공이 맞지 않을 경우는 고로나 라이너로 수고를 덜기도 하고 머리 위를 넘을 확률은 업 스윙보다 높다고 할 수 있다. 홈런의 경우는 공에 백 스핀을 부여하기 때문에 공은 먼저 나가는 것이다.

결국, 골프에서는 공은 지면에 정지하므로, 업 스윙과 같이 하면 과연 공의 중심과 골프채 페이스의 중심이 잘 일치하지 않으면 공은 매우 쳐올릴 수 없게 된다. 그러나, 공에 대해 다운 스윙으로 치면 잘 맞지 않아도 공은 쳐서 올릴 수 있다. 예를들면 약간 더퍼해도 사실 공을 쳐서 올릴 수 있는 것이다.

쇼트 아이언 등으로 공을 올리고 핀에 잘 얹으면 자신도 모르게 로프트가 있어도 걸리지 않고 올리는 사람을 볼 수 있지만, 로프트가 위로 올리는 것과 같은 기능을 갖고 있기 때문에 살며시 골프채를 지면에서 내리치면 좋다. 이것은 단지 아이언의 골프체에 한한 것이다.

●올리는 것은 로프트에 맡겨 두어라

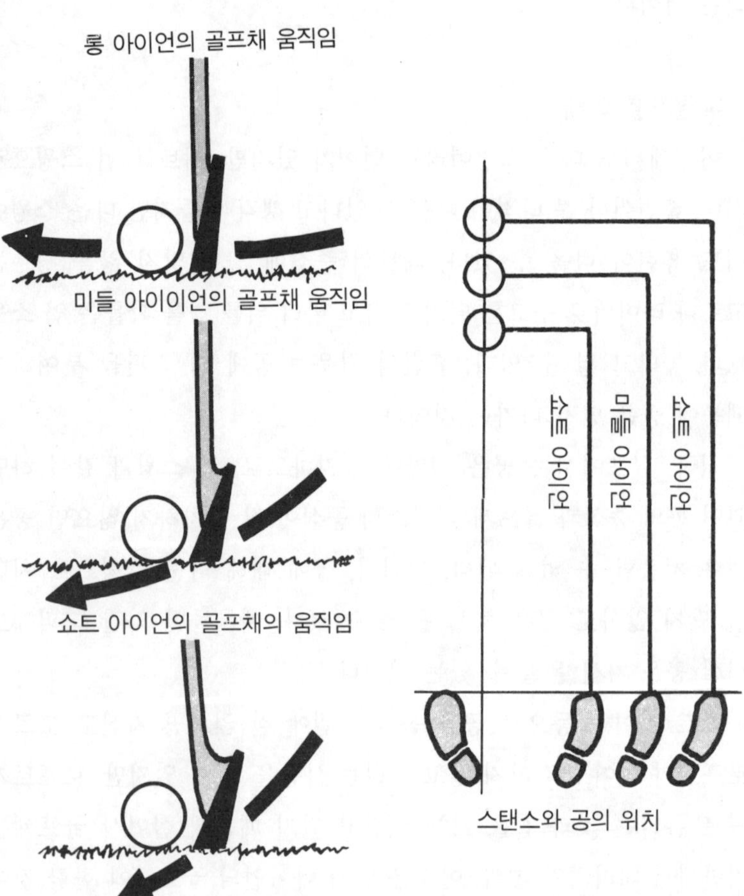

아이언의 스탠스와 임팩트할 때 골프채의 움직임

우드 골프채의 로프트
백피(우드 4번)
스푼(우드 3번)
브러시(우드 2번)
드라이버
20°
17°
14°
11°
ロフト

아이언 골프채의 로프트
아이언
47°
43°
39°
35°
31°
27°
23°
19°
15°

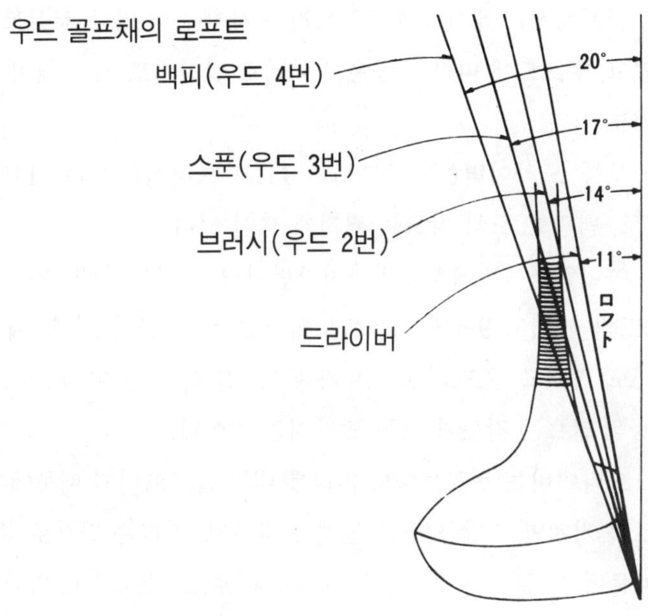

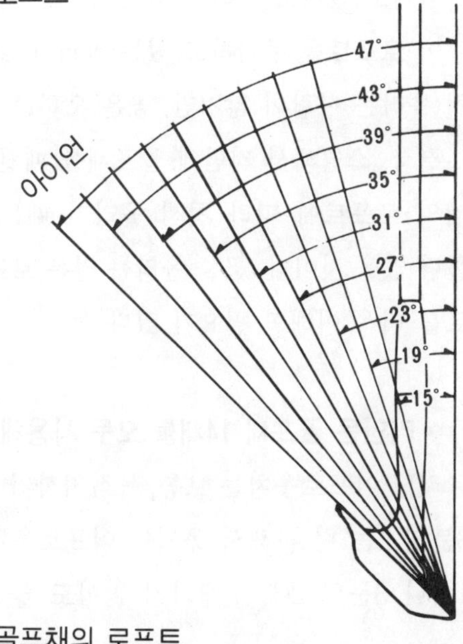

골프채의 로프트

골프채에는 페이스에 로프트라는 것이 붙어 있다. 로프트는 각도가 있고, 로프트에 따라서 공은 라이너로 날리기도 하고 높이 날아 올리기도 한다.

보통 드라이버(우드 1번)는 11도, 브러시(2번)은 14도, 스푼은 7도, 백피 20도씩 각도는 커지게 되어 있다.

아이언은 1번에서 9번까지 1번이 15도라고 하면 2번이 19도로, 4도씩 커지고 9번에서는 47도의 로프트가 붙어 있다. 웨지는 더욱 15도 커지고, 52도의 로프트가 된다. 결국, 공은 이 로프트에 따라서 공의 날으는 각도가 모두 달라지는 것이다.

드라이버는 무엇보다도 거리를 내는 골프채이기 때문에 만약 로프트가 커지면 그만큼 공은 높게 올라가고, 거리는 반으로 줄어버리기 때문에 그 골프채의 기능을 생각하고 로프트는 2도로 약간 적어져서 라이너로 날리도록 되어 있는 것이다.

이 로프트를 무시하고 있는 골퍼가 얼마나 많을까. 무리하게 공을 쳐 올리는 사람이 많지만, 공은 오히려 올리지 못한다.

결국, 스윙해서 지면에 골프채를 때릴 때는 공은 자연스럽게 골프채의 로프트에 따라 쳐서 올리기 때문에 로프트에 전부 맡겨두면 틀림 없을 것이다. 공을 올리는 일은 로프트의 역할이기 때문에 로프트를 더욱 이해할 필요가 있다.

● 러인은 골프채 14개를 모두 사용해라

러닝 어프로우치는 보통, 목적지까지 3분의 1 공을 올리고, 나머지 3분의 2는 런을 해서 옮기는 어프로우치의 일종이다. 반드시 3분의 1이나 3분의 2에 구애되지 않아도 좋지만, 자기 스스로가 느끼는

러링 쇼트

거리감, 타법, 공의 습관을 알아 두어야 한다.

이 어프로우치를 사용하는 조건으로서는 그린 주위를 돌아야 하므로 평탄한 면이 좋다. 공과 그린과의 사이에 벙커 등의 하자드는 물론 없는 것이 바람직하다. 거기에 공에서 그린까지의 거리는 짧을수록 좋다. 결국 그린 에지의 약간 긴 잔의 부분만을 넘어서 그린에서 온(on)하고 나서 핀(목적지)까지 런 시키고 로프트가 적은 골프채로 치는 것보다 좋은 일은 없다.

아마츄어 중에는 7번이나 8번 아이언으로 러닝(굴리다)을 자신있게 하는 사람이 많은 모양이다. 누구든지 14개 골프채가 1개 정도 없으면 스코어는 반성되지 않지만, 러닝이라고·해서 7번, 8번 아이언이 절대로 적당하다고는 말할 수 없다.

20년 정도 전이 되지만, 러닝에서 우드의 2번을 능숙하게 다르는 프로가 있지만, 이것은 예외로서 보통 아마츄어는 3번부터 9번 아이언까지 백에 준비하기 때문에 그것을 사용해도 좋다. 공에서 그린까지의 불순물을 이겨내는 것이기 때문에 그 거리의 장단, 핀까지의 거리의 장단에 따라서 사용하면 좋다.

● 아이언에서도 뿌리치면 실수도 적다

프로, 아마를 막론하고, 빅 게임을 보고 있으면 2타 이후의 아이언 쇼트가 그린에서 갑자기 멈추는 나이스 쇼트를 치고 있는 광경을 볼 수 있을 것이다. 또한 그것을 보고 감탄하고 부러워할 것이다.

확실히 그것은 나이스 쇼트이다. 아이언을 쥔 경우, 처음부터 타아프를 취해야 한다는 의식이 필요 이상으로 작용하면 공의 바로 앞을 때린다. 즉, 골프채를 백 스윙하고 나서 다운 스윙으로 위에서 잔디를 때리려고 하는 것은 의식 과잉에서 오는 것이다.

스윙이란 것은 우드나 아이언에 관계없는 원이다. 원이란 것은 둥글다는 것이다. 그것을 골프채로 위에서 내팽겨치려는 것은 원을

아이언 쇼트에서는 친다는 의식을 버리고 자연스럽게 친다

반원으로 하는 것이고, 원을 각으로 하는 것이다. 스윙은 원인 이상 공에 대해 둥근 원호를 그리지 않으면 부자연스럽다.

타아프를 취하려는 의식은 버리고 골프채를 휘두르는 기분으로 하면 자연히 골프채 헤드는 잔디에 박히고, 그리고 원에 대해서 휘두르는 힘의 여세로 잔디를 끌어 내리고, 공을 헤드로 튀겨 날려서 피니시까지의 일련의 동작으로 연결하는 것이다.

골프채를 충분히 휘두르는 것이 미스 쇼트가 나오지 않게 하는 요령이다.

●잔디를 파악하게 되면 자연의 이치를 알게 된다

잔디의 방향에는 여러 종류가 있다. 순방향, 역방향, 가로 방향 등, 잔디의 방향은 퍼팅할 때 상당히 영향을 준다.

보통 그린 밖에서 그린을 보는 경우에 잔디의 풀 속이 흰 부분일 경우 그린에서 볼 때 바로 앞의 방향이 순 방향이기 때문에 공격해 나가는 쪽에서는 역방향이 된다. 반대로 잔디 풀의 표면이 짙은 녹색으로 보일 경우는 결국, 공격해 나가는 쪽에서는 순 방향이 된다.

캡의 단면을 보아도 잘 알 수 있다. 캡의 테두리의 잔디의 줄기를 보면 캡으로 향해서 역방향이 되고, 풀이 보일 경우는 캡을 향해서 순방향이 된다.

또한 그린에서 다음의 티 그라운드로 향할 경우, 스파이크에 밟혀서 진행 방향으로 잔디가 누울 때가 순방향이다. 잔디 풀의 속에서 호흡하고 있고, 더욱이 잔디는 바다의 해풍이 좋기 때문에 바닷가 근처 시 사이드 코스라면 바다를 향한 순 방향이 되고, 산이 있는 쪽을 향해서 역 방향이 되는 것이다.

또한, 보리 밭이 가깝게 있을 경우, 해충을 특히 피해야 하기 때문에 호흡을 하는 풀잎의 뒷면이 보리 밭과 역 방향으로 바뀌기 때문에

잔디의 표면의 녹색 부분이
보이는 것은 진행 방향을
향해 순행

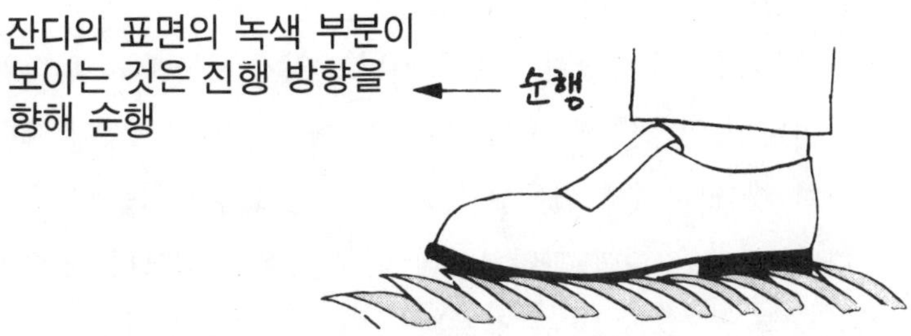

잔디의 뒷 부분이 보이는
것은 진행 방향을 향해서
역행

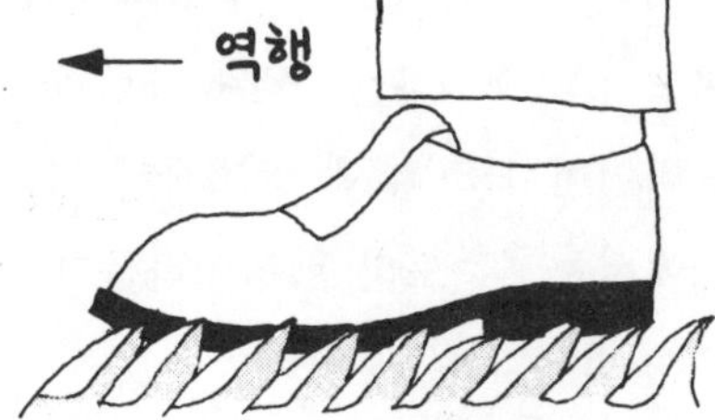

잔디는 호풍(湖風)을 좋아하기 때무에 바다 쪽을 향한다

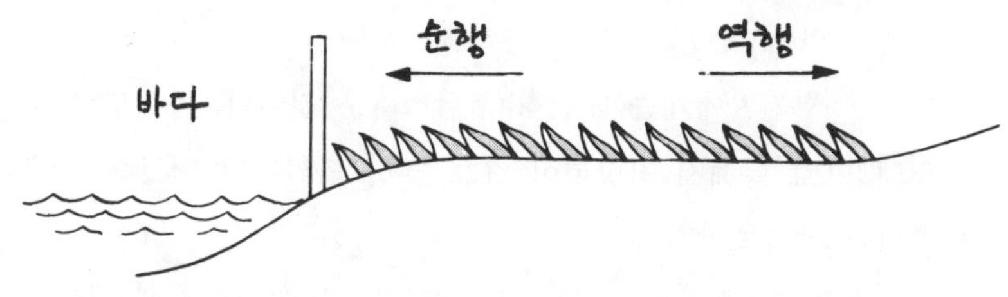

잔디는 보리밭을 싫어하므로 반대 방향을 향한다

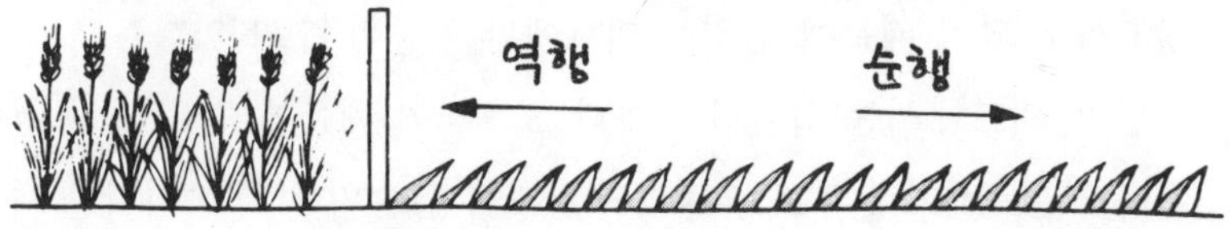

자연인 잔디의 상태를 잘 파악한다

보리 밭을 향해 역 방향이 된다.

잔디는 이같이 복잡한 요소를 지니고 있기 때문에 그 코스의 입지 조건이나 자연 환경에 따라 공격 방향을 고안하는 것이 요령이다. 그러한 것을 머리에 염두해 두고 각 구멍을 공격하는 것도 흥미가 있다. 때문에 잔디를 파악하는데 신경을 쓰는 것보다 자연 현상에 기초를 두는 공격 방향을 정하는 것도 하나의 방법이다.

● 퍼트의 그립을 바꾸지 말고, 기분을 바꾼다

퍼트라고 해서 다른 수와 다르게 그립을 할 필요는 없다.

드라이버나 그 밖에 골프채에서는 오버 랩핑 그립을 하기 때문에 퍼트에서는 역 오버 랩핑이라든가 집게 손가락을 펴서 쥐는 것과 같은 방법은 피해야 한다.

잡은 상태를 바꾼다는 것은 퍼트는 다른 것과 구별하는 것이고 기분까지 바꿔 버린다.

이것은 경기자에게는 대단히 부담스러운 것이다. 자신도 모르는 사이에 이러한 것이 가중되고 쇼트는 잘 되었지만 퍼트의 상태가 나쁘다는 상태로까지 발전되어 버렸다.

퍼트 이외의 쇼트로 오버 랩핑 그립을 했다면, 퍼트에서도 오버 랩핑해야 하는 것이다. 그렇게 하면 그립만 해도 퍼트를 특별시하지 않고서도 되기 때문에 신경을 퍼트에만 집중할 수가 있다.

단지, 퍼트에서는 확실함이 보다 요구되기 때문에 같은 오버 랩핑이라도 골프채가 전후로 흔들리지 않도록 양손의 엄지 손가락을 세로로 2개를 연결하듯이 한다면 좌우로 골프채를 흔들기 때문에 편안하다.

쇼트와 달라서 공을 굴려서 캡에 가라 앉히는 작업이기 때문에 기분만을 바꾸도록 하는 것이 좋다. 그립이나 공의 위치 등, 가능한 만큼 바뀌지 않도록 하면 집중력을 높이게 된다.

퍼트의 타법도 튀기 듯이 치는 오버 스핀을 거는 것처럼 굴리고, 더퍼할 수 있도록 치는 백 스핀을 건다. 커트하는 기분으로 치는 등,

여러가지가 있다.

퍼트는 예를 들어 10센티의 퍼트에서도, 300야드의 쇼트에서도, 같은 스트록이라고 하는 만큼, 신중하지 않는 일은 매우 우습다. 퍼트가 들어가지 않으면 퍼터 탓으로 돌리고 타법 탓으로 돌리기도 하지만 그보다도 치는 자세를 한번 더 첵크하는 것이 좋다. 타법은 자세에 따라 여러가지로 변화되는 것이다.

좌우에 충분히 중심을 두고, 왼쪽 다리에 접근한 공을 치는 자세를 취하면 오버 스핀을 거는 듯한 타법이 된다. 몸을 고정시키고 손목만을 움직이면 시계의 추와 같은 동작이 되고, 공은 튀기 듯이 굴러가게 된다. 프로의 포옴을 봐도 사람에 따라서 자세가 각기 다르다. 아마추어에 이르기까지는 퍼트 자세 만큼은 보고 있어도 싫증이 나지 않을 정도이다.

유명한 프로가 '퍼트의 자세는 자동차의 운전과 같다. 어떤 모습을 하고 있어도 자동차는 바로 나아간다'라고 말했지만 타법 등은 아무튼 퍼트가 어떻게 작은 스트록으로 캡에 들어가는 가가 승부이다. 본인이 자세를 취하기 가장 쉬운 상태로 안정시키면 그 자세에 의해 타법은 저절로 정해진다. 타법을 주의하는 것 보다 자세를 염두해 두라고 말하고 싶다.

● 짧게 구부리고 길게 일으켜라

퍼트를 하기 위해서는 몸의 자세, 즉 자세가 타법을 결정한다. 저절로 가장 안정된 준비 방법이 좋기 때문에 그 몸의 자세에 따라서 타법을 정하면 좋다. 그 때문에 롱 퍼트와 쇼오트 퍼트를 하는 자세가 다소 바뀌어도 별로 문제 될 것은 없다.

村上隆 프로의 퍼트

게리 경기 자 프로의 퍼드

　양쪽 어느 경우라도 공에서 캡까지의 라인을 보기 쉽게 하기 위한 자세이면 좋다. 쇼트 퍼트에서는 몸을 굽히고 짤막하게 골프채를 쥐고 준비하는 편이 휘두르는 폭도 작고, 전후의 골프채의 흔들림도 적기 때문이다. 길게 잡은 골프채보다도 짧게 쥔 골프채 쪽이 공을 골프채 헤드의 중심부에 맞출 확률도 높고 정확하다.

　반대로 롱 퍼트에서는 다소 몸을 일으키지 않으면 캡까지의 라인이 보이기 어렵다. 롱 퍼트는 그대로 들어가면 변명할 여지가 없지만 대개는 어떻게 핀에 접근시키는가가 목적이다. 몸을 일으키면 골프채를 크게 휘두를 수 있고, 왼쪽이나 오른쪽으로 그린면이 경사가 지든가 앤듀레이션 상대도 발견할 수 있다. 쇼트 퍼트와 같이 몸을 구부리

죠지 어챠 프로의 퍼트

杉原輝雄 프로의 퍼트

지 않고는 칠 수 없는 사람이라면 스탠스를 오픈 상태로 하면 이해하기 쉽고 라인도 파악하기 쉽다.

쇼트 퍼트와 롱 퍼트 힘의 가감이지만, 적당한 어드바이스, 백 스윙의 크기에 따라서 정해지는 것을 쉽게 알 수 있고, 빨리 익힐 수 있다.

● 퍼트는 기술 보다 그 날의 컨디션

프로의 경기만큼 퍼트에서 좌우되는 것은 없다. 쇼트는 어떻든 누구라도 마찬가지로 진행해 간다. 미들 호올은 2로, 롱 호올은 3으로 진행해 가기 때문에 나중에는 퍼트의 승부로 스코어에 차이가 생겨나

롱 퍼트는 얼굴을 약간 움직인다.

쇼오트 퍼트는 얼굴을 돌리도록 한다

■ 롱 퍼트의 연속사진

■ 쇼트 퍼트의 연속사진

는 것이다.

그만큼 하루의 연습량에서 반 정도가 퍼트 연습을 차지하고, 이상 시간을 허비하고 있는 것이다. 그래도 퍼트는 생각한 것처럼 잘되지 않는다.

그것은 매우 치밀하기 때문에 그날 그날의 컨디션에 따라서도 바뀐다. 몸의 컨디션도 있지만, 육감도 날에 따라서 변화된다.

컨디션 조정은 어찌하면 좋을까. 예를 들면 퍼팅 그린에서 공을 3개 잡은 위치에서 같은 장소에서 쳐 본다. 이상한 일로, 공 3개 중에 3개 모두 같은 위치로 살리면 최고이지만, 몇 번인지 치고 있는 중에서, 3개 중에 2개가 같은 장소에 있으면 2개인 쪽이 그날 치는 육감이 들기 때문에 거기에 맞추면 좋다.

이러한 경향은 반드시 그날 그날 커디션에 따라 기술적인 것에 안심하고 컨디션 조정을 해 나가는 것이 중요하다.

골프의 격언집

다이빙 공(간신히 캡 옆에 멈추는 공)에서 퍼트하는 편이 좋다.

보비 죤스

몸을 움직이지 않으면 그 만큼 퍼트가 잘 된다.

비리 캐스퍼

터팅은 자신에 맞는 포옴으로 하는 것이 가장 좋다.

아놀드 파머

어드레스에 들어가면 공을 캡에 넣는 것만을 생각해라.

제리 바바

쇼트 퍼트는 롱 퍼트와 마찬가지로 간단하게 실수해 버리는 것이다.

톰 모리스

벙커에 들어가면 아무것도 두려울 것이 없다. 다만 한번 내보내는 것 만을 명심해야 한다.

다이 리스

6. 슬라이스, 훅, 톱, 더퍼

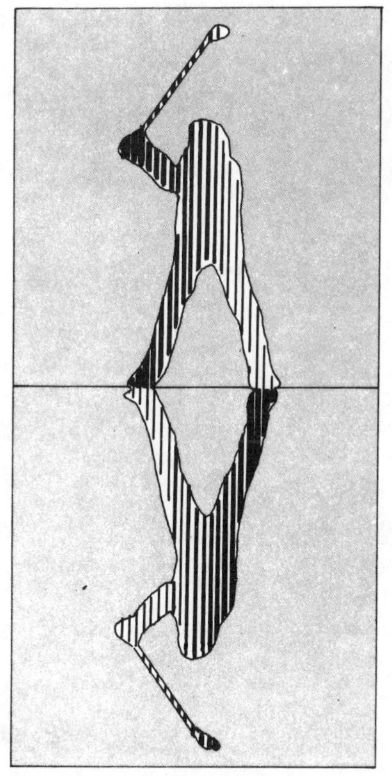

●마음이 순수하면 공은 구부러진다

예전부터 아메리카의 명골퍼인 바이런 넬슨이 '마음이 순수하지 않으면 솔직히 공은 칠 수 없다'라고 말한 적이 있다. 확실히 명언이고 초보자에게 골프를 설명할 때에는 반드시 이야기 되는 말이다.

확실히 이것은 진실이다. 순수한 마음을 갖지 않으면 결코 기술의 향상은 있을 수 없다. 골프에 한하지 않고, 어떤 스포츠에서도 똑같다고 할 수 있을 것이다.

그러나 엄밀히 말하면 이 격언은 잘못이다. 이것은 초보자가 대단히 자연스럽게 스윙하면 공은 반드시라고 해도 좋을 정도로 구부러진다.

초보자의 골퍼가 치는 공은 자연스럽게 슬라이스나 훅을 하는 것이다.

이 구부러진 구근(球筋)을 바르게 하는 것은 기술이다. 동시에 그 기술을 전부 발휘하기 위한 분위기에 압도되지 않는 것은 정신력이다.

프로에서도 고생해서 현재의 위치를 확립한 사람은 일반적으로 '비뚤어진 사람'이 많은 듯하다. 물론 나쁜 의미는 없고, 신경을 갖자는 정도의 의미이지만 어느 정도 '비뚤어진 사람'이 되어 비로소 공은 곧장 날아갈 수 있게 된다.

능숙하게 하기 위해서는 순수한 마음을 갖는 것이 필요하지만, 그것만으로는 공이 곧장 날아가 주지 않는 것을 알아야 한다.

● 슬라이스를 교정하는 것보다 슬라이스를 완성해라

슬라이스라고 하는 것도 여러가지이다. 흔히 바나나 공이라고 하는 극단적인 슬라이스는 넓은 페어 웨이라면 문제될 것이 없지만, 좀 좁은 페어 웨이라면 도저히 페어 웨이에서 공을 날리는 것은 곤란한 기법일 것이다.

페어 웨이를 겨냥하면 오른쪽의 러프나 또는 숲이나 OB의 괴로움을 당한다. 특히 극단적인 슬라이스는 낙하되기 때문에 크게 오른쪽으로 킥하기 위해서 만약 오른쪽으로 경사져서 달리 하던 공은 크게 오른쪽으로 쉽게 돌입해 버린다.

이 같은 경우에는 그립은 오른손을 펴서 쥐고, 훅이 나가듯이 또한 스탠스도 클로우즈로 해서 훅 공을 칠 수 있도록 교정한다.

슬라이스를 치고 있을 때 쥔 상태라든가 스탠스가 바뀌지만, 단지 그것만이 아니다. 쥔 상태라든가 스탠스를 바꾸는 것에 의해 몸의 동작도 변화되기 때문에 귀찮다. 모두 백지 상태로 돌려서 1부터 다시 시작한다.

그러한 우회를 할 여유가 있다면 라이스를 극단적인 슬라이스에서 완만한 슬라이스로 교정하는 쪽이 수고를 덜 수 있다. 어쩌면 몸의 회전이 둔하든지, 아우트 사이드·인으로 휘두르든지 둘중에 어느 쪽일 것이다. 백 스윙에서는 인 사이드로 천천히 휘둘르듯이 한다면 구부러지는 것도 작아질 것이다.

● 준비 자세는 구부리지 말고 기분을 바꿔라

공이 오른쪽이나 왼쪽으로 구부러진다는 것은 확실히 훅을 하는 듯한 자세로 휘둘렀기 때문이다.

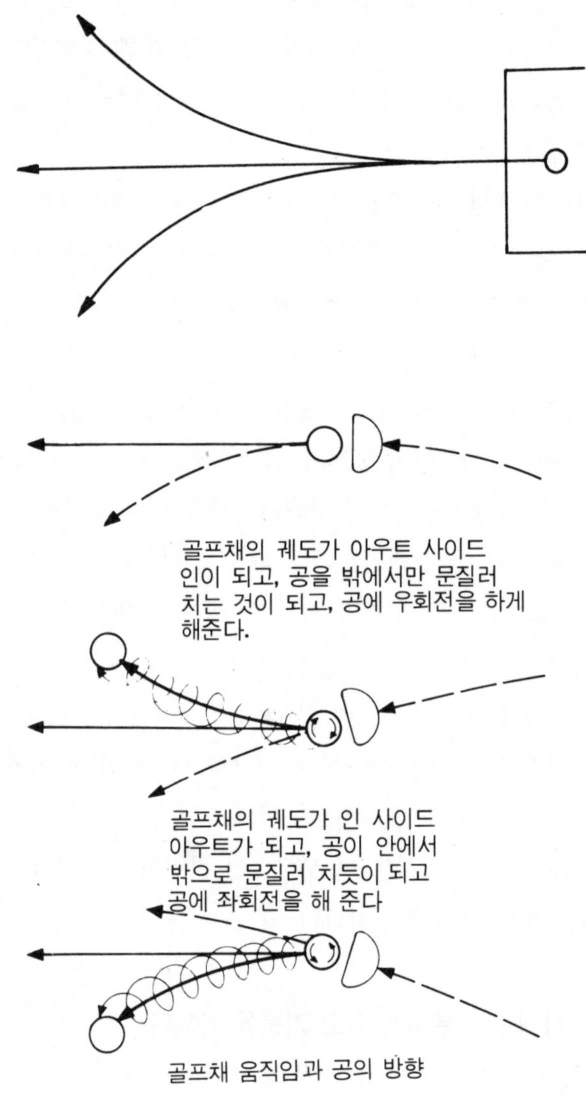

골프채 움직임과 공의 방향

본인은 혹보다도 스트레이스로 치는 것같은 자세를 하고 있다고 생각하지만 그것을 옆에서 보면 혹하는 자세를 하고 있다. 실은 가엾은 경우이지만, 이러한 사람이 왼쪽 OB라는 호울에 있어도 혹이 두렵다고 생각지 않기 때문에 오히려 스트레이트한 공이 나오기도 한다.

그런데 여느 때 혹이 나갈 것 같다고 생각하고 있는 혹 공포증 환자는 항상 혹이 나가지는 않을까라고 두려워 하고 있다.

예를 들어 스트레이트 공이 나와도 다음에 나오지 않을까라고 생각되어 가끔씩 왼쪽 OB의 호올에 오면 왼쪽이 두렵기 때문에 티 그라운드에 올라가도 티 마크의 오른쪽으로 티 업하기 때문에 한층더 오른쪽의 티 쇼트 에리어가 좁아지고 더욱 더 왼쪽으로 공이 나아가고 혹해서 OB가 되는 경우이다.

기분 상으론 혹 한다고 생각지 않고, 혹 자세로 휘둘러도 반드시 혹이 나간다고는 할 수 없다. 그러나 혹의 자세도 취하지 않고 혹 공포가 되어 있는 것은   이미 구제할 수도 없다. 벙커 쇼트 등은 역으로 더퍼가 나온 쪽이 나이스 쇼트가 되는 케이스이다. 완전한 경기자는 없을 것이다. 18호올 라운드하는 동안은 여러가지 장면을 우연히 만나게 될 것이다.

● 슬라이스를 치면 골프를 안다

페어 웨이의 왼쪽 사이드에서 쳐낸 공이, 오른쪽 사이드의 더프에 떨어진다 라고 하는 극단적인 슬라이스는 예외이지만, 보통 슬라이스라고 하는 페이드 공을 의식해서 칠 수만 있다면 보다 더 훌륭한 기술은 없다고 말할 수 있다.

프로의 쇼트

　예전 프로의 경기는 지금과 같이 하두에 18호올씩 4일간이란 것은 거의 없고, 하루 36호올, 2일간이란 것은 중노동이었다. 프로의 수도 작고, 갤러리의 수도 지금과는 비교할 수도 없기 때문에 일정적으로도 여유가 없겠지만, 그러한 이유에서 각 프로는 스테미너를 생각하고 오전의 18호올의 피로가 적은 슬라이스 공, 오후부터는 스트레이트 공의 상태로 쳐나가고 있는 것이다.

슬라이스 거리는 두드러지지는 않지만, 그만큼 힘을 필요로 하지 않는다. 페어 웨이를 놓칠 확률은 적고, 아이언은 이상적이어서 벙커 등의 트러블에서도 치기 쉽다. 이러한 장점이 있어서 예찬하는 사람이 많다.

뛰어나게 날려보내는 사람이 있어도 실망하는 일은 없다. 역으로 혹이 나가는 것 같은 사람보다는 공의 낙하 지점은 읽을 수 있고, 그린에서는 멈춘 공이 나가서 이익을 보는 경우가 매우 많은 것이 슬라이스 공이다.

일선 골퍼로 슬라이스를 치는 사람이 많은 것도 납득이 된다.

● 팔꿈치가 돌아 가면 손목도 돌아간다

손목이 돌아가지 않으면 슬라이스가 나가기 쉽다. 역으로 손목이 극단적으로 돌아가면 혹의 원인이 된다. 레슨에서는 손목이 돌아가지 않는 사람에게는 여러번 반복해서 손목 돌리는 것만을 반복하고 있다.

슬라이스에는 고의로 치는 슬라이스나 평소에 슬라이스를 해서 계산이 가능한 슬라이스는 성가시다. 이러한 습관이 있는 사람은 대개는 몸의 회전이 부족하고, 손만으로 치고 있는 경우가 많다. 손목이 잘 돌아간다면 공은 스트레이트로 날지만, 이따금씩 손목이 돌아가지 않고 슬라이스하는 경우도 있는 것이다.

여기서는 그다지 손목만을 의식해주기 바란다.

손목만을 의식하면 아무리 해도 눈은 손목을 집중해서 보고 있다. 준비 자세를 하고 있을 때 눈이 손목으로 가 있으면 허리의 움직임이

손목을 돌리는 것 만 신경쓰지 말고,
팔꿈치를 돌리도록 하면
자연히 손목은 돌아 간다.

백 스윙에서 다운 스윙에 이를 때 왼쪽 팔꿈치를 돌린다.

라든가 어깨의 움직임에 대한 신경은 소홀해져 버린다. 손목을 돌린다는 것은 그전에 팔꿈치가 돌아가기 때문에 손목이 이끌려서 움직이는 것을 생각해야 한다. 팔꿈치를 돌리기 때문에 손목이 돌아가는 것이다. 백 스윙에서 다운 스윙에 걸쳐서 왼쪽 팔꿈치를 돌리면 자연히 손목이 돌아간다는 것을 기억해 두자. 손목을 돌리는 것에 신경을 쓰는 것보다는 왼쪽 팔꿈치가 돌아가는 것에 신경을 쓰는 편이 어깨와 손목의 중간에 팔꿈치가 있기 때문에 주의하기 쉬울 것이다. 시야가 가까운 곳에 신경을 쓴다면 그 만큼 공을 치는 일에 신경을 집중하기 쉽다.

● 훅커는 능숙하게 하는 것을 단념해라

슬라이스와 훅 중에, 거리가 나가는 공을 말한다면 훅 쪽이다.

스윙한 경우, 다운 스윙에 있어서 인 사이드에서 나올 경우와 아웃 사이드에서 들어올 경우를 비교하면, 아웃 사이드로 휘두를 확률이 높다. 아웃 사이드에서 다운 스윙하면, 몸의 회전은 그다지 필요 없고, 다소 손으로 치게 된다. 손으로 치는 골퍼가 전체의 80퍼센트 이상을 점유하고 있는 것을 보아도 알 수 있다.

역으로 인 사이드에서 휘둘러 떨러뜨린다는 것은 몸의 회전이 너무 크지 않고, 뿌리쳐지지 않기, 때문에 인 사이드 아웃의 스윙이 가능한 사람은 적다. 결국 평소에 훅 공으로 괴로워 하는 사람은 인 사이드가 아닌 아웃 사이드로 휘두르고, 손목으로 로울링을 크게 한 케이스가 많다. 오른쪽 타자의 경우 이러한 동작을 하면 반드시 훅이 된다. 다만 손목이 돌아가지 않으면 슬라이스가 된다. 인 사이드에서

인 사이드의 휘두름

아우트 사이드의 휘두름

휘두른 경기자는 적은 수이지만 대개는 훅커이다.

혹 공은 슬라이스만큼 격한 회전을 공에 주지는 않지만 공은 높이 날아 오르지 않고 낮은 탄도로 도중에 왼쪽으로 떨어진다. 왼쪽으로 킥하지 않고, 도중의 장해물이 없으면 공은 점점 런을 한다. 따라서 평탄하게 떨어지는 지형의 경우는 거리가 상당히 유리하게 되는 셈이다.

그렇지만, 슬라이스의 경우는 거리가 그다지 없고, 낙하 지점에서 오른쪽으로 킥하기 때문에 공이 짐작은 가지만, 혹의 경우는 짐작이 가기 어렵다. 사실은 이 결점이 그 정도로 위험한 것은 아니다. 실수해서 아이언으로 훅이 나간 경우는 스코어는 절대라고 해도 좋을 만큼 성립되지 않는다. 왜냐하면 그린에 올라와 주지 않았기 때문이다. 왼쪽 바로 옆에서 공이 회전하고 있기 때문에 백 스핀은 걸리지 않고, 어디까지 공이 런하는지를 짐작하기 어렵기 때문에 성가시다.

인 사이드나, 아우트 사이드나 어느쪽도 다운 스윙에서 나오는 혹 공과 차이가 없지만, 거리가 나가기 때문에 몸에 익히는 것보다, 그만큼 위험한 구질(救質)이 아니란 것을 이해해 주기 바란다.

● 더퍼, 톱에서 구부러지지 않는다

더퍼라는 것은 골프에서는 공의 바로 앞을 때린다는 의미로 해석되고 있다. 한편 톱은 머리를 때린다는 의미이다. 어떻든 쇼트의 대적이라고 할 수 있고, 중요한 장면에서 이들이 나가면 그다지 좋은 기분은 아니다. 다만 생각하는 것에 따라서는 좋은 결과를 초래하는 것도 적지 않다. '더퍼, 톱에서 구부러지지 않는다'라는 것 이것을 역으로 '톱 더퍼로 구부러지지 않는다'라고 하면 상당히 재미있다.

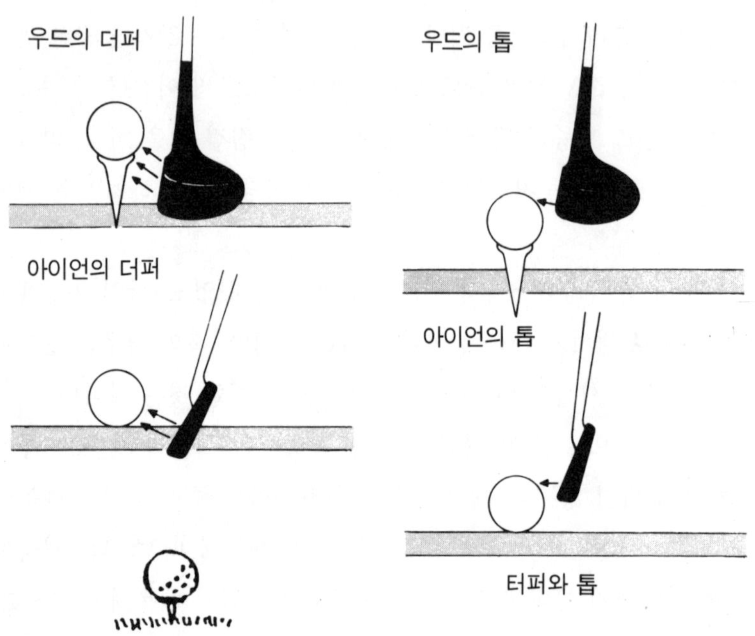

　예를 들면 아이언으로 그린을 겨냥하고 이따끔씩 어퍼해서 짧게 해 버렸다. 다음에 또한 쇼트 아이언으로 그린을 겨냥해야 하는 것이지만, 역으로 더퍼장면에서 톱한다면 어찌될까. 바로 그린을 향해서 공은 낮게 날고, 도중에 고로가 되어 스르르 그린으로 하는 일도 많다. 결과는 대 성공이다.

　톱하면 상태가 나쁜 경우도 있다. 그린 옆까지 공을 운반하고 벙커를 넘어서 그린을 공격할 때에 톱이 나온다면 당연히 그린 오버가 된다.

　하지만 역으로, 이럴 때 더퍼가 나온다면 어찌될까. 벙커에 떨어진 것도 있는 데는 있지만, 벙커 바로 앞에서 다시 멈추기도 하고, 핀에서 짧게 온 하는 일도 있을 것이다.

벙커에 들어가서도 더퍼한 공은 거의 회전하지 않고, 모래에 박힐 확률도 적고, 그린에서 짧게 온 해도 공은 의외로 런 하게 된다.

더퍼도 톱도 미스와는 차이가 없지만, 아무래도 목표에 대해 구부러지지 않는다는 이점이 있기 때문에 그만큼 유리하다. 얕은 벙커라면 톱한 공이 한 번 벙커에 들어가서 그린까지 빠져나가는 일도 있을 것이다.

더퍼의 장면에서 톱, 톱의 장면에서 더퍼가 바뀌서 된 경우는 결과가 좋다.

● 톱은 나이스 쇼트의 제1보

톱 공이란 것은 골프채 헤드의 소올(낮다) 가까운 부분에서 공의 머리를 직접 때린 것이기 때문에 팔에도 그 쇼크가 남고, 마비되는 일도 있다.

공은 고중을 날으는 것보다도 지면을 기듯이 낮은 탄도로 날아가고, 도중에 지면을 요란한 소리를 내며 고로가 되어 날아 간다. 그린을 겨냥하기 위한 쇼트보다도 상태가 나쁜 그린 쇼트와 미스 쇼트의 종이 한 장 차이라고 할 수 있다. 공의 머리 약간 앞쪽에서 골프채 헤드가 들어가면 나이스 쇼트인 것이다. 그 중간이 하프 톱이고, 드라이버 등에서는 나이스 쇼트 다음에 온다. 좋은 쇼트이다. 나이스 공을 친다는 강한 의식에서 나온 톱 공은, 구부러지지 않는 것이 당점이고, 쳐서 떨어뜨리는 공에서는 나이스 쇼트와 같은 결과가 된다.

처음부터 미스 쇼트를 예상해서 준비하는 골퍼는 아무도 없을 것이다. 그러나 처음부터 톱 공이 나와도 좋다라는 기분에서 공으로 향하면 오히려 톱 공보다는 나이스 쇼트가 나온다는 것도 생각해야 한다. 자주 헛치고 있는 사람에게 톱이 많지만, 이는 의식해서 골프채를 뿌리치고 있는 증거이다.

● 왼손 손등과 골프채 페이스는 일심동체

소켓으로 고민하고 있는 사람도 의외로 많다. 생크라고도 하지만 공이 그린 옆까지 왔기 때문에 핀을 겨냥한 공은 그린에서 온 하는 경우가 전혀 없는 오른쪽에는 스트록을 쓸데없이 사용하는 것이 된다.

소켓이란 것은 골프채 헤드와 샤프트의 연결부분의 호칭이지만 그 부분에 공이 맞기 때문에 소켓이라고 한다. 공은 대개 45도 이내의 범위로, 오른손잡이의 사람 이라면 오른쪽이 뛰어나게 된다. 아마츄어라도 팔을 사용하는 사람일수록 많은 질병이 있다.

쇼트 아이언은 골프채 헤드의 무게를 이용해서 공을 치는 것이지만, 핀에 접근하는 것을 익히면 골프채를 팔힘이나 손 끝에서 다루려고 해서 소켓의 원인이 된다. 원인에는 이 밖에도 공에서 너무 떨어진 어드레스나 너무 가깝게 접근한 어드레스에서도 생긴다.

왼손 손등이 약간 아래를 향하면서 골프채를 휘두르면 문제는 없지만, 위를 향하는 불안정함을 없애지 않는 한 이 병은 오래 지속될 것이다.

왼손 손등을 골프채 페이스라고 생각하면, 손등이 위를 향하면 페이스도 위를 향한다. 왼손 손등을 공에 맞춰서 항상 신경을 왼손 손등에 집중하는 것도 중요하다.

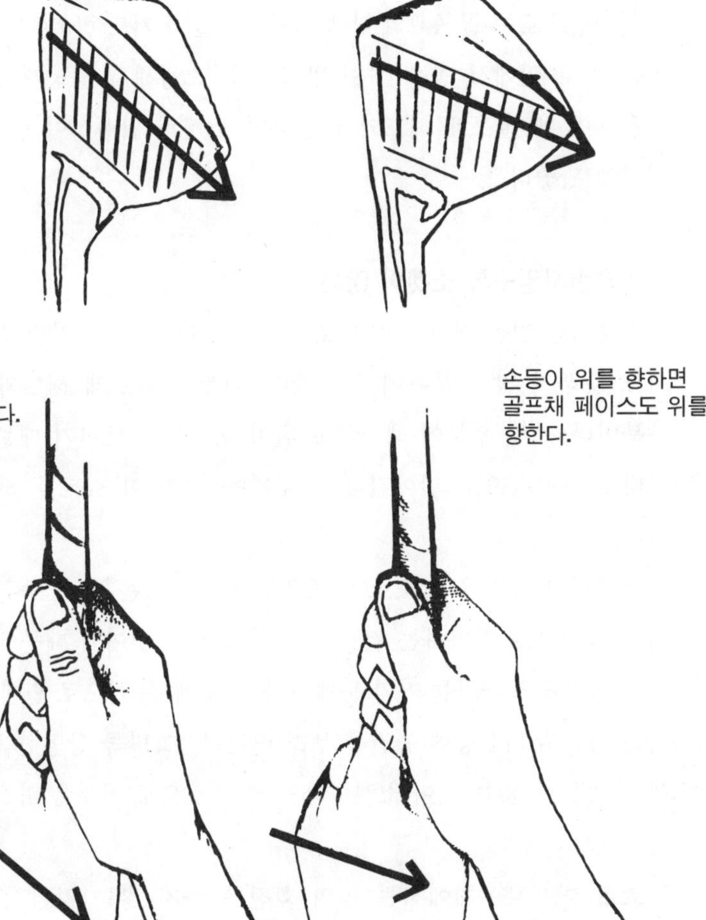

왼손 손등과 골프채 페이스의 관계

연습법으로는 골프채의 앞에 성냥개비를 놓기도 하고 나무를 세워 놓은 바로 옆에서 공을 치는 방법이다. 스윙해서 성냥개비나 세워 놓은 나무에 골프채 헤드가 맞는다면 소켓의 위험성이 충분하다고 생각해도 좋다.

●숙련자일수록 소켓이 많다

소켓이란 것은 결코 나이스 쇼트는 아니다. 오히려 미스 쇼트 중에서도 뜻하지 않은 부류에 들어간다. 어쨌든 골프채 헤드와 샤프트 부분이다. 소켓 부분에 해당하고 튀어 오르는 쇼트이기 때문에 목표보다도 오른쪽으로 날아간다. 초보자는 거의 이 쇼트를 하는 일은 없다.

왜냐하면 소켓은 쇼오트 어프로우치 등에서는 그린 주위를 돌고 겨우 그린으로 겨냥하는 것을 결정해서 치는 것이기 때문에 겨냥을 핀에 어떻게 접근하는 가가 문제이다. 때문에 손 끝으로 핀에 잘 접근하려 하면 무의식중에 농간을 부려 버린다. 그 만큼 상당한 경험자밖에 일으킬 수 없는 것이 소켓이라고 하는 것으로 이것은 미스 쇼트이다.

쇼트 어프로우치에서는 몸의 회전은 하지 않는 것이 중요하다. 결국, 팔만으로 스윙해서 목표에 공을 옮긴다는 것이다.

경험자는 초보자에 비해 골프채 헤드의 무게를 이용하면 동시에 손 끝으로 약간 솜씨를 부리려는 경향이 강하다. 그렇게 되면 결심해서 소켓을 할 수 있게 소켓이 나갈 수 있게 의식해서 쳐본다. 의식하면 반대로 나이스 쇼트가 나오는 것이 일반 아마츄어이다. 솜씨를 부리지 말고 골프채 헤드로 공을 띠는 동작을 우선 익혀야 한다.

7. 코스의 공격의 트러블

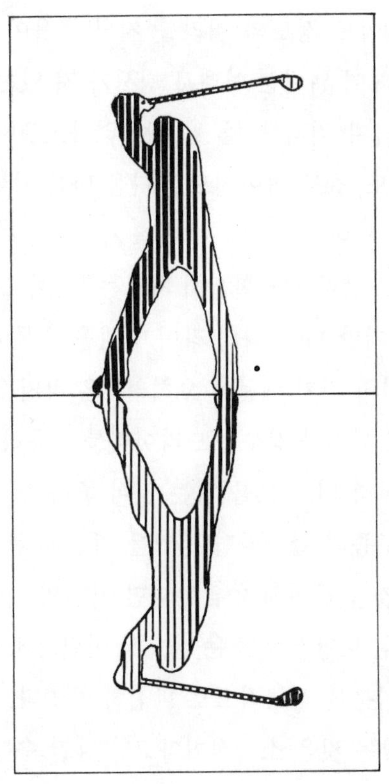

● 도망치는 것도 공격의 한 방법이다

적극적으로 공격한다는 것은 우승하기 위해서는 빠질 수 없는 마음 자세이다. 항상 공격 골프는 필요하지만, 실력 이상의 무리를 하면 큰 낭패를 본다. 아마츄어도 때로는 도망치는 것도 알아 두어야 한다.

예를 들면 350야드 정도의 거리를 지닌 호올이 있다고 한다. 230야드 정도에서 페어 웨이는 아래로 경사가 져 있는 경우, 공격 골프라고 해서 결심하여 거리를 벌 필요는 없다. 230야드 이내에서 티 쇼트를 고정시켜도, 쇼트 아이언으로 다음 타를 겨눌 수 있기 때문에 무리하지 않아도 파아는 간단하게 잡을 수 있다.

그것을 250야드 날린다면 확실히 차이는 100야드이기 때문에 거리적으로도 쉬워지지만 다음 타의 라이가 다운 스톱이 되고, 평탄자보다도 쇼트가 간신히 되기 때문에 오히려 2온 하지 않아도 된다. 공격하는 골프라 해도 이러한 경우는 드라이버를 사용하지 않아도 스푸운이나 백피로 확실히 티 쇼트를 하는 것이 좋다.

만약 벙커 공포증의 골퍼라면 벙커를 가능한 한 피해서 공격하면 좋고, 모험하는 것을 좋아하지 않는다면 자신의 기술에 맞게 도망갈 곳을 찾으면 좋다. 도망갈 장소는 반드시 어딘가에 있기 때문에 소극적인 가운데도 기분은 적극적으로 발휘하면 좋다.

도망갈 곳을 찾는 것을 소극적이라고만 말할 수는 없다. 다음 타를 치기 쉬운 곳에 공을 운반하는 것도 적극적 기술의 한 방법이다.

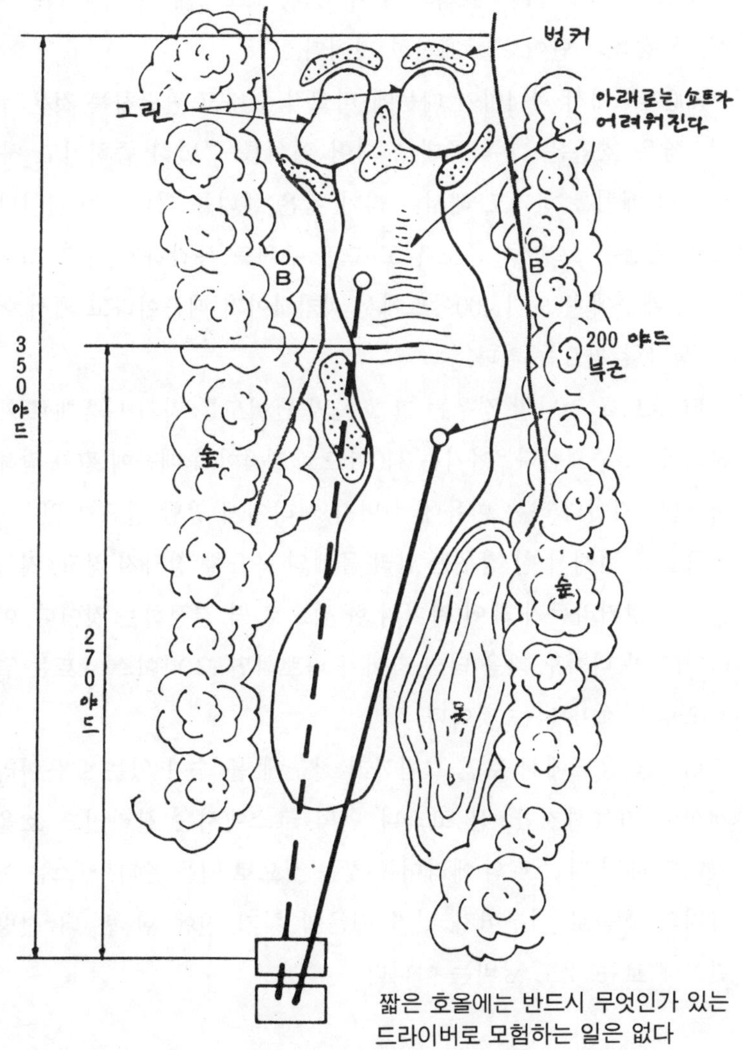

어떤 공에도 도망치는 길이 있다

●쇼트의 좋고 나쁨은 다음 타에 물어라

코스에는 코스 레이트라는 것이 있다. 코스 위원이 각기 라운드해서 각 호울의 난이도를 계산한 것이다.

300야드에서 파 4이기 때문에 비교적 쉽다고 판단하는 것은 우습다. 짧은 호올은 그 나름대로 페어 웨이를 특별히 좁히기도 하고, 벙커의 배치를 하기도 해서 거리가 짧은 핸디를 커버하는 것이다.

긴 호올은 그 만큼 폭도 넓고 그린 주위도 복잡하지 않고, 그린도 크다. 때문에 반드시 400야드에서 파가 4이기 때문이라고 해서 어렵게 생각할 필요는 없다.

티 쇼트를 겨냥할 경우는 그 호올의 난이도를 자기 나름대로 계산하는 일도 중요하다. '여기는 340야드로 파 4이기 때문에 뭔가 장해물이 있을 것이다'라는 이유에서 미리 캐디에게 말할 필요가 있다.

목표를 정해서 칠 경우는 멀리 물체의 목표를 정하지 않고, 지극히 가까운 벙커라든가 페어 웨이의 한 점으로 딱 결정하는 것이다. 아무리 거리가 나가도 다음 타의 라이가 나쁘다면 그 나이스 쇼트는 결과적으로 미스가 되는 것이다.

티 그라운드에서 보면 그린까지 한눈에 볼 수가 있는 호올이라면 계산이 가능하지만, 산 코스나 언덕 코스에서는 블라인드 호올이 있기도 해서 티 쇼트의 에리어를 찾는 것으로 애를 쓴다. 코스는 여러 가지의 호올로 이루어져 있기 때문에 치기 전에 한 번 더 전방을 관찰해 보는 것도 낭비는 아니다.

●오른쪽으로 굽은 것은 훅, 왼쪽으로 굽은 것은 슬라이스

자신의 비거리를 확인하는 것이 중요하다라는 것을 잘 알 수 있는

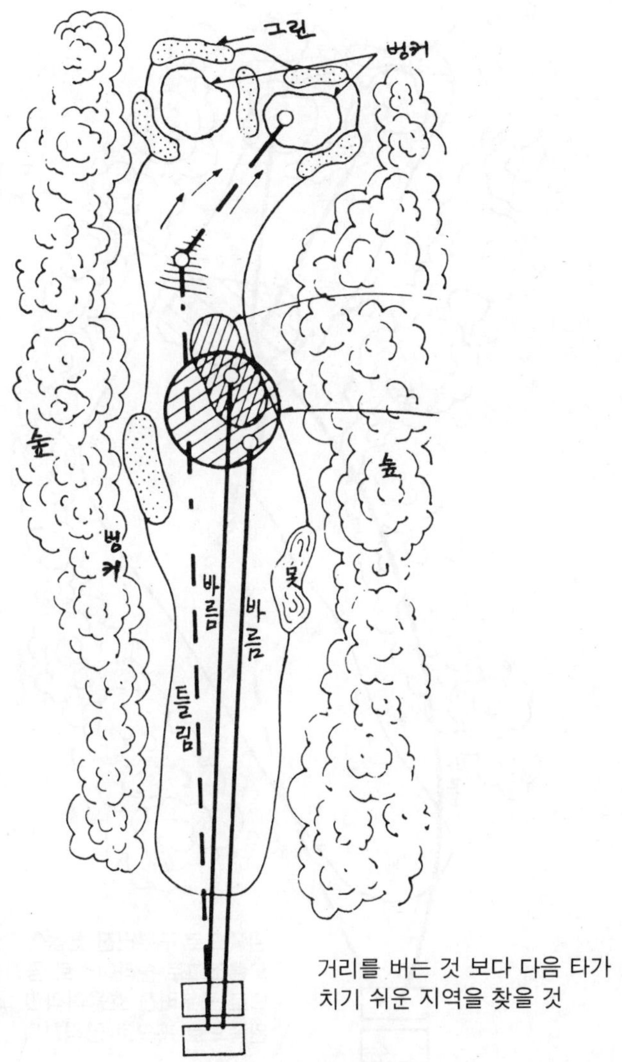

낙하점은 다음타로 이어진다

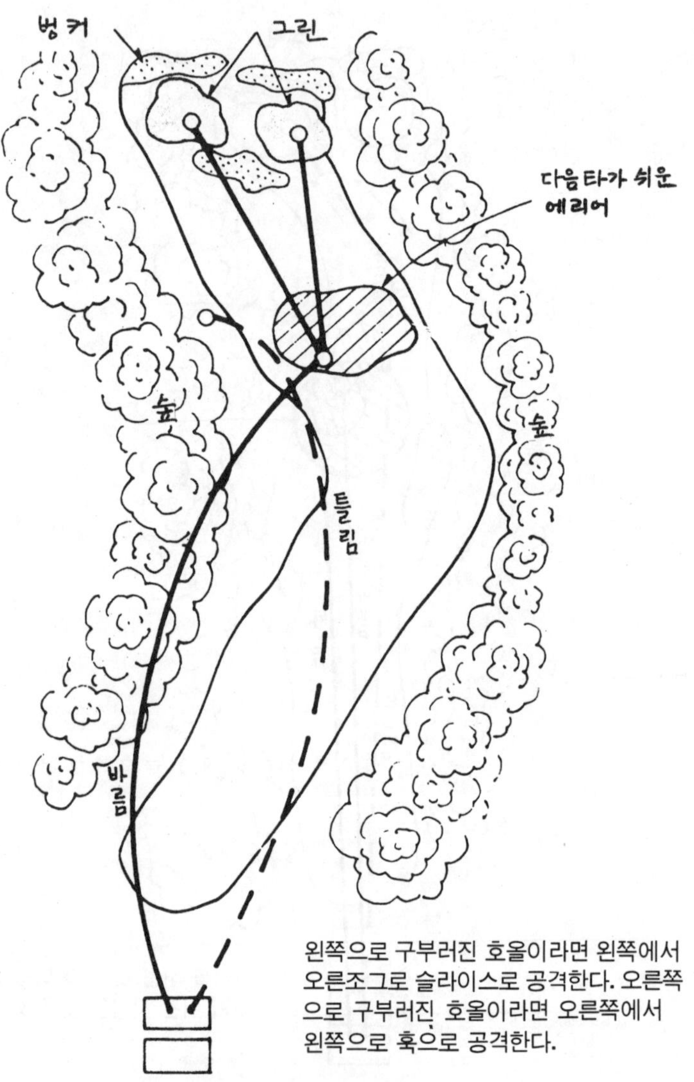

왼쪽으로 구부러진 호올이라면 왼쪽에서 오른조그로 슬라이스로 공격한다. 오른쪽으로 구부러진 호올이라면 오른쪽에서 왼쪽으로 훅으로 공격한다.

독 레드의 공격 방법

것이 독 레그 호올이다.

어느 골프장이라도 설계상 반드시 한개나 둘은 이 독 레그 호올이라는 것이 있다. 페어 웨이는 오른쪽이나 왼쪽에 구부러져 있고, 지름길로 가려 하면 숲이나 계곡, OB 등이 기다리고 있다. 지름길로 커트해서 성공하면 그야말로 최고의 기분이다. 그렇지만 실패의 확률쪽이 높다.

자신의 비거리(飛距離) 확인이 필요한 것이 여기서이다. 런을 해서 230야드밖에 거리가 나가지 않으므로 200야드 앞의 페어 웨이까지 도달할까 하는 것이다. 장해물을 넘는 것은 캐리로 하지 않으면 무의미하다. 하는 착각에서 커다란 실수를 하는 경우가 많이 있다.

또한 오른쪽으로 굽은 호올이기 때문에 슬라이스를 친다면 이익이나, 반대로 왼쪽으로 굽은 호올이라면 혹쪽이 이익이라고 생각할 것이다. 그러나 사실은 반대이다.

넘을 수 있는 자신이 있다면 넘으면 이상적이지만, 오른쪽으로 굽은 호올이라면 대개 왼쪽에서는 위험물이 없기 때문에 반대로 혹을 해서 오른쪽에서 왼쪽으로 공격하면 그 만큼 거리는 나간다.

왼쪽으로 굽어 있는 호올이라면 왼쪽에서 오른쪽으로 슬라이스로 공격하는 방법 쪽이 바람직하다.

공의 낙하점에 장해물, 예를 들면 벙커 등이 있는 경우는 다르지만 캐리의 계산만큼은 사전에 알아 두어야 한다.

●정석보다도 습관을 살려라

오른쪽으로 OB가 있는 경우는 더 마아크의 오른쪽에 접근해 있고, 왼쪽에 OB가 있을 때는 왼쪽에 접근해 있고, 이것은 OB를 피하

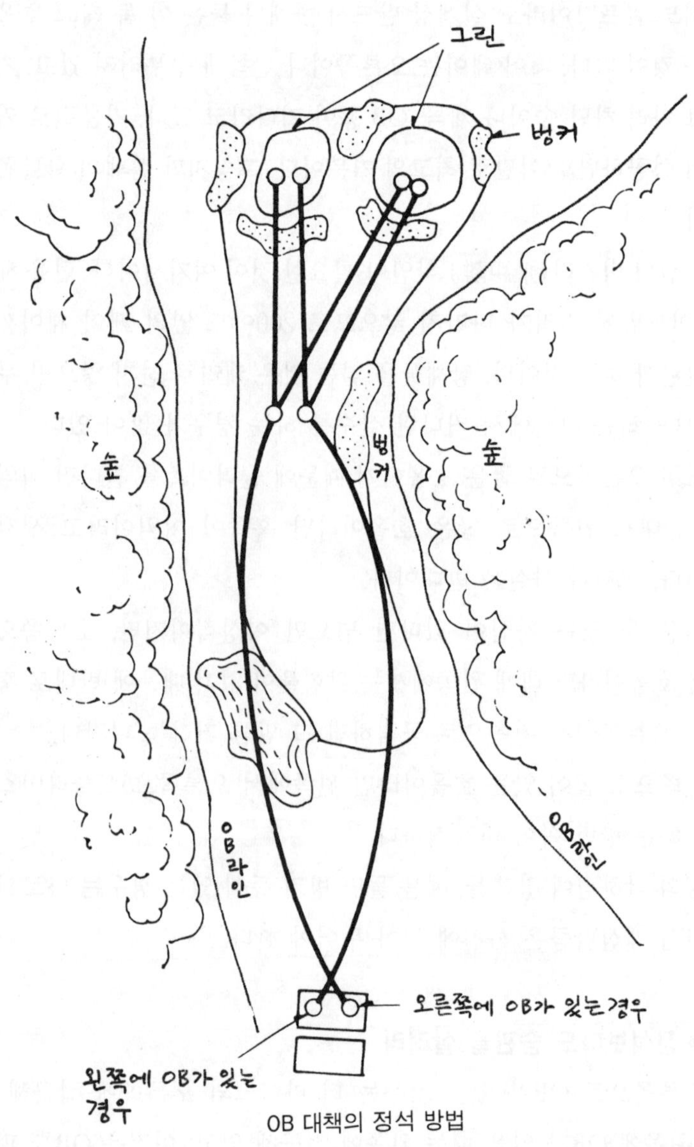

OB 대책의 정석 방법

기 위해 상식이 되어 있다.

OB를 피하고 싶은 것은 당연하다. 아마츄어는 OB를 피하려고 생각하여 OB와 반대측에서 준비하고, 일부러 OB하는 광경을 자주 본다. 그러한 사람을 위해 정석이란 것이 생긴 것이다.

확실히 OB측에 선 편이 사각을 넓게 이용할 수 있으므로 다소 굽어도 OB는 되기 어렵다. 하지만 그것만으로는 불가능 하다.

누구라도 자신의 공에 대한 습관이라는 것이 있다. 훅 습관이 있는 사람, 슬라이스 습관이 있는 사람, 이러한 방식으로 공의 습관이라는 것이 있다. OB에 의한 티 그라운드에서의 준비 방식은 그 습관에 맞게 해야 한다.

습관이 없어도 그날의 컨디션에 따라 변화되는 경우가 있다. 가끔씩 2, 3 호올 슬라이스했고, 반대로 훅 했던 일 등이 있다. 그럴 때에도 그 날의 습관에 따라 생각해야 한다.

평소 슬라이스 습관이 있는 사람이라도 곧바로 좋은 감정으로 친다면 자신도 모르는 사이에 습관을 잊고 OB가 있는 호올로 무심코 OB하는 일도 있을 것이다. 정석만을 지키느라 그밖에 더욱 깊은 의미가 있다는 것을 잊어서는 안된다. 자신의 습관, 그 날에 따라 달라지는 습관 등을 염두해 두고 티 그라운드에 서도록 명심하는 것이 중요하다.

•블라이드 호올에 목표는 금물

티 그라운드에 서서 그 호올이 블라이드 호올인 경우, 공의 낙하점은 보이지 않고 그린도 볼 수 없기 때문에 우선 불안감이 먼저 생긴다. 예를 들어 페어 웨이의 도중에 가이드 폴이 있다 해도 처음의

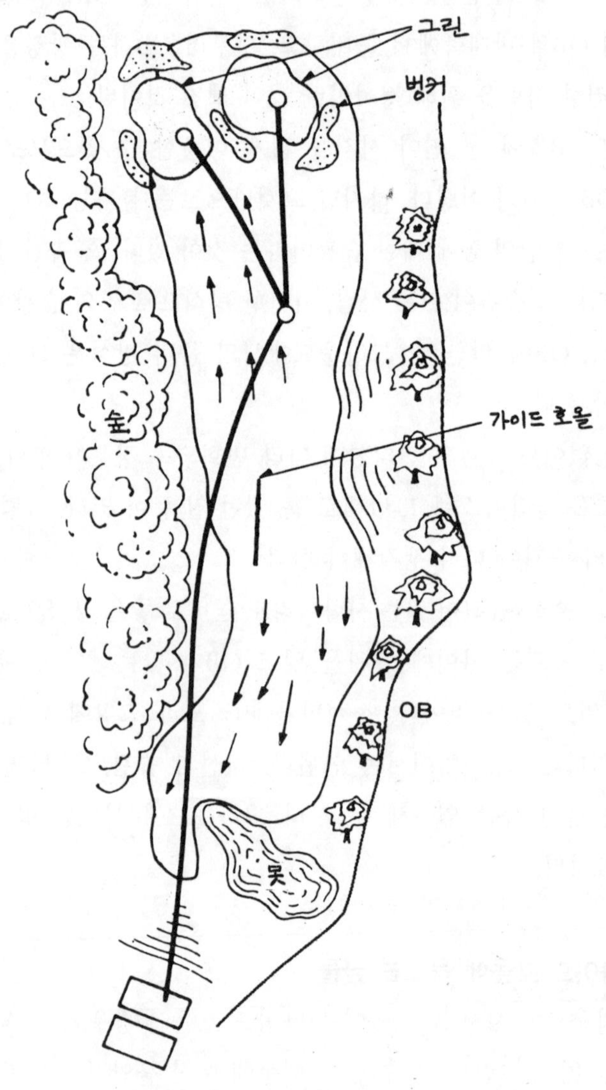

블라인드 호올에서는 목표는 금물

코스에서는 특히 앞의 상태가 어찌 되어 있는지 짐작할 수 없다.

가이드 폴이 있다면 그 부근에서 치면 좋지만 만약 오른쪽이나 왼쪽에 공이 날아가고 있다면 오른쪽이 안전할지, 왼쪽이 안전할지 이런 일은 미리 알아 두는 편이 유리하다. 섯불리 쳐 보고 그것이 OB였다고 한다면 후회한다.

날리는 사람은 폴을 겨냥하고 그대로 쳐도 먼저 통과해서 OB할 수도 있기 때문에 이러한 경우는 캐디의 말을 들어도 좋다. 동반자에게 듣는다면 위반이 되지만 캐디라면 문제될 것이 없다. 뭐니 뭐니 해도 코스의 구석에서 구석까지 전부 알고 있는 그 지방 사람이기 때문에 그 만큼 확실하다.

또한 앞의 호올이나 교차되어 있는 호올의 상태를 그저 쓸데없이 걷지 말고 걷는 중앙을 넌즈시 조사해 두면 걱정할 필요가 없다.

● 2-2는 초보자, 3-1은 전문가의 취미

46 야드 파-4를 2온하는 프로는 경기장의 정규급을 제외하면 그 수는 손가락으로 꼽을 수 있을 정도밖에 없을 것이다. 미들 호올은 2온, 롱 호올은 3온하는 동시에 2퍼트로 끝내면 교과서(스코어 카드)의 파 경기이다.

그런데 여러 경기 중에서 4일간 파 경기를 계속하는 선수는 대체 몇 사람일까. 그 만큼 2온 2퍼트는 어려운 지극히 어려운, 기술이지만 그 이상으로 어려운 것이 3온 1퍼트 골프이다.

이 3온 1퍼트 골프가 완성되면 2온 2 퍼트 골프와는 비교도 안된다. 그야말로 완성된 완벽한 골프라고 말할 수 있다.

왜냐 하면 2온 해도 3퍼트 하면 보기가 되고, 만약 온 하지 않았다

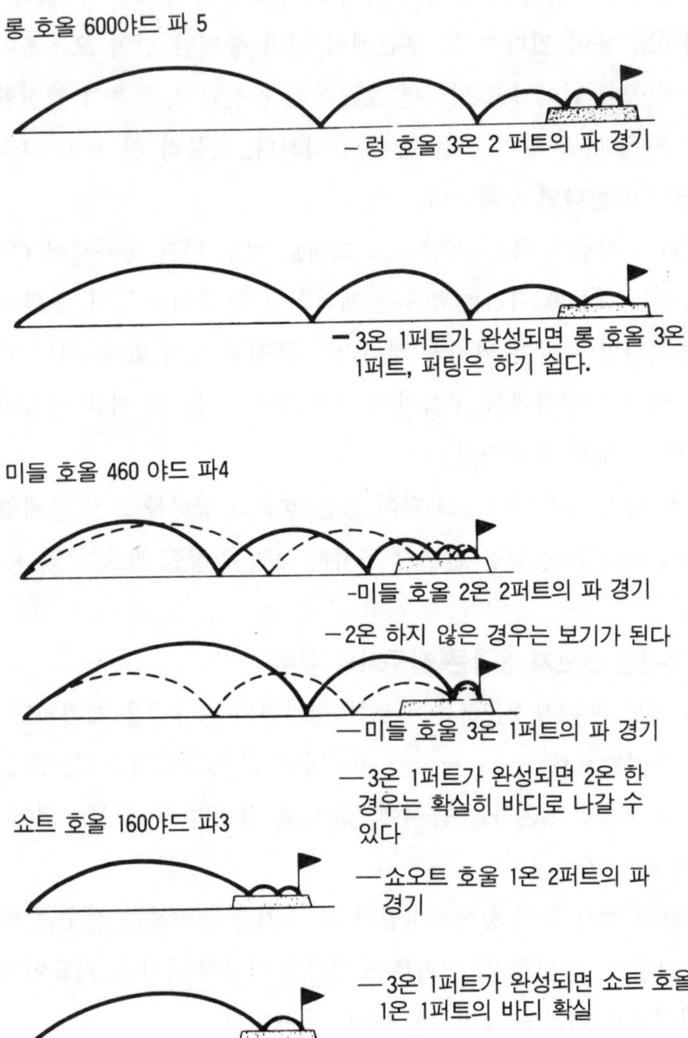

거리에 따른 코스의 겨냥 방법

면 역시 어프로우치로 1퍼트권 내에 접근할 수 있게 될 것이다. 역시 3온 1퍼트 골프가 잘 되어가면 2온도 가능하게 되고 18호올 중에서 그린을 피해서도 파로 올라가고, 롱 호올은 바디가 된다면 언더 파에서 시종 라운드가 가능하게 된다.

아메리카의 톱 프로인 니클라우스라든가 남아프리카의 게리 경기자가 위대한 것은 3온 1퍼트의 골프를 완성했기 때문에 경기 기간중만이라도 3온 1퍼트의 골프가 완벽히 되면 그 사람이 우승할 것은 틀림없다.

● 1온 겨냥하는 것에 숙련자는 없다

미들 호올의 2온이나 롱 호올의 3온은 비교적 가능하지만 쇼오트 호올의 1온은 상당히 잘 안되는 경우가 많다. 18호올 중 대개 4 호올은 쇼오트 호올이지만 다른 호올보다도 그린 주위에 벙커 등 장해물이 쓸데없이 있고 그것이 눈에 보이고, 1온하지 않는다면 이러한 기분이 먼저 들기 때문이다. 프로의 경기에서도 쇼오트 호올의 바디가 비교적 적은 것도 그 때문이다.

아마츄어는 그린을 떠나면 파로 연결하기까지는 상당한 노고를 필요로 한다고 한다. 더구나 티 그라운드 앞이 연못이나 골짜기를 넘는 상태이고, 쳐 올리거나 떨어뜨리고 한다면 더욱 미스를 범해버리고 만다.

쇼트 호올의 미스는 대개 공이 조우로 흔들리는 것 보다도 쇼오트나 오버하는 미스가 많다. 쳐서 떨어뜨린 호올에서는 보기, 혹은 스코어 카드 상의 거리보다도 실제로는 약간 짧은 호올이라고 생각해서

쇼오트 호올 올려 치기의 경우는 목표보다 길게

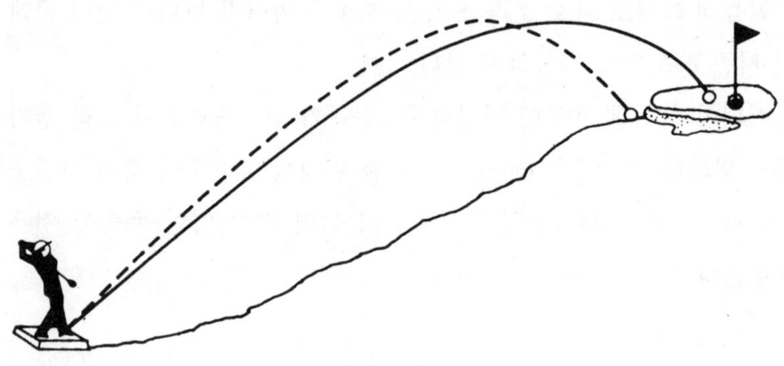

쇼오트 호올 내려 치기의 경우 목표보다 짧게

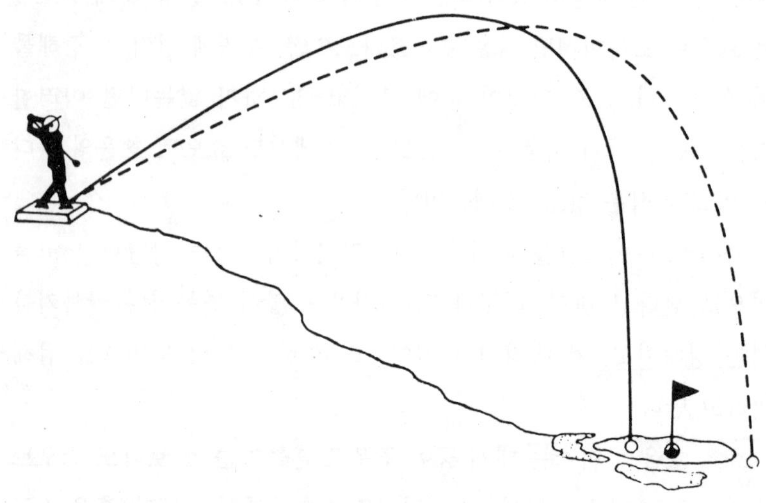

올려 치기, 내려 치기의 쇼오트 호올의 공격 방법

치는 것이 상식이다. 반대로 쳐 올릴 경우는 반대가 된다. 결국 쳐서 떨어뜨리는 것으로는 5번 아이언의 거리라면 6번이나 7번 아이언을 사용하고, 쳐 올린다면 4번이나 3번 아이언을 사용하면 좋다.

그 경사의 정도에 맞춰서 골프채의 선택을 하는 것은 당연하다. 1온 하는 것은 결과이고, 그 전에 경사의 사태나 그린 주변의 상황을 잘 살펴 보는 사람이 숙련자이다.

● 궁할 때야말로 숙련된 골프를 사용할 때이다

프로의 경기에서도 숲속에서 치는 사람은 상당히 있다. 그 때마다 희노애락을 맞보지만 어려운 쇼트와는 그다지 차이가 없다. 나무 사이로 고의로 슬라이스나 훅을 하는 기술, 상당한 자신이 없으면 좀처럼 칠 수 없는 것이다.

프로이기 때문에 가능한 것이다. 프로이기 때문에 자신감도 있는 것이고, 결단도 내려야 한다. 말하자면 이러한 트러블 쇼트는 구경거리이고, 아마츄어가 프로의 흉내를 내도 성공률은 극히 낮다.

의견을 들으면 대개의 프로는 이 같은 궁지에 몰렸을 때에는 '자신의 가장 숙련된 골프채를 사용해서 가장 자신 있는 쇼트를 하는 것이 제일이다'라고 말하고 있다.

만약 숲 속에서 실패라면 제2, 제3의 실패가 반드시 발생하고 2호올의 스코어의 엉망징창이 되고, 그 다음에는 골프의 장해가 되는 일은 많이 경험해서 알게 되기 때문에 매우 신중해진다. 나무 사이를 겨냥해서 성공할 확률이 높은 것도 자신이 가장 신뢰하는 도구나 자신을 갖고 쇼트가 그 자리에서 가능하기 때문이다.

아마츄어는 자신이 가장 익숙하다는 골프채로 가장 안전하고 확률이 높은 곳을 선택하는 것을 명심해야 한다.

● 의식해서 좋은 스코어는 바라지 말라

그 호올을 파로 올리면 40을 얻을 수 있다.

이 호올은 바디를 겨냥할 수 있는 등 서로 의식해서 라운드 하는 것도 즐거운 것이지만, 이상하게 의식하면 몸이 움직이지 않게 되고 생각한 만큼 결과가 나오지 않는 것이 당연하다.

OB의 경우 등에서는 특히 의식하지 않으므로 스코어는 크게 좌우된다. 예를 들면 슬라이스 습관이 있는 사람은 오른쪽에 OB가 있을 경우 반드시 가슴이 두근두근하는 소리가 날 것이고, 쓸데없는 스트록을 낭비해 버린다.

프로에서도 이기지 못하는 선수가 경기의 첫날이나 둘째날에 톱의 얼굴을 하면 3일째 이후 이름이 상위에서 사라져 버리는 것 같이 의식하는 것에 따라 좋은 결과는 나오지 않는다. 콤패의 경우에서도 그렇다. 경기전에 상품을 보고 도중 경과를 의식하면 많은 경우 무참한 결과를 가져오게 된다.

의식하지 않고 한다는 것은 어려운 일이지만 이것은 따지고 보면 어떤 방법으로 릴랙스할까 하는 일이다. 간단하게 릴랙스할 수 있는 것이 아니지만 실력 이상의 것 을 생각지 말고, 자신의 리듬을 깨지 말고, 사람과 남을 위하지 않는 세상의 이야기도 하면서 경기하는 것을 항상 명심한다면 자연히 릴랙스하게 되지 않을까. 중요한 것은 마음의 여유를 갖는 것이다.

● 신설 코스는 거리도 길어진다

신설 코스의 건설 붐은 작년부터 금년에 걸쳐 상당히 성황을 이루지만, 그만큼 회원도 밀려들고 있다. 돈을 벌기 위한 회원이라면 필요 없지만 회원이 되어 진정으로 골프의 앞날에 힘을 쓴다면 여기서 재미있는 사실을 서술해 보기 바란다. 신설 코스에서 10월에 오픈했다고 하자. 거리는 다만 전장 6900야드 파 72라고 하자.

이 6900야드는 오픈시에는 7000야드 이상의 가치가 있다는 것을 알지 못하는 사람도 많을 것이다.

결국 신설 코스의 오픈 때는 잔디가 땅에 완전히 붙어 있지 않기 때문에 공을 아무리 힘껏 세게 내리쳤다 해도 런이 거의 없기 때문에 거리는 생각한 만큼이다. 따라서 스코어 카드에 기록하고 있는 이상으로 길게 느껴진다.

예를 들면 아이언이 5번으로 160야드를 날리는 사람이 있다고 한다. 지금은 골프의 질, 공의 질이 대단히 좋아졌기 때문에 표준 비거리일지도 모르지만, 400야드의 미들 호올이라면 드라이버를 240야드 날리면 2온 가능하다.

그러나 신설 코스라면 드라이버는 200야드나 고작 220야드 정도밖에 날아가지 않는다. 런이 없기 때문에 캐리에서 멈춰 버리기 때문에 남은 것이 180야드에서 200야드가 되어 버린다. 때문에 2타는 우드나 롱 아이언이 되므로 생각한 것처럼 2온하지 않고 2온하지 않으므로 파는 취할 수 없다는 것이 논법이다.

오픈 뒤에 2~3년 되면 잔디가 붙고 단단해지고, 그 다음은 런이 나온다. 따라서 거리도 짧게 변하는 것이다. 그러한 것도 고려해서 경기를 하는 것 또한 하나의 재미일 것이다.

잔디는 간격을 벌려서 심기 때문에 잔디가
자라있지 않은 신선 코스에서는
잔디와 잔디 사이에
먼지가 있다.

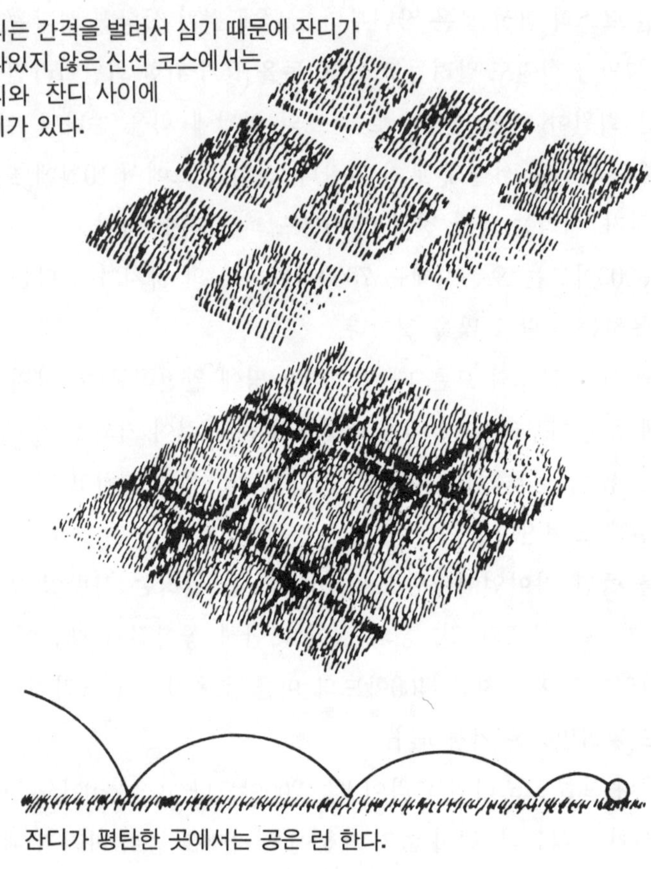

잔디가 평탄한 곳에서는 공은 런 한다.

신설 코스에서는 잔디와 잔디의 사이에
먼지가 있어서 런하기 어렵다

신설 코스는 잔디가 나있지 않아서 런이 작다

● 산악에서는 날고, 평탄한 곳에서는 날지 않는다

'전에 거기서 11번 롱 아이언으로 2온 했어요. 어쨌든 드라이버가 300야드 가깝게 날아갔어요.'

개인적 콤패의 꺽임, 자극, 이러한 회화를 듣는다. 그다지 경험도 없는 사람이 540야드의 호올을 2온했다는 것이지만 잘 들어 보면 이 코스는 산악 코스이었다. 더구나 그 호올과는 쳐서 떨어지는 독렉이다. 산악 코스에서는 자주 있는 일로 초보자라도 장소에 따라서는 거리도 상당히 나올 수 있다.

그런데 하천이나 숲코스와 같은 평탄한 호올에서는 골프의 상식에서 생각하면 우선 그러한 일은 있을 수 없다. 평탄한 호올의 540야드는 예를 들어 무풍 상태에서도 프로 중에서 2온 하는 인물을 겨우 셀 수 있을 정도뿐이다.

지금까지 예를 봐도 롱 호올의 독수리는 대개 산악이나 언덕 코스에서 압도적으로 많고, 평탄한 공의 기록은 적다.

이것은 기술이나 역량이라는 것보다도 지형상의 문제로 돌아가는 것이 많고 쳐서 떨어뜨리는 것에는 아마추어도 생각지 못한 거리가 나가는 일도 있다.

일반적으로 평탄한 곳에서보다도 쳐 올리게 되면 우선 거리가 반감되어 날아가지 않는 사람은 극단적으로 거리가 떨어진다.

평소에 평탄한 호올에서 240야드의 비거리(飛距離)였다고 한다면 쳐서 버리는 것은 과연 300야드 가깝게 나가는 일도 있을 것이다.

그것을 남들 앞에서 거침없이 '나는 300야드 날린다' 등의 이야기를 하는 것을 들으면 착각도 대단하다는 것을 알 수 있다.

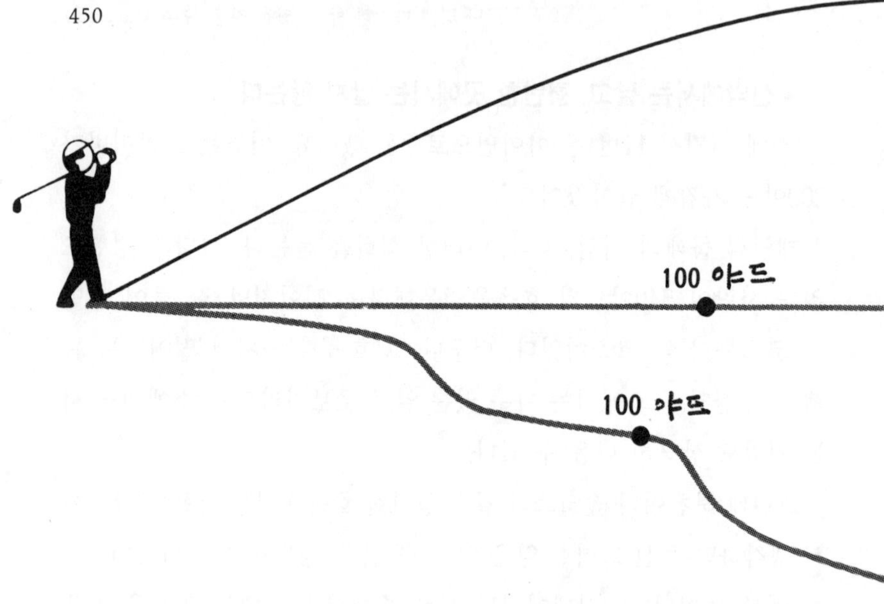

산악에서 내리치는 것은 평탄한 곳 보다 거리가 나간다

● 내리 치는 것을 즐겨하면 숙달되지 않는다

산악이나 언덕 코스에 나가면 반드시 사방팔방을 전망할 수 있는 높은 지대가 있다. 여기서는 후유 한숨 쉬고, 높은 지대의 티 그라운드에서 호올을 공격하는 것이지만 기분은 실로 상쾌하다.

뭐라 해도 경사이기 때문에 평소에 그다지 거리가 나가지 않는 사람에게는 거리를 벌기에 절호의 챤스이다. 여하튼 200야드 정도는 반드시 거리가 나기기 때문에 기분이 좋다.

거기에 가면 쳐올리는 런이 전혀 없고 캐리 공으로 날리지 않으면 거리를 벌 수 없다. 공의 라이로서는 다운 힐 보다도 쳐 올린 업 힐 쪽이 훨씬 쉽지만 실은 티 쇼는 쳐 올리는 것보다도 쳐서 내리는 쪽이 어렵다.

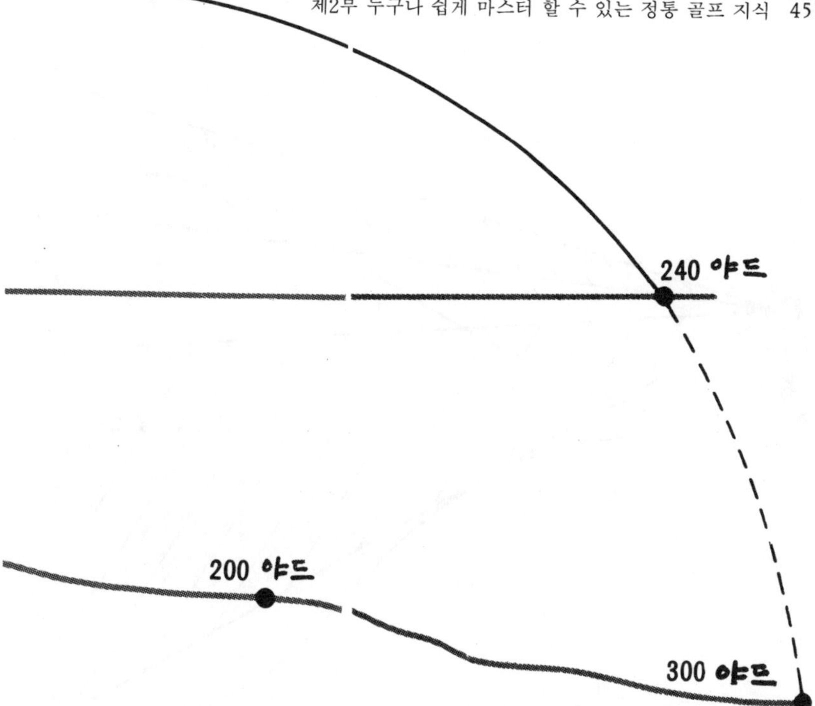

　프로 골퍼의 경기에서 내리치기 때문에 여기는 일발 장타를 향한 편이 갤러리. 여러분이 생각하고 있는 경우로 내리치는 경우는 특별히 신중히 전방을 노려보고 평소보다도 힘을 던 쇼트를 하고 있으므로 생각나지 않을 것이다.

　왜냐하면 내리치는 것은 시야가 너무 넓어서 목표를 한 점 취하는 것이 어렵고 높은 티 그라운드보다도 더욱 높게 공이 날아가므로 바람의 영향을 정면에서 받기 쉽기 때문이다. 멀리 산이나 구름 등에서 목표를 찾는 것밖에 방법이 없다.

　쳐 올리는 경우는 시야가 좁으므로 목표를 일정한 곳애 두기 쉽고 따라서 마음껏 세게 칠 수 있다.

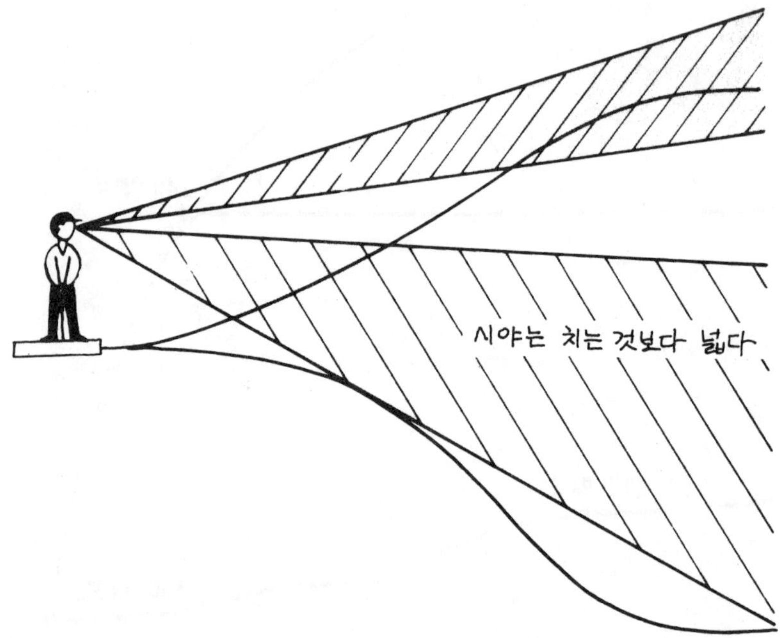

내리치는 것은 올려 치는 것보다 시야를 넓게 목표를 정할 수 없다.

● 공에 필링은 없다

골프에서는 필링이란 단어가 자주 사용된다. 사전을 인용하면 감각이란 것이 되지만, 이 필링의 감각이란 의미에서는 좀 이상하다. 감각은 개인차가 심하기 때문이다.

공 하나만 봐도 '이 공은 필링이 좋다', '필링이 그다지 안좋은 공이다'라는 말이 있다. 하지만 코스용 공을 제조하는 회사는 대체 몇개 회사가 있을까. 공에 필링이 있다면 개인차가 심한 만큼 일생에 감각이 맞지 않는 공도 있을 것이다.

예를들면 '맥스플라이가 붉은 것이 좋다' 등은 사실은 사용하지 않기 때문에 좋다라는 것에 지나지 않는다.

실제 공에는 필링이 없고, 습관이란 것에 지나지 않는 것이 아닐까.

'이 메이커의 이 공은 익숙해 있기 때문에 나의 쇼트에 맡겨둘 수 있다.' 이러한 것은 사실 아무런 의미가 없을 것이다.

필링이란 단어야 말로 도깨비이다. 왜냐면 아무리 새로운 코스용 공을 개발해도 역사가 깊은 메이커 그대로의 명은 반드시 쇠퇴하지 않는다. 오히려 더욱더 성장하는 것을 봐도 알 수 있다.

● 로프트 공은 목표 부근에는 없다

라운드를 돌아보면 공을 찾는 광경을 여기 저기서 발견할 수 있고, 로프트 공을 하는 사람이 의외로 많다. 캐디에게 물어보면 '슬라이스 공이나 혹 공이 로프트 중에 90퍼센트 이상이다'라고 답하고 있다.

최근 캐디가 있는 코스에서도 2백이나 4백은 흔하기 때문에 책임도 중대하고 신경도 라운드가 끝날 때까지 과민해진다. 캐디가 없는 골프장도 많이 있지만 로프트 공을 스스로 찾는 정도의 각오는 경기자 자신이 해 주기 바란다.

더욱 공을 찾는 것이 목표이지만, 슬라이스의 경우는 상식적으로 공은 낙하한 다음에 오른쪽으로 킥하기 때문에 대개는 목표 보다 우측에 있을 것이다. 목표 지점에서 앞쪽은 아무리 찾아도 발견되지 않는다. 혹의 경우는 슬라이스만큼 심하지 않지만 약간 좌측으로 커트 되어 있기 때문에 목표보다 약간 좌측을 찾으면 발견할 수 있다. 다만, 혹 공은 의외로 런해서 거리가 나가기 때문에 생각보다 전방을 목표로 하는 것이다, '나는 좀 더 날릴 것이다'라고 해서 캐디보다도 멀리 떨어진 앞쪽을 찾는 사람이 있지만, 캐디의 눈은 통찰력이 있다. 캐디가 찾고 있는 곳에서 매우 가까운 주변을 찾으면 반드시 공은 찾을 수 있을 것이다.

●좌타(左打)를 해도 적극성이 투철해야 한다

숲 속이나 페어 웨이에 산재한 나무의 뿌리에 공이 있을 경우는 생각은 어느덧 소극적이 된다.

골프채가 준비되어 있으면 좋지만, 나무가 무척 방해가 된다. 때문에 나뭇가지를 꺾기도 하고 몸의 일부분으로 가지를 막고 하는 경우가 있는데, 이것은 루울에 위반되는 것이다. 우타(右打)로 처리 할 수 없는 경우 등은 참으로 성가시다.

이럴 때 아마츄어는 반드시 당황할 것이다. 이러할 때야 말로 냉정하게 집중력만을 발휘시킬 수 있어야 한다.

잔 가지라면 양팔로 나무를 재치고 퍼터 등의 골프채로 진폭을 적게 해서 칠 수 있을지도 모르지만 좌타밖에 생각할 수 없는 경우도 있다.

우타라면 가능한 한 10야드 정도, 그것도 옆에서 할지, 뒤에서 할지, 쓸데없는 스트록을 허비하는 것 뿐 이익이 없다.

좌타는 평소에 연습을 하지 않기 때문에 치기 어려울지도 모른다. 우타용 골프채를 좌우 반대로 그립하고 골프채는 헤드의 대를 세워서 지면에 붙이고 골프채의 페이스로 공을 받아들여야 한다. 너무 크게 휘두르면 헛 칠 위험도 있다. 따라서 진폭을 작게 하고 롱 퍼트를 하는 듯한 기분으로 치는 방식으로 임팩트로 강하게 때리는 방법이

■ 좌타 쇼트의 연속사진

좌타에서는 로
프트가 작은 골
프채를 사용.
좌우 역으로
그립을 한다
골프채 헤드의 토우를
세워 지면에 붙힌다.

진폭을 작게 해서 임
팩트로 강하게 두드
리듯이 친다.

있을 것이다.

사용 골프채는 로프트가 비교적 적은 5번이나 4번 아이언이 적당하다.

● 스타이미에서는 그린 앞의 상태를 조사하는 것이 우선

공 앞에 나무가 앞을 가로막고 그린까지 스트레이트로 겨냥할 수 없는 경우가 있다.

이러한 상태를 스타이미라고 하지만 이럴 때는 고의로 슬라이스나 훅을 치지 않고서는 탈출할 수가 없다. 이럴 때에 미리 쇼트를 꺼내서 다음 타로 그린을 겨냥하는 것과 같은 소극책은 취해서는 안된다.

도망치는 골프는 진보가 없고, 더구나 우승을 겨루는 것에서는 대개 패배하는 케이스가 많다. 좀더 공격하는 골프, 소위 적극적으로 공경할 것을 권한다. 슬라이스는 대부분이 사람이 경험한 일이기 때문에 상기해서 칠 수 있지만, 훅은 상당히 나가기 어렵다. 그 보다도 중요한 일은 그린 앞의 상태이다.

그린 앞에 연못이나 벙커, 경사면이 심하게 있는 경우는 또한 그것으로도 좋다. 벙커가 있으면 벙커에 들어가도 좋다는 체념이 필요하다. 그린 앞에 필요치 않은 장해물이 없다면 나무의 왼쪽을 겨냥해서 슬라이스 하고, 오른쪽을 겨냥한 훅의 상태로 여러가지 쇼트로 그린을 겨냥할 수 있다.

슬라이스에서도 훅에서도 자신이 확신할 수 있는 공의 종류를 선택하면 좋지만, 슬라이스는 공이 오른쪽으로 킥하기 때문에 그린 상의 핀 왼쪽에 떨어뜨리면 좋고, 반대로 훅은 약간 왼쪽으로 런 하기 때문에 그린 바로 앞에 떨어뜨리고 굴려서 온 하는 것과 같은 대책을

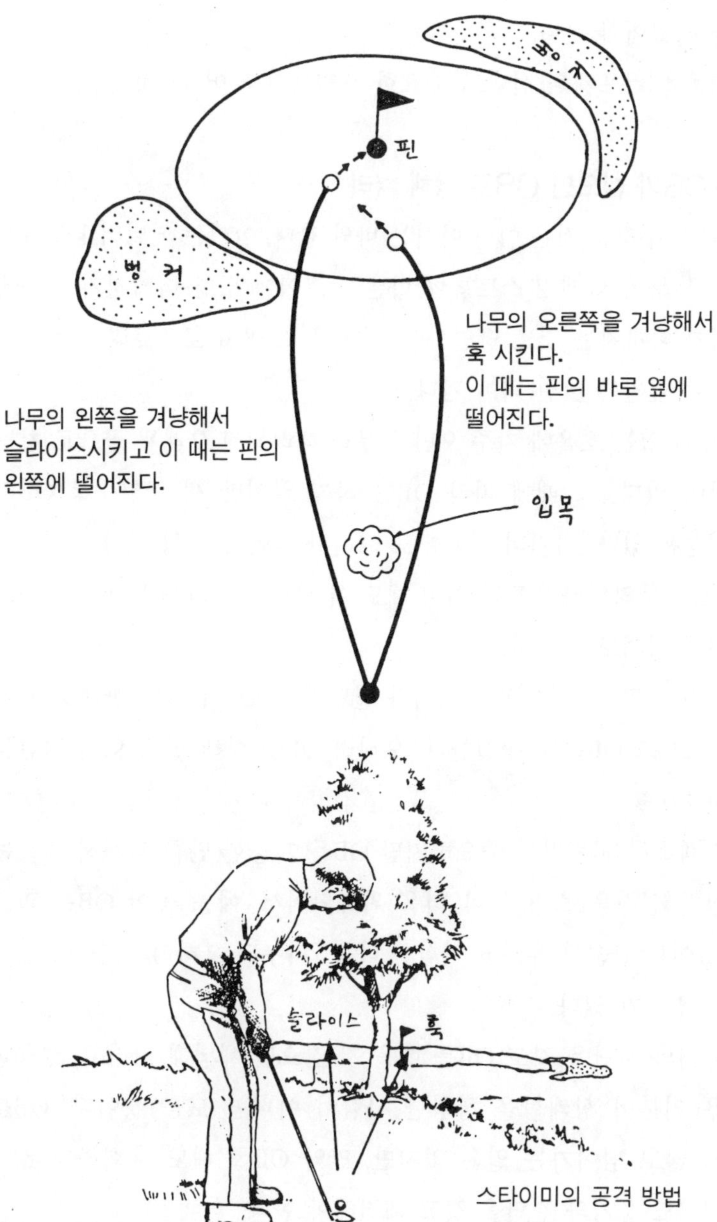
벙커
벙커
핀
나무의 오른쪽을 겨냥해서
훅 시킨다.
이 때는 핀의 바로 옆에
떨어진다.
나무의 왼쪽을 겨냥해서
슬라이스시키고 이 때는 핀의
왼쪽에 떨어진다.
입목
슬라이스
훅

스타이미의 공격 방법

세울수 있어야 한다.

때문에 골프채의 선택도 중요한 포인트가 되어 갈 것이다.

● OB가 싫으면 OB로 향해 쳐라

OB가 두려운 것은 이미 아시는 바와 같다. 어쨌든 페널티 1개 다시 치는 부분의 합계 2 스트록이 나쁜 스코어에 또한 더해지기 때문에 머리가 아파지는 것도 당연하다. 더구나 그 공이 로스트라도 된다면 참으로 엎친데 덮친 격이 된다.

OB가 있는 호올에 자주 오면 일부러 더러워진 오래된 공으로 치는 사람이 있다. 그 때에 따라 OB는 하지 않지만 새 공일수록 OB의 위험성은 있다. 비기너 이외에도 그러한 일은 간간히 있다.

OB를 두려워하지 말라 라고 해도 이 정도의 어려운 문제는 없다고 받아 들일지도 모른다.

두려워 말라 라는 것은 용기와 결단이다. OB가 있던 반대로 용기를 갖고 그 OB속에 대결한다. 오히려 OB를 향해 칠 정도의 결단을 갖고 친다.

릴랙스하다는 것도 중요하지만 OB를 가능한 만큼 피해서 치려는 세밀한 신경을 스면 몸이 더욱 위축되어서, 예를 들어 OB는 피할 수 있어도 한순간 휴하고 안심한 다음 2타부터 오히려 우수꽝스럽게 되는 경우가 있다.

용기와 결단을 갖고 OB를 했을 것 같으면 체념해 버리고, 성공한 경우 기분이 상쾌함을 경험한 사람이 아니면 모를 것이다. OB를 하지 않고 넘어가는 일은 없지만, 만약 OB를 해도 후회하지 않기 위해서도 용기와 결단을 갖고 해결해야 한다.

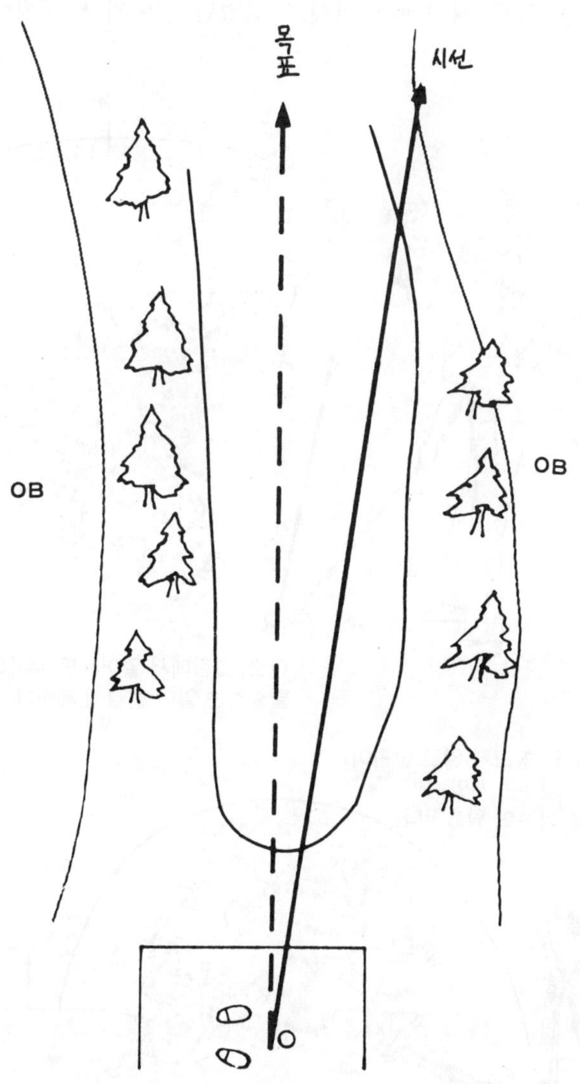

준비 자세에서는 구부리지 말고 시선은 OB로 향한다.

●숲의 탈출은 나무 위를 겨누지 말라

××지방의 프로 경기에서 실제로 있었던 일이지만 N씨라는

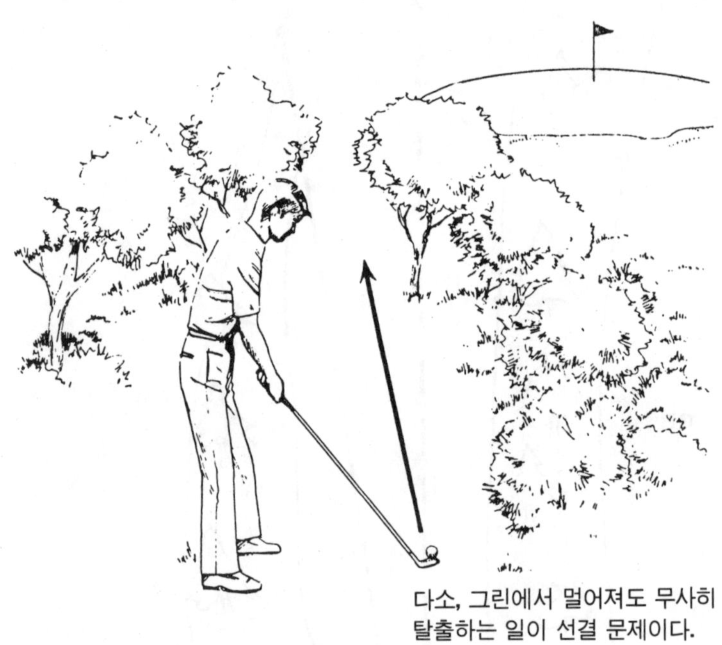

다소, 그린에서 멀어져도 무사히
탈출하는 일이 선결 문제이다.

서있는 나무 만큼 크지 않고 발판이
오목한 땅의 경우는 서있는
나무의 위를 겨누어 탈출한다.

숲에 탈출

A출신 베테랑 프로가 겨우 1회 나무에서 쇼트로 우승을 놓쳤다는 이야기를 해 보자.

경기 마지막 날 접전을 하고 있을 때 그의 쇼트는 정확히 2개의 나무 정 가운데에 떨어졌다. 이 나무는 삼목이기 때문에 우거진 숲을 하고 아래까지 줄기가 뻗어 있지만 키가 작았기 때문에 제3타로 1미터 정도의 나무 사이, 나무 위의 어느 것을 겨냥하고 있었다. 그린까지는 약 50야드, 중요한 장면이 있다.

곰곰히 생각해 보고 겨우 샌드 웨지를 쥐고 나무 위를 겨냥했다. 아래는 러프하기 때문에 상당히 어려운 쇼트이다. 겨우 50야드, 더구나 공이 가장 많이 올라갔다. 쉬운 샌드 웨지의 쇼트였지만 공은 무참하게도 나뭇가지를 스치고 쇼트해서 그린에는 오르지 못하고 이 롱 호올을 보기로 해서 1스트록 차이로 우승을 놓치고 말았다.

이 경우 N프로는 나무 위나 나무 사이로만 눈을 돌리고 말아 우승의 자리를 상대에게 내주어 말았다. 이때 함께 경기를 지켜보던 베테랑 프로는 '어째서 그는 거기에서 아래를 겨냥해서 낮은 공으로 그린을 겨냥하지 않았을까. 아래는 상당히 공간이 있었고 그린 바로 앞에도 하자드가 없었는데, 도저히 수긍할 수 없다'라고 했지만 프로라서 그런가.

아마츄어는 퍼터 주위에서 마음껏 굴릴 정도의 일은 가능할 것이다. 위만 겨냥하지 않고 아래로 공격하는 일도 중요하다.

● 연못을 넘어가는 장면에서는 밝은 마음이 되라

티 그라운드 직전에 150야드 주위까지 연못이 물을 가득 담고 있는 호올이 자주 있다. 능숙한 사람이라면 별 문제 없겠지만, 자신이 없는 사람에 있어서는 위가 아파지려는 사람도 있다.

티 그라운드에서는 가능한 대로 기분을 풀어 릴랙스해 주기 바란다. 릴랙스가 가능한 동기는 여러가지가 있다.

버려도 좋은 것 같은 오래된 공을 사용하면 오히려 연못을 넘는다라는 케이스도 동기가 되는 방법이다. 새 공은 날리는 포옴을 하려고 하면 넘어가지 않지만 오래된 공을 사용해서 넘는다는 일은 처음부터 어떻든 상관 없다라는 거의 밝은 기분이 되기 때문에 헛된 힘을 쓰지 않고 칠 수 있는 결과가 나이스 쇼트로 이어지게 된다.

또한 목표를 연못보다도 먼 지점으로 잡는 것도 중요하다. 연못 앞의 나무나 그린의 핀, 그린 등에 목표를 잡을 수 있다면 전방의 연못은 무시할 수 있다.

● 골짜기는 보지말고 넘어라

골짜기도 연못도 티 그라운드의 전방에 있을 경우 아마츄어는 그다지 좋은 기분은 아닐 것이다. '떨어 지지는 않을까', '떨어질 것 같은 기분이 든다' 등으로 티 그라운드에 서 있어도 불안하다.

예를 들면 골짜기 저쪽 끝까지 120야드라고 한다. 120야드의 쇼트 등은 5번 아이언을 잡으면 반드시 넘는 것이지만 그것이 그 장면에 있어서는 드라이버를 잡고서 다만 허둥지둥하고 있다. 그러한 경우는 목표를 삼는 방법이 틀렸다고밖에 생각할 수 없다.

코스에는 반드시 티 쇼트의 목표로 해야 하는 재료가 있을 것이다. 입목, 가이드 폴, 초목, 전방의 산 등. 거기서 눈 앞의 골짜기 등을 무시할 수 있다. 쭉 앞쪽의 어딘가에 목표를 겨냥할 수 있다. 그렇게 하면 아래 쪽의 골짜기 등은 눈에 비치지 않게 된다. 표적을 응시하고 신경을 집중해서 지기를 향해 치면 좋을 것이다.

　시시한 잡념을 버리는 것 등은 씻어 내야 하고 골짝이나 연못이 앞쪽에 있어도 두려워 말고 그것을 무시하기 위해 어찌해야 좋을지를 먼저 생각하는 편이 훨씬 진보적이다.

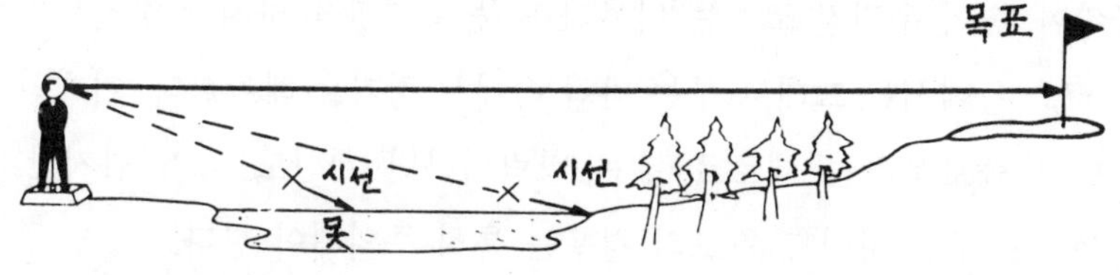

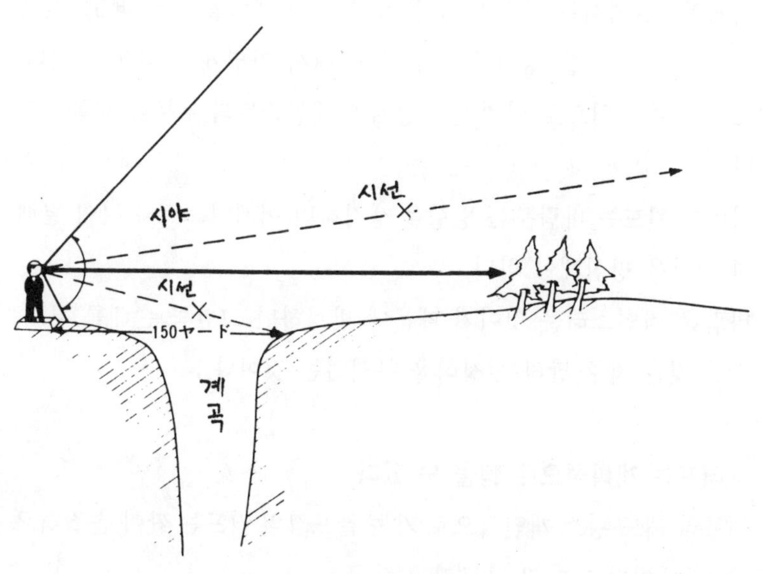

연못을 넘고, 골짝이를 넘을 때는 멀리 목표를 정한다

●바람 속에서는 정석을 무시해라

이 경우 정석이란 것은, 어게인스트(정면에서 부는 바람)에는 낮은 공으로 런에서 벌고, 폴로우(등뒤에서 부는 바람)에서는 높은 공에 바람을 싣고 치는 것이다.

시즌 오픈에 골프장은 어느 코스에서도 바람이 강하다. 언덕이나 골짝이, 숲이 우거진 코스는 나무가 방풍의 역할을 하지만 하천부지의 코스 등에서는 그대로 부는 바람 속에서 경기를 해야한다. 어게인스트나 폴로우라는 세로로 부는 바람이라면 계산도 하기 쉽지만, 좌우에서 부는 사이드 윈드의 경우는 특히 주의해야 한다.

바람이 부는 속에서 쇼트로 정석 방법을 통해 운반하려면 오히려 실패한다. 결국 정석은 역설인 셈이 된다.

어게인스트에서는 다소 티 업을 낮게 하고 체력을 특히 빼고, 릴랙스해서 치는 일만을 명심해야 한다. 그래서 가볍게 스윙해야 한다. 폴로우할 때는 역으로 힘껏 끌어당겨 어게인스트의 부분을 회복하면 좋다.

사이드 윈드는 바람부는 방향을 생각하면 어게인스트와 같이 릴랙스한 것만을 명심해야 한다.

바람은 자연스러운 것이기 때문에 반항하면 그만큼 손해를 본다. 중요한 것은 자주 말하는 정석을 무시하는 것이다.

●러프는 계획적으로 뻗을 수 있다

러프라 해도 평소 개인적으로 가는 골프장의 러프는 깎아 손질하므로 페어 웨이와 그다지 다르지 않다.

따라서 쇼트도 비교적 간단하게 끝내지만, 이것이 한 번 큰 경기

러프 할 때는
랭크
로프트가 많은
골프채로 한다

라도 하면 러프는 몇 개월 걸려서 마음껏 자기 때문에 그러한 러프에
공이 뛰어들어 간다면 아마추어 같으면 쇼트를 하는 것보다도 미리

비참한 느낌이 갑자기 생길 것이다.

러프에서 나이스 쇼트하는 일도 종종 있지만 이것에는 우선 골프채의 선택이 중요한 열쇠이다. 자기에 공의 러프를 냉정히 보고 골프채를 선택하는 일이 필요하다.

골프채의 선택이지만 만약 러프에서 150야드 앞에 그린이 있다고 하자. 사용 골프채는 페어 웨이로 7번 아이언을 사용한다고 하면 러프에서는 8번 아이언으로 1 랭크 떨어진다.

왜냐하면 러프에서 쇼트는 공에 백·스핀이 (역회전) 걸리지 않기 때문에 공은 상당히 런을 하게 된다. 1 랭크 떨어지고 8번 아이언으로 치면 공은 그린의 바로 앞에 떨어져 런 한 뒤, 그린에 올라가는 것이다.

또한 공의 라이는 잔디에 떠있는 경우와 가라앉은 경우가 있으므로 그 정도의 상태를 끝까지 확인하고 골프채를 선택하는 것이 좋다.

떠있을 때는 로프트가 있는 골프채, 가라앉아 있을 때는 로프트가 없는 골프채가 적당하다. 러프는 본인의 미스이기 때문에 미스 쇼트를 각오하고 치는 것도 좋은 결과로 이어진다.

●앞이 올라가고 앞이 내려간 것은 어려운 것이 아니다

앞이 내려간 것과 앞이 올라간 라이에서는 앞이 올라간 쇼트 쪽이 쉽다고 할 수 있다. 약간 지형이 변화하면 그 만큼 어렵게 생각되기 때문에 미리 궁리를 하는 것이 좋다. 궁리를 한다는 것 보다도 지형이 바뀌어 있기 때문에 자연에 대해 궁리를 하는 편이 오히려 이치에 맞는다고 하겠다.

앞이 올라간 쇼트는 티 업해서 치는 드라이버와 일견해서 보면

앞이 올라간 어드레스

앞이 올라간 백 스윙

앞이 내려간
어드레스

앞이 내려간 백 스윙

비슷하다. 발판의 앞쪽이 높게 되어 있기 때문에 약간 긴 티 업을 했다고 생각하면 쉽다. 트러블 쇼트는 이러한 사고에서 유래한다.

드라이버 쇼트는 골프채도 길기 때문에 어쨌든 아이언보다 준비 자세는 플랫이 된다. 발판보다도 공이 높은 곳이 있으므로, 예를 들어 골프채를 짧게 쥐어도 플랫한 준비가 되지 않을 수 없다. 잘 치기 위한 요령은 골프채를 짧게 쥐고 공을 가능한 한 가깝게 접근시키는 것이다. 공에서 멀어지면 그 만큼 크게 플랫하게 되고 옆쪽에서 치는 스윙이 되기 때문이다.

멈춰 있는 공을 치기 때문에 골프채의 원호는 퍼트와 같이 직선에 가까워지면 가까워 질수록 잘 맞아 주므로 옆쪽에서 치게 되면 겨드랑이가 벌어지고 골프채가 흔들리기 쉬우므로 안정감이 없다.

공의 위치는 왼쪽 다리에 접근하게 되면 폴로우 스루를 인 사이드로 휘두르기가 쉬우므로 걸친 공이 되기 때문에 공은 오른쪽 다리에 접근시켜 두면 바로 골프채를 휘두른다. 따라서 공의 위치는 오른쪽 다리에 접근해서 두는 편이 바람직하다.

앞이 내려간 쇼트는 그 반대로 공의 위치가 발판보다 낮으므로 준비 자세는 업 라이트가 된다. 업 라이트가 된다는 것은 골프채의 이 같은 원호가 직선에 가까워지기 때문에 플랫보다 정확하게 날릴 확률이 높다. 어드레스도 공에 가깝게 준비하고, 공의 위치는 약간 왼쪽 다리에 접근시키는 편이 좋다.

앞이 내려간 상태에서는 공은 오른쪽으로 밀어내기 쉽기 때문에 스탠스에 따라 목표를 정하는 것이 좋다. 결국 평소 스퀘어 스탠스를 하고 있는 것이라면, 클로우즈로 하면 골프채는 인 사이드 아우트로 휘두를 수 있고, 오른쪽으로 밀어내는 동작을 못하게 하는 것이다.

앞이 올라간 상태에서도 스탠스를 클로우즈로 하면 왼쪽으로 거는 동작이 멈춘다. 공의 위치나 스탠스에 의해 궁리하는 것이 공이 돌아가는 것을 방지하는데 중요하다고 말할 수 있다.

그러나 어느 쇼트에서도 무리하게 목적지로 운반하는 것은 피해야 하고, 그러한 변화가 있는 지형에서 빨리 벗어나는 것을 생각해야 한다. 결국, 거리보다 우선 방향 제일 주의가 철저해야 한다.

경사면 쇼트는 지형이 상태에 따라 몸을 불구로 하는 일이 가장 중요하므로 무리하게 지형을 거스르는 사람은 없다.

● 경사면의 쇼트는 몸이 불구가 되는 것이라고 생각해라

올라간 경사면의 쇼트, 내려간 경사면의 발톱 끝이 올라가고, 손톱 끝이 내려가, 이러한 상태의 경사 쇼트는 골프장에 몇 개인지 통과하는 동안에는 누구라도 반드시 경험할 것이다.

평소 평탄할 곳에서 연습하는 사람에게는 약간의 경사라도 걱정이 될 것이다. 그것은 그러한 사태를 예상하고 평소에 연습을 하지 않았기 때문에 경사를 우연히 만나면 당황해 버린다. 경사면의 쇼트는 소위 응용이고, 평탄한 곳의 쇼트를 평소부터 소홀히 하지 않고 연습하면 무난히 처리할 수 있는 것이다.

경사면이 좌우, 전후 여러가지의 상태에 있어도 그것은 자연 지형인 것이다. 자연을 파괴하는 일은 반드시 인과 응보가 되고, 이러한 장면에서는 자연스럽게 거스르지 않는 편이 좋다. 올라간 경사면의 경우에는 골프채가 올라간 경사면에 맞는 방법을 쓰면 그것으로 좋고, 내려간 경사면의 경우도 같다고 말할 수 있다. 즉, 올라간 경사면에서는 왼쪽 다리가 짧다고 생각하면 좋고, 내려간 경사면은 오른쪽

왼쪽 무릎을 구부림
업 힐의 스탠스

다운 힐의
스탠스
볼의 위치

오른쪽 무릎을
다소 구부린다.
그리고 중심을 잡는다

왼쪽 무릎을
다소 구부리고
중심을 오른쪽에…

다리가 짧아졌다고 생각하면 좋다.

발톱이 올라가도 그것은 같다. 중요한 것은 좌우 어느쪽의 다리가, 혹은 양쪽 다리가 의족이 되었다고 생각하면 좋다.

단지 주의해 둘 것은 경사면에서의 쇼트는 의족이기 때문에 보통 사람과 같이 대단하게 휘두를 수 없다. 이러한 것을 머리에 새겨서 쳐야 한다.

● 올라간 라이라고 하더라도 스윙은 원

올라간 라이 (업 힐 라이)에게 주의 할 일은 준비할 때 아무리 해도 왼쪽 다리의 발판이 높아지므로 오른쪽 다리가 짧아 진 듯한 기분이 들지만, 이 경우에는 사고 방식을 역으로 하는 일이다. 결국 오른 다리가 짧아진 것이 아니고, 왼쪽 다리가 길어졌다고 생각해 보는 것이다. 길어진 왼쪽 다리를 평상시로 되돌리기 위해서는 왼쪽 무릎을 구부리고 평탄지에서 어드레스를 하는 자세로 몸을 고안해서 움직이는 것이 좋다. 공의 위치는 왼쪽다리 발꿈치의 선상이다.

골프채를 선택할 경우는 비탈길에 올라 가는 것 만큼 골프채 로프트가 커지기 때문에 그 부분을 계산해서 하는 것이다. 5번 아이언을 사용했다면 5번 아이언의 로프트는 6번 아이언의 로프트가 되어 버리기 때무에 그만큼 거리가 안나가 버린다. 거기서 5번 아이언의 거리를 나갈 것 같으면 4번 아이언을 짧게 쥐고 5번 아이언의 로프트로 하면 잘 될 것이다.

비탈길을 따라서 자연에 반항하지 말고 스윙을 행하면 백 스윙은 비탈길을 따라 낮게 후방으로 끌리고, 임팩트 다음은 골프채 헤드가 잔디에 박히지 않도록 비탈길을 따라 높이 올라가므로 골프채의 원호

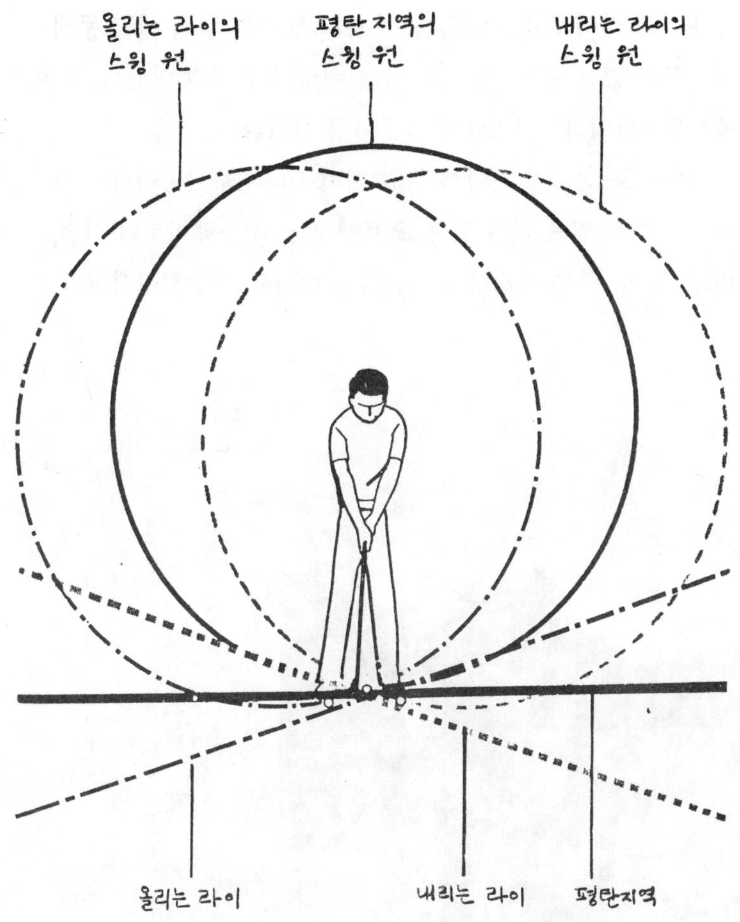

평탄지역, 올리는 라이, 내리는 라이의 스윙 원이 다르다

의 좌측에 몸의 위치가 올 수 있게 된다. 즉시, 커다란 백 스윙으로
작은 폴로우 스루가 된다.

　무리하게 몸의 동작을 작게 하는 것이 아니고 동작은 자연히 작아
진다고 생각하는 것이다.

●내리는 라이에서는 날리는 것 보다 맞히는 것이 선결 문제

로프트가 없는 골프채일수록 공은 위로 올라가기 어렵다. 롱 아이언에서도 1번이라든가 2번에 그것이 적합하다.

드라이버로 잔디의 위에서 직접 치면 10공중에 1공이라도 만족한 쇼트가 나가는 일은 거의 없다. 프로에서는 페어 웨이부터 직접 드라이버로 칠 수 있는 사람은 적다. 결국 내리막 비탈길에서의 쇼트는

내리는 라이에서는 날리는
것보다 정확한 것이 제일

아무리 로프트가 있는 골프채로 준비해도 비탈길에서 만큼 로프트를 굴리게 되기 때문에 성가시다.

내리막 비탈길에서는 이 때란 듯이 박자를 타고 많이 날리는 것을 생각하는 것 보다도 우선 공을 목표 지점에 정확하게 맞출 수 있도록 정신을 집중하는 것이 선결 문제이고, 결국은 이것이 착실한 경기가 되는 것이기 때문에 주의해 주기 바란다. 내리막 비탈길에서 준비 자세를 취할 경우 5번 아이언으로 그린을 겨냥할 수 있다고 생각하면 비탈길에서 로프트가 없어진 부분만큼 로프트가 커다란 골프채, 즉, 6번 아이언을 사용해서 치는 것이 좋다.

오르막 비탈길과 마찬가지로 이번은 반대로 왼쪽다리보다도 오른쪽 다리가 길어지므로 그만큼 평탄지에서 어드레스할 수 있도록 오른쪽 무릎을 구부리면 자연에 거스르지 않는 자세가 된다.

공의 위치는 비탈길의 경사 만큼 오른쪽 다리에 접해서 준비하면 골프채의 각 원호의 우측에 서 있는 것이 되고 이것이 자연스러운 준비 자세가 된다.

때문에 백 스윙은 비탈길의 관계에서 골프채를 낮게 당기는 것이 불가능하므로 높게 올리도록 한다. 손목의 콕도 빨리 하게 되고, 무게는 길어진 오른쪽 다리의 무릎을 구부리게 하고 왼쪽 다리에 중심이 많아진다.

폴로우 스루는 비탈길을 따라 골프채를 낮게 밀어내야 한다. 원호는 백·스윙이 작고, 폴로우 스루부터 피니시에 걸쳐 커진다.

●결과를 생각해서 벙커에서 칠 수 없다

그린 부근에 간신히 도착하고 다음 타의 어프로우치에서 문득 앞을

中村寅吉
프로의
앞이 내려간
벙커에서의
어드레스

보면 깊은 벙커에 놀라고 만다. 요컨대 공이 들어간 것을 기다리는 모습에서 기분이 나빠지는 사람도 많을 것이다.

이러한 사람에 한해서 벙커 공포증이 있다고 한다. 아직 치지도 않았으므로 소트해서 벙커에 들어가지 않았을까. 결국 이러한 생각이 공포에서 오는 것이다. 다만 이것은 어디까지나 결과이고 치기 전에는 아직 벙커에 들어가 있지 않다.

자주 있는 일이지만 집중력과 결단력이 부족해 있기 때문이다. 이렇게 말해도 벙커를 넘어 바로 핀이 있는 경우는 프로라도 상당히 어렵다. 핀 옆에 공을 멈춰야 한다. 거기에는 벙커를 빠듯이 넘어야 한다. 아마츄어의 경우는 단지 그린에 얹은 것 만큼 힘껏 해야 할 것이다. 평소에 해도 가능하지 않았던 일은 하려고 하면 실패하고,

샌드 웨지의 어드레스   샌드 웨지의 임팩트

그것은 눈 깜짝할 사이에 일어나기 때문에 상당히 고도의 기술을 필요로 한다.

치기도 전에 나쁜 결과를 상상하는 일은 절대 피해야 하고, 방법으로서는 벙커를 시야에 만들어 온다. 핀의 좌우 어느쪽에 신경을 집중해서 다소 오버해도 좋다. 이러한 기분으로 여유를 갖는 일이다. 그러한 기분을 갖으면 만약 결과로서 벙커에 들어간다 해도 정신적으로는 영향이 없을 것이다. 집중력과 결단력이 이러한 장면에서는 지배된다.

● 벙커도 페어 웨이의 일부에 지나지 않는다

스스로는 겨냥하지 않기 때문에 티 쇼트가 대단치 않게 벙커에 들어가는 일이 있다. 평탄한 호올이라면 그런대로 올려 치거나 내리치면 벙커에 공이 들어간 것이 보이고 싫은 느낌이 든다.

벙커라고 해도 클로우즈 벙커의 경우는 고의로 만들지 않은 한 그린 주위의 복잡한 상태와 같은 것은 없다. 대개 테두리가 낮고 일부러 얕게 만든다. 그것이 벙커라는 것으로 거기에서 치기까지 걷는 사이에 여러가지 과거의 나쁜 기억이나 시시한 예상을 하고 있다. 즉, 치기 전에 여러가지 생각이 있기 때문에 정식으로 할 때 자신이 솟아나지 않는다.

때문에 벙커라고 해서 특별하게 여기지 않도록 명심하는 일이 중요하다. 예를 들면 페어 웨이가 만약 모래였다면 페어 웨이에서도 거기의 잔디가 벗겨져서 땅이라고만 생각하고 보는 것도 하나의 방법이다.

벙커의 경우는 골프채의 소올을 어드레스에서는 모래에 붙으면 안된다는 루울이 있기 때문에 대단히 특별하게 보는 경향이 있다. 다리를 모래에 묻고, 몸을 안정시키고, 페어 웨이와 같이 쇼트를 주위해서 보라. 반드시나이스 쇼트하는 것을 책임져야 한다. 중요한 것은 마음가짐 같은 것이다.

● 벙커는 더퍼하면 나이스 쇼트

제2타로 벙커에 들어가고 3타째 2번 3번이란 광경을 자주 본다. 그것이 가끔 나이스 쇼트가 되어 핀에 얽혀 줄 때는 기분이 좋고, 이는 골퍼라면 잘 알 수 있을 것이다. 벙커와 같은, 소위 말해서 트러블 하자드가 지닌 의미도 또한 거기에 있는 것 같은 기분이 든다. 프로의 경기에서도 2온하는구나 하고 생각한 공이 그린 바로 앞의 벙커에 떨어지고 분하게 여긴 광경도 TV 등에서는 자주 볼 수 있다. 다만 벙커에 떨어진 프로의 낙담은 벙커에 떨어졌기 때문이 아니고 자신을 갖고 친 공이 온하지 않았던 것, 혹은 벙커에 들어갔기 때문에 바디 챤스가 한 걸음 멀어졌으므로 낙담하는 것일 것이다.

그렇지만 아마츄어의 경우는 벙커로부터 과연 무사하게 탈출했을까라는 걱정이 먼저 생겨버린다. 중요한 것은 기분의 문제이다.

잔디 위에서 자주 더퍼란 미스가 생기지만 벙커는 그 미스를 살리면 문제될 것이 없다. 모래 위의 공 바로 앞에서 골프채를 치면 잔디 위라면 완전한 더퍼가 된다. 벙커의 나이스 쇼트는 본래 잔디 위에서의 미스 쇼트인 것이다.

골프 격언집

　'예상외로 잘 된다'라는 경험은 누구든지 있지만, 그것을 유지시키는 방법은 누구도 모른다.　　　　　　　　　　　　　　　보비 죤즈

　타인을 적으로 삼지 말고 파아를 적으로 삼는 것이 필승의 비결이다.　　　　　　　　　　　　　　　　　　　　　폴 러니언

　골프에서는 성질이 급하면 손해 본다.　　　　　　　보비 록

　골프만큼 사람의 마음을 공공연히 보이는 경기는 없다.
　　　　　　　　　　　　　　　　　　　　오라티오 하친슨

　미숙한 경기자일수록 즐거움이 많은 게임은 골프밖에 없다
　　　　　　　　　　　　　　　　　　　　　로이드 죠지

　골프는 '손 게임'이라면　　　　　　　　제롬 트레버스

　골프는 가능한 한 멀리 날리는 것이 가능한 사람들의 것이 아 니고 작은 스트록으로 호올 아우트시키려 하는 사람을 위한 것이다.
　　　　　　　　　　　　　　　　　　　　줄리어스 보로스

골퍼가 꼭 알아두어야 할

골프의 기본 용어

●골프의 용어

아웃트(OUT)

18호울의 코스 전반의 9호울을 말한다. 후반은 인. 영국의 센트앤드류스의 코스가 GO OUT, COME IN이 왕복되어 있는 것에서 일반화 되었다.

아웃사이드 인

골프의 스윙에서 공이 날아가는 방향에 대해서 바깥쪽(아웃)에서 안쪽(인)이 되는 궤도.

아웃 바운즈(OUT BOUNDS)

코스 구역 밖에서 플레이를 허락하지 않는 장소. 흰 말뚝(또는 흰 선)으로 표시되어 있다. 보통은 'OB'라고 말하고 있다.

어겐스트 파아

각 호올의 파아(기준 타수)에 도전해 가는 경기 방법. 물론 핸디캡도 적용하고 핸디 호올이 생겨난다.

업

매치 플레이의 경기에서 사용되는 단어로 성공한 호올이 업, 실패한 곳이 다운.

아테스트(ATTEST)

증명한다는 의미. 골프에서 경기할 때 제출하는 스코어 카드로 경기 자의 서명과 동반 경기자(함께 플레이 하는 사람, 자기 편의 파트너와는 다르다.)의 서명이 필요하므로, 아테스트는 동반 경기자의 스코어가 정확하다는 것을 증명.

어드레스(ADDRESS)

골프에서는 공의 뒤로 골프채를 두고 칠 준비를 하는 것.

앨리슨 벙커

영국의 코스 설계가 C. 앨리슨이 고안한 것으로 깊게 턱이 솟은 벙커. 농가의 새이엉으로 만든 지붕이 힌트가 되었다고 할 수 있다.

앨버트 로스(ALBATROSS)

골프에서는 호올의 파아보다 하나 적은 스코어를 바디, 둘 적은 것을 독수리 등 새를 의미하는 단어를 사용한다.

이븐 파아

이븐은 승패가 대등, 백중의 의미. 코스를 파아 플레이(파아 72의 코스라면 72)할 때 이븐 파아.

인 사이드 아웃

골프 스윙의 궤도에서 공이 날아가는 방향에 대해 내측(몸의)에서 외측으로 향하는 궤도를 말한다. 골프채의 타면(페이스)에서 공에 좌 회전을 하게 되고, 일반적으로는 왼쪽으로 도는 훅 공이 된다. 아웃 사이드 인은 바깥쪽에서 안쪽으로 향하는 궤도이고 구조(球助)는 슬라이스가 된다.

익스프로젼 쇼트

벙커 쇼트 타법의 하나로 공의 30센티 정도 앞에서 골프 페이스를 놓고, 모래 폭발(EXPLOSION)에 의해 공을 내보내는 쇼트를 말한다.

오너(HONOUR)

명예라는 의미. 티 그라운드에서 가장 먼저 플레이 할 권리를 쥔 사람에 대해 칭찬하는 말.

캐리

골프 공의 비행 거리를 말한다. 구르는 것을 하지 않고 체공 거리일 것.

그린

각 호울의 전방에 있고 잔디가 깨끗하게 짧게 깎여 있는 평탄한 지역.

그립

골프채 잡는 부분, 또는 잡는 방법을 말한다.

콕

백 스윙의 도중에 손목을 꺾는 것을 말한다. 꺾는 방향에 오해가 많지만 정확한 방향은 그립한 좌우의 엄지손가락 방향. 언 콕은 콕을 되돌릴 것.

콤플렉션

골프 공의 굳은 정도를 말한다. 계측의 방법은, 공을 일정한 사이즈로 부수기 위해서는 몇 킬로그램의 무게가 필요한가라는 방법으로, 휘는 것이 가능한 무게가 100킬로그램이 필요하다면 콤플렉션 100, 90킬로그램이라면 90이라 한다.

서든 데스(SUDDEN DEATH)

갑자기 죽다라는 의미로 골프의 연장전에서 1호올씩의 승패를 말한다.

샹크

미스 쇼트 중의 하나로 골프채 페이스의 부분에 공을 맞히는 것.

스위트 스포트(SWEET SPOT)

골프채 페이스의 충격 흡수 점. 페이스의 심지라고 생각해도 좋다.

스윙 웨이트

골프채를 스윙했을 때 헤드의 효능 상태를 말한다.

스크러치 플레이어

핸디캡 제로의 플레이어를 말한다. 크러치 경기는 핸디캡을 사용하지 않고 그로스 만의 타수로 승패를 겨루는 경기.

스타이미(STYMIE)

머치 플레이 그린 위에서 호올과 자신의 공과의 사이에 상대의 공이 방해되고 있는 상태를 말한다. 현재는 공이 날아가는 방향에 서있는 나무 등이 있어서 방해가 되고 있는 상태를 말한다.

스탠스(STANCE)

스윙을 할 때 양쪽 다리의 준비 방법.

스트록 플레이

스트록의 합계 타수로 승패를 겨루는 시합 방법.

슬라이스

공을 잘라서 치면 오른쪽으로 회전이 되어 오른쪽으로 구부러 진다. 골프채 헤드가 되돌아 오는 것이 늦어서 타면으로 공을 문지르는 것에 따라 생기는 공의 선으로 오른쪽으로 구부러지는 공을 말한다.

스루 더 그린

플레이 하는 호올의 티그라운드와 그린과 모든 하쟈드(벙커, 연못, 도랑)을 제외한 지역.

소올(SOLE)

발바닥, 골프채 페이스의 밑. '소올한다'라고 사용할 때는 지면에 골프채의 밑을 붙일 것.

소켓

전기의 소케과 마찬가지의 의미로 골프채 헤드의 샤프트를 질러 놓는 접수구.

타프(TURF)

잔디밭의 한 근각. 골프채 페이스로 잘라 낸 잔디밭.

다이너마이트

샌드 웨지의 별명.

다운 스윙

스윙에서 최초로 백 스윙(틱 백=후방으로 당긴다)해서 스윙의 정점(톱)으로 가서 거기서부터 공으로 향해서 휘둘러 내리는 동작으로 골프채 헤드의 활 모양 최저점까지의 부분을 말한다.

더퍼(DUFFER)

잘 안되는 골퍼의 것. 더프(DUFF)는 공의 바로 앞의 땅에 골프채를 얺는 일.

딤플(DIMPLE)

보조개로서 골프공의 표면의 보조개를 말한다.

디보트(DIVOT)

한 조각의 잔디. 공을 칠 때에 깎여진 잔디의 한 조각을 의미하지만 보통은 그 잔디 위에 남은 자국을 말한다.

도미(DORMY)

머치 플레이의 시합에서 이긴 호올의 수와 남은 호올의 수가 같은 수가 되었을 때를 말한다.

톱(공)

공의 상부를 골프채로 쳐 버린, 실수한 쇼트를 말한다. 공은 낮게 날고 페이스의 브레드(날 부분)로 치기 때문에 공에 상처가 생긴다.

트랩(TRAP)

덫, 함정으로 벙커를 샌드 트랩이라고 한다.

네트(NET)

알맹이, 순수하다는 의미지만, 골프에서는 핸디캡을 내는 타수를 말한다. 핸디캡을 내지 않는 타수는 그로스.

N·R(NO RETURN)

되돌아 오지 않는 강이라는 영화가 예전에 있었듯이 돌아오지 않는 다 라는 의미. 스트록 플레이의 경기에서 도중에 시합을 포기했던지 혹은 호올 아웃해도 스코어를 제출하지 않고서 기권해 버린 것을 말한다.

바디(BIRDIE)

파아보다 1타 작은 수로 호올을 끝냈을 때 바디라고 한다. 2타 작은 경우는 이글.

파아(PAR)

호올에서 정해져 있는 표준 타수. 그린 위는 모두 2타로 되어 있고 남자의 경우, 일반적으로 250야드 이하의 호올이 파아3, 251야드부터 470야드까지를 파아4, 471야드 이상이 파아 5로 되어 있다.

백스핀(BACK SPIN)

후방 회전. 공은 모두 백스핀에 의해 날아간다. 종종 오버 스핀이라 는 단어가 사용되고 있지만, 공이 전방 회전 했다면 바로 드롭해 버린 다.

하자드(HAZARD)

플레이를 하는데 장해가 되는 지대. 벙커라든가 늪 등을 말한다.

핸드 업(다운)

골프채를 준비하고 어드레스 할 때 손목의 위치가 높은 상태를 핸드 업, 내린 상태를 핸드 다운이라 한다.

부비(BOOBY)

멍청이란 의미가 있지만 골프에서는 최하위의 사람을 말한다. 최하위 사람에게 호화스러운 '동정'의 상품을 내면 일부러 최하위가 되고 싶어하는 사람이 나오든가 일반적으로는 최하위의 한단계 전의 순위의 사람을 말한다.

폴로우 스루(FOLLOW THROUGH)

공을 골프채 헤드로 포착한 다음 팔과 골프채를 자연스럽게 휘두르는 것을 말한다. 임팩트 후의 스윙이다.

포워드 프레스(FORWARD PRESS)

어드레스를 하고 백 스윙으로 들어가기 직전에 우선 손목을 좌측(날이 날아가는 방향)으로 프레스(누른다)하는 동작을 말한다.

훅(HOOK)

갈고랑이로 걸다라는 의미. 공이 도중에 왼쪽으로 구부러지는 공의 선을 말한다. 반대가 슬라이스.

플레이 오프(PLAY OFF)

경기의 연장전을 말한다. 이 연장전의 방법으로 한 호올마다 승패가 되는 서튼 데스(SUDDEN · EEATH=급사)가 있다.

호올(HOLE)

그린 위에 뚫려 있는 구멍을 의미하는 경우로, 티 그라운드와 그린까지의 플레이 단위로서 호올이 있다. 구멍의 경우는 직경 10 · 795센티, 깊이 10 · 16센티 이상을 루울로 정하고 있다. 플레이 단위의 경우, 쇼트 호올, 동 호올, 혹은 18호올 등이라 한다.

보울(BALL)

골프공은 스몰 사이즈(영국 사이즈)와 라지 사이즈(미국 사이즈)의 2종류가 있다. 스몰은 예전부터 영국에서 사용해 왔지만 골프채라든가 공의 재질 개량으로 공이 너무 멀리 날아가게 되었기 때문에 현재 세계의 공식 시합은 거의 라지 사이즈로 되어 있다. 스몰은 직경 4·15센티, 라지는 4·27센티, 무게는 모두 45·9그램보다 무겁지 않은 것으로 정해 놓고 있다.

라이(LIE)

공의 머무른 위치라든가 상태. 라이가 좋고 나쁘고라고 말한다.

러프(ROUGH)

러프 플레이의 러프와 같이 거칠고 난폭한 자연(들판)이란 의미로 코스의 잔디라든가 풀이 짧게 깎여지지 않는 곳.

링크스(LINKS)

임해 골프장. 스코틀랜드의 해병 초원지대를 지칭하고, 그러한 지형의 골프장을 가리키게 되었다.

로칼 루울(LOCAL RULE)

제너럴 루울(협회의 루울)에 대한 호칭 방법으로 그 지방의 특유 루울. 결국 산악 코스라든가 지방조건이 다른 그 코스 만의 특별한 루울.

로프트(LOFT)

골프채의 타면의 각도. 1번부터 차차 커진다.

워글(WAGGLE)

휘두르는 동작이란 의미로 골프채를 어드레스(준비)할 때 손목을 주체로 골프채 헤드를 30, 40센티 폭으로 좌우(공이 날아가는 선에 따라) 로 움직이는 일.

판 권 본 사 소 유

정통 골프

2010년 1월 20일 인쇄
2010년 1월 30일 발행

지은이 | 현대레저연구회
펴낸이 | 최 상 일

펴낸곳 | 태 을 출 판 사
서울특별시 중구 신당6동 52-107(동아빌딩내)
등 록 | 1973 1.10(제4-10호)

ⓒ2009. TAE-EUL publishing Co.,printed in Korea
※잘못된 책은 구입하신 곳에서 교환해 드립니다

■ 주문 및 연락처
우편번호 100-456
서울 특별시 중구 신당 6동 제52-107호(동아빌딩내)
전화: 2237-5577 팩스: 2233-6166

ISBN 89-493-0283-7   13690